歴史をする

生徒をいかす
教え方・学び方とその評価

リンダ・S・レヴィスティック、キース・C・バートン
松澤剛・武内流加・吉田新一郎 訳

Doing History

Linda S.Levstik Keith C.Barton

新評論

訳者まえがき

「歴史を学ぶってどういうこと？」という本質的な問いに、生徒は何と答えるでしょうか？　その答えは、きっとあなたの授業を映しだすことになるでしょう。

「先生が話す、自分とはまったく関係のない昔の物語を聞くこと」

「昔あった出来事の年号や有名人の行動を覚えて、テストでよい点数をとること」

このような生徒の答えを、あなたはどのように思いますか？

本書では、生徒が「歴史を学ぶことは、目的があり、意義があり、価値がある」と考える可能性を高めるために、教科書をなぞりながら内容を暗記させ、年度末までにすべての単元を終わらせることを目的とする授業に代わって、探究的に「歴史をする」授業が提案されています。知的で爽快な数多くの実践は、教科書と教師の話が中心の授業を何とかしようと考えているあなたや、「探究」する授業に明確なイメージをもちあわせていないあなたを、きっと力づけてくれることでしょう。

「歴史をする」授業は、歴史の重要な概念にかかわる問いを立て、情報を収集・解釈しながらそれを探り、結果を説明することを通して根拠に基づいた合理的な判断を下す力や、自分とは異なる視点から理解する力、そして発信する力を育みます。それは、生徒が多元的民主社会の形成に参画し、その発展に寄与する態度を養うという目的をもっています。

小学四年生を受け持つティナ・レイノルズ先生（第4章参照）は、生徒が歴史と自分とのつながりを見いだし、歴史の主体者としての基盤をつくることを目的として「私の歴史」プロジェクトという授業をデザインしました。それは、生徒が自分自身の歴史を探究することを通して、「過去が現在にどのような影響を与えているのか？」という「歴史の鍵」となる問いを明らかにしようとする取り組みです。

生徒は「私の歴史」についての情報を収集・解釈することを通して、歴史研究におけるもっとも基本的な原理を学んでいきます。それは、自分一人の記憶に頼るよりも家族の記憶など多くの情報源を根拠にするほうが確実な情報が得られること、そして、記憶よりも「赤ちゃん手帳」などに記された情報のほうが信ぴょう性が高いことなどです。また、何人かの生徒は、家族が話す情報には食い違いがあることを発見しています。その場合、出来事を直接見た親の情報のほうが信頼に値することも発見しました。

とはいえ、「あなたの歴史を探究しなさい！」と言っただけで生徒ができるようになるわけではありません。生徒が「歴史をする」ためには、教師による広範な「足場かけ（支援）」が必要となります。

レイノルズ先生は、生徒が事前にもっている知識やスキルを確認しながら、彼らが確かな方法で課題の調査を進めるためのワークシートを準備したり、探究の手順をモデルで示したりしながらプロジェクトを進めていきました。また彼女は、教室の環境を安心ができ、思いやりのある空間に整えるために、個々の生徒に対して学ぶための助言をしたり、励ましの言葉をかけたりしながら、生徒同士が協働して学べる「歴史の探究コミュニティー」をつくっていきました。

生徒は、さまざまなスキルや歴史の内容を学ぶだけでなく、自分で集めた情報を統合した「私の歴史」という作文をつくり、それをクラスで発表するという目標に向かっていきます。レイノルズ先生は、「読み手への意識」や「言葉遣い」などの基準が示されているルーブリックを使いながら生徒へのフィードバック（形成的評価）を行い、最終的には同じルーブリックを使って作文の総括的な評価も行うことになります。

そして、最終的に生徒は、ポスターや写真、動画など、自らが選択した方式による「私の歴史」プレゼンテーションを互いに視聴したあと、自分が大切にしている人々の重要さだけではなく、各人にはかけがえのない多様な歴史があるといった振り返りを行います。

このように生徒は、「私の歴史」プロジェクトによって、私たちは誰もが歴史というドラマのエイジェント（主体者／行為者）であることに気づきます。そして、それは、異なる他者と協働しながら最善の行動指針を決定する多元的民主社会に必要とされる、自分と違う価値観や理念をもっている人が何を考えているのかについて、知的に想像（エンパシー／共感）する力を育む土台となるものです。

本書には、新聞づくりや宣伝広告、ボードゲームの作成など、生徒が学んだ知識を自分のものとしてほかの場面で活用できるようにするための「創造的活動」が単なる活動ではなく、同時に評価にもなっている「パフォーマンス評価」を織り交ぜながら「歴史をする」授業が紹介されています。それらは、レイノルズ先生と同じく、家族の歴史を通して「人の移動（移民）」という歴史におけるより大きなテーマについて探究する授業や、過去一〇〇年間の人々の生活の変化を探究するために、家にある古い日用品を持ち寄って、意味のある形で情報を示す「歴史展示館」をつくるというような「本物」の課題に取り組むといった授業です。

また、歴史上の人物を対象として、歴史学者のように探究しながら正確な史実をもとに電子メディアを駆使してオリジナル曲をつくるほか、音と写真、動画を組み合わせたドキュメンタリーをつくるといった授業もあります。さらに、長年にわたる人間の対立に対処するために過去を振り返ったり、その対立を体験した時代の人にはそれがどのように見えていたのかについて考えたり、未来の歴史家の視点から、五〇年後の人たちに現在起こっている対立について説明したりする事例も紹介されています。

それぞれの実践には、読者のみなさんが一番難しいと考えるであろう、課題を評価するための多様な方法も示されています。それは、前述したパフォーマンス評価以外に、教師の教え方と生徒の学び方を改善するための相互評価、教師による評価、自己評価、生徒が話したり行ったりしたことの記録、ルーブリック、チェックリストなどを用いた建設的な評価方法となっています。

学びは、自分の選択や行動に意味を見いだしたときに起こります。私たち訳者は、本書で紹介されている理論や活動が歴史教育を再考・再構築するために応用が利くフレームワークであり、あなたの授業デザインの思考を刺激してくれる、意味のあるものと確信して翻訳出版にのぞみました。

教育の背景、生徒や教師を取り巻く環境が違う日本において、本書と同じように「歴史をする」ことは難しいと思いますが、あなたが、違いを認めながらもそれらのよさを認識して、自らの取り組みに活かすことができる教師であることを期待しています。

本書『歴史をする――生徒をいかす教え方・学び方とその評価』は、Linda S. Levstick and Keith C. Barton, *Doing History: Investigating with children in Elementary and Middle Schools, 5th Edition* 2015 の日本語訳です。原著のすべてを翻訳すると七〇〇ページを超える本になって

しまうため、日本の学校で実践できそうな授業例を中心に抄訳としたことをお断りしておきます。また、膨大な参考文献に関しては、あまり邦訳がないことも考慮して邦訳版には含めず、本書の出版社である新評論ホームページ内に設けた特設ページ（https://www.shinhyoron.co.jp/rekishi.html）のクイズに答えることで見られるようにしましたので、参考文献一覧をご覧になりたい方はそちらをチェックしてください。

最後になりましたが、粗訳の段階で翻訳原稿を読んでいただき、サポートしてくれた多くの方々に感謝を申し上げます。とくに、有馬実世さん、一條治さん、池田考司さん、江藤健さん、大橋康一さん、富田明広さんから提供された励ましや、明解に本質をついた深いフィードバック、役立つ提案から多くの示唆をいただきました。また、出版という「本物」の課題なしに本書を翻訳することはできなかったでしょう。今回、出版の機会を与えてくれました株式会社新評論の武市一幸さんに心より感謝申し上げます。

訳者を代表して　松澤　剛

もくじ

歴史をする——生徒をいかす教え方・学び方とその評価

Linda S. Levstik and Keith C. Barton
DOING HISTORY
Investigating with Children in Elementary and Middle Schools
Fifth Edition

第1章

過去、現在、そして未来
――「歴史をする」とは

私たちは歴史の授業において、人々の見方が時間とともにどのように変化するのかということを学びます。実際の歴史の流れのなかで多くの人々の見方が変化していくわけですが、すべての人が変化するわけではありません。現在でも、「KKK」(1)のようなものがあります。明らかに彼らの見方は南北戦争の時代（一八六一年～一八六五年）から変わっていませんが、KKK以外のほとんどの人は変わっていると思います。でも、必ずしも全員とはかぎりません。黒人やヒスパニック系の人だけを対象とするのではなく、ほかにもまだ偏見はあります。

ケイトリン（六年生）

(1) Ku Klux Klan（クー・クラックス・クラン）は、白人至上主義の秘密結社のことです。

あなたの記憶にある歴史の授業は、ケイトリンが語るものとはまったく異なっているのではないでしょうか。多くの場合、歴史の授業はただ時間の流れを追っていくだけで、決して現在と結びつくことはありません。ある小学生が語ったように、歴史を学ぶこととは「年号を覚えること」ではなかったでしょうか。確かに、年号は興味深い物語を示すかもしれませんが、「はじまり」と「中間」は決まりきった内容となっており、クライマックスが特定され、結末はありきたりな話で終わってしまいます。

ケイトリンが示している歴史を考えてみてください。彼女は明らかに、偏見がどのように存在するのかについて説明をし、自分は偏った見方をしないように気をつけようとしながら、周りに存在している偏見を理解するのに苦労しています。

彼女は歴史の学習を通して偏見を永続的な人間の葛藤として認識し、「多くの人々の見方が変化していくわけですが、すべての人が変化するわけではありません。……ほかにもまだ偏見はあります」と言って、理解しようと努めているのです。つまり私たちは、まだ物語の真っただ中にいるということです。

結末は予測不可能であり、物語は私たち自身の時間と生活のなかで繰り広げられています。結局のところ、歴史の核心は壮大な家族ドラマであるということです。それは、私たち一人ひとりが将来の世代が対処しなければならない複雑な筋書きをつくりだしているということです。このような観点から、歴史は私たちに対して、この人間ドラマの参加者であるとはどういうことかについて考えることを迫っているのです。

歴史には多様な活動と目的がある

ケイトリンの発言が示すように過去は複雑です。歴史を理解するには多くの方法があり、この教科を学習する理由として、一つの目的が優先されることはありません［参考文献36］。また、歴史には多くの活動が含まれており、それぞれがさまざまな目的で使用することができ、それらの活動と目的の組み合わせによって、以下に示す過去に対する異なる「スタンス」(2)、すなわち「アイデンティティーのスタンス」、「価値判断のスタンス」、「分析探究のスタンス」、そして「情報発信のスタンス」の四つで構成されます。

そのなかでもっとも身近なものが、私たち自身と過去の人々とのつながりを探すという「アイデンティティーのスタンス」です。［参考文献36］

「あなたの笑い方はエリザおばさんと同じだね」と、ニューヨークにいる父親が娘に言います。

(2)　ある行動をとる際の姿勢や立場、心構えのことです。

そして、「あなたの頑固な性格はおばあさん譲りだね！」とも。

東ロサンゼルスの教室では、一人の女子生徒が、エルサルバドルにいた自分の母親が子どものとき、家族を助けるために学校を辞めたことについて説明をするでしょう。また、クラスにいる男子生徒の一人は、かつての大洪水のとき、叔父が道路を通り抜けることができた唯一の、「メキシコでもっとも偉大なトラック運転手」だったことを知らされるでしょう。さらに別の生徒は、自分の家族がベトナムを離れる前にもっていた家や商売のことについて、思い出話を聞いていることでしょう。そして、アメリカ全土の生徒が、「自分たち」がどのようにして一つの国家になったのか、また「自分たち」の民族がその夢を実現するためにどのように奮闘してきたのかについて学んでいます。

家族の特徴を認識し、家族の物語を共有し、より大きなコミュニティーのなかに自分自身を位置づけることで生徒（および大人）は、自分の人生と過去の人々とのつながりを肯定的に捉えることができます。

また私たちは、人々や歴史の出来事に対して明確な判断を下すこともあります。これは、「価値判断のスタンス」です。［参考文献36］

私たちは、一八四五年にアイルランドで起こったジャガイモの不作による大飢饉、二つの世界大戦、ベトナム戦争などの悲劇的な事件にかかわった人々の犠牲と苦難の様子を知っています。

その一方で私たちは、奴隷制、ホロコースト、マッカーシー公聴会(3)などの非難すべきことや、女性参政権運動、公民権、アパルトヘイトの終結など、祝福すべき出来事のためにイベントを開催することもあります。

さらに、英雄や模倣する価値があると見なす人々として、たとえばジョージ・ワシントン（George Washington, 1732～1799）、ハリエット・タブマン(4)やローザ・パークス(5)、そして、二〇〇一年九月一一日のアメリカ同時多発テロ事件のときに活躍した警察官や消防士などを授業で取り上げています。

過去を良いか悪いかで、あるいは単に敬意を表すに値するかどうかで判断することは、人々が学校の中と外の両方で歴史にかかわる基本的な方法の一つとなっています。残された二つのスタンスは、身近で個人的なものでも主観的な価値判断を伴うものでもありま

（3）一九五四年、上院議員のマッカーシーが陸軍に共産党のスパイがいるとして糾弾した公聴会のことです。

（4）（Harriet Tubman, 1820?～1913）メリーランド州出身の奴隷で、のちに奴隷解放運動や女性解放運動に携わった人物です。

（5）（Rosa "Lee" Louise McCauley Parks, 1913～2005）一九五五年、アラバマ州で公営バスの運転手の指示に背いて白人に席を譲ることを拒んで逮捕されました。これが契機となって、「モンゴメリー・バス・ボイコット運動」が勃発し、その後の公民権運動といううねりにつながっていきました。

せん。三つ目のスタンスは「分析探究のスタンス」です。

生徒は、人々の生活が時間とともにどのように変化したのか、アメリカ革命の原因は何か、日常生活に対する第二次世界大戦の影響にはどのようなものがあるのかなどについて歴史的なパターンを見いだしたり、過去の出来事の原因と結果を調べたりする際に歴史を分析しながら探究しています。〔参考文献36〕

生徒が国の法律や政治システムの起源と発展を学習するときのように、この種の分析は現代社会の歴史的な起源を理解することを目的としています。また、過去が、教訓や類似点をもとに他を推し量るための源になる場合もあります。たとえば、外交政策の決定によって起こり得る結果について議論をするとき、歴史的な事例がどれほど頻繁に使われているかに注目してください。

生徒はまた、歴史の記述がどのように形づくられたかを学ぶとき、分析しながら探究を行います。一次資料を使ったり、矛盾する資料を比較したり、証拠に基づいて結論を出したりすることは、すべて「分析探究のスタンス」の一部と言えます。

最後となる、学校における歴史でもっとも一般的なのが「情報発信のスタンス」です。ここでは、生徒は教科書の章末にある質問に答えたり、クラスで教師の質問に答えたり、到達度確認テストを受けたりして、過去について知っていることを示すように求められます〔参考文献36〕。これは、最近の生徒が歴史について何も知らないとか、学力が低下していると非難するときに人々が思い浮かぶ類の歴史です。

「情報発信のスタンス」は、歴史に対する理解を深めることへの関心よりも、（テストの点数という）説明責任への要求に突き動かされています。それが多くの人たちに、「歴史」という教科との最悪な出合いを思い出させます。しかし、情報発信は、社会でどのように歴史が使われているのかということについて重要な役割を担っており、趣味を通した家系図や骨董品の収集と同じく、過去についての知識や歴史についての再現シーンなどが博物館でもよく展示されています。

アイデンティティー、価値判断、分析探究、および情報発信の四つのスタンスは、すべて歴史の教え方と学び方に影響を与えています。歴史について生徒の理解を深める方法を考えるとき、私たちはこの四つのスタンスを念頭に置く必要があります。

歴史は未来像を描く際に助けとなる

歴史は、過去についてのアプローチであるのと同じくらい、現在、そして未来へ向けてのアプ

（６）日本では、一般的に「アメリカ独立戦争」もしくは「アメリカ独立革命」と呼ばれています。一八世紀後半にイギリス領だった東部一三州が結束し、イギリスとの戦争を経て合衆国を形成するまでのことを指します。

ローチであると言えます〔参考文献254〕。歴史上のある集団を自分自身と同一視するとき、現在の自分自身への認識を確立させることができます。世界がどこから来たのかについて考えるとき、私たちはそれがどこに向かっているのかについて理解できることを願っています。

私たちは、過去の決定についての判断をするとき、この次はより良い決定をすることを期待します。しかし、歴史がそのような役割を果たすためには、生徒に幅広く包括的な歴史学習を体験してもらうことが必要となります。現在までの道筋を示すことで、歴史は未来へ続く道をいくつか示し、ほかのものを除外するのです。

歴史の指導は、過去から連なる複数の道について生徒の見方を制限することもあれば、将来に対する彼らの見方を阻害することもあります。過去にエイジェンシー[7]をもっていた、もしくはエイジェンシーをもっているグループの一員であると自分自身を捉えていない、つまり歴史のなかに自分を位置づけることができない生徒は未来像を欠くことになります。

たとえば、荒野を征服し、政府を樹立し、社会運動を主導した一部の男性のエイジェンシーを強調する場合、逆に、ほとんどの女性が夫に連れ添って新しい土地に行き、政治にはかかわらず、公には黙って振る舞っているように提示されている伝統的な歴史教育の影響について考えてみましょう。

とくに、そのような指導が学校の慣習と一致する場合、女子生徒はしばしば受動的で男子生徒は能動的であると教えられ、歴史が生徒の将来に関する選択肢の手本になることはありません。これは、女子生徒にとって問題となるだけでなく、すべての生徒にとって、時間や場所を超えて人間に開かれている幅広い選択肢にアクセスすることを制限します。

社会における表向きの性役割と実際の私生活における性役割についての複雑さや論争を無視すると、性別についての固定観念が未検討のままとなります。カリキュラムへの綿密な注意を怠ると、固定観念とそれに伴う誤解により、女性は将来の志望や授業への参加が制限され、男性は女性に関する情報は重要なものではないと見なす可能性が高まります。

もちろん、同様のことは、伝統的な歴史ではあまり目立たなかったほかのグループについても

(7)　原語は「環境に影響を及ぼす力」という意味の「Agency」で、ＯＥＣＤ（経済協力開発機構）の「教育とスキルの未来～Education 2030」では、それを「変革を起こすために目標を設定し、振り返りながら責任ある行動をする能力」と定義されています。また、国際バカロレア（ＩＢ）では、エイジェンシーの要素として「オウナーシップ（主体性）」、「選択」、「声」を挙げています。日本では「主体性」や「行為主体性」という訳語が当てられることが多いですが、詳しくはＱＲコードや、教育のなかでこの概念が身につけられる方法を提示している『言葉を選ぶ、授業が変わる！』（Ｐ・Ｈ・ジョンストン／長田友紀ほか編訳、ミネルヴァ書房、二〇一八年）、『オープニング・マインド』（Ｐ・Ｈ・ジョンストン／吉田新一郎訳、新評論、二〇一九年）、『本を創る子どもたち（仮題）』（Ｐ・Ｈ・ジョンストンほか／マーク・クリスチャンソンほか訳、新評論、近刊）をご覧ください。

言えます。歴史がこれらの問題について沈黙しているとき、それはしばしば日常生活から隔てられていると見なされ、私たちが経験している日常的な問題が「歴史」と切り離された形で捉えられてしまいます。［参考文献200、295］

歴史カリキュラムの焦点を多元的な視点に移すことで、すべての生徒によりインクルーシブ(8)で、本物の未来像を提供することになります。さまざまな視点を学ぶことで生徒は、差別、疎外、対立、並びに権力と特権を理解する際に役立ちます。それは、世界において、そして将来行動する際の選択肢を広げることになります。生徒がそのような歴史を思い描くのを助ける方法として、以下のようなものがあります。

長年にわたる人間の対立に焦点を当てる——現在の対立(9)は過去に原因があることを強調します。それらのもつれを解《ほど》くことは、自由とエンパワーメントを獲得することにつながります。

人間のエイジェンシーに焦点を当てる——人々が抑圧や不正を不本意ながらも受け入れたり、無視したり、反対したりする方法や、人々が望んだ未来を築くために努力してきた方法を強調します。

解釈を吟味し、疑うことに焦点を当てる(10)——歴史の解釈は「誰かによって著されたもの」であるという本質を強調します。誰の「声」が聞こえるのか？　誰は除かれているのか？　ほかにどのように形で物語が語られた可能性があるのか？　といった問いに取り組みます。

身近で狭いミクロな範囲につなげる——教室のなかと一般社会で今起きている問題について、歴史的な視点を注ぎながら強調します。

大きく広いマクロな範囲につなげる——地球レベルだけでなく、地域や国レベルの反応が求められる地球規模の現象として差別、疎外、対立などを学習します。

---

(8)　すべての人が参加可能という意味です。先述のOECDでは、「経済的成長からインクルーシブな成長への転換」をスローガンとした、個人と他者、そして地球のウェルビーイング（幸福）を実現するための教育について提言を行っています。それを具体的に教室レベルの実践面で紹介してくれているのが、一一ページの注で紹介した三冊の本です。

(9)　「力づけること」とか「権限を与える」と訳されることが多いですが、人間のもつ本来の能力を最大限にまで引き出すという意味です。詳しくは、『あなたの授業が子どもと世界を変える』（J・スペンサー／吉田新一郎訳、新評論、二〇二〇年）をご覧ください。

(10)　ここでの「声」とは何かを言う「力」や「意思」という意味で、エイジェンシーと深くつながっています。声が出せないとエイジェンシーのアクションは起こせません。生徒の「声」をいかす授業づくりとして、『私にも言いたいことがあります！』（D・ブース／飯村寧史ほか訳、新評論、二〇二一年）を参照してください。

歴史は、鍵となる問いとテーマである

私たちは誰であるのかという現在のことについて考えることや、私たちの将来像という未来を思い描く際に歴史を役立てるためには、取るに足らないことに埋もれ、出来事の時系列の再集計だけを行うといった歴史カリキュラムではいけません。その代わりに、鍵となる問いやテーマの調査に生徒を熱中させ、人々、価値観、そして人々がとった選択を中心とした活気に満ちた歴史カリキュラムが必要となります。

かつて、大きな問題に取り組む前には、年号、人名、および記憶された「事実」などの「基本的な知識」が必要であると考えられていました。しかし、人間が長年にわたって抱え続けてきたテーマと問いは、より人を惹きつける歴史となります（**表1－1**を参照）。

これまで私たちは、これらのテーマと問いを歴史家に委ねてしまう一方で、なぜ生徒が歴史はあまり重要でないと感じるのかと疑問に思ってきました。教えることの焦点を、一つの歴史物語を「聞くこと」から追究する価値のある「問いを探ること」に移すことによって、生徒は歴史に関する本当の「基本」に携わる機会を得ることができるのです。

表1－1は、推奨される問いとテーマのリストです。もちろん、特定の学年にあうように問い

表1－1　歴史における鍵となる問いとテーマ

歴史における三つの鍵となる問い

人間と環境――人間と自然環境との関係の変化は、歴史のはじまりから現在までの人間の生活にどのような影響を与えたでしょうか？

他の人間との相互作用――人間の相互作用は、なぜ歴史のはじまりからこれほど複雑になったのでしょうか？

人間と考え――人間の世界観、自然観、そして宇宙観はどのように変化しましたか？

歴史における七つの鍵となるテーマ

人口のパターン――人口の分布と人の移動のパターンは、人類の歴史に大きな影響を与えてきました。

経済ネットワークと交換――人々が時間と距離を超えて考えや商品を交換した方法は、今日の経済に基本的な枠組みを提供しました。

権力の使用と乱用――権力関係の変化は、歴史の中心的なテーマの一つです。

持つ者と持たざる者――富の偏在は、人類が歴史上直面してきたもっとも重要な問題の一つです。

自己を表現する――人類の歴史のなかで自己を表現することは、人々の幸福感と自尊心、および他者との相互作用に貢献すると同時に、課題を投げかけてきました。

科学や技術と環境――長年にわたって、人間は科学や技術を使用して、周囲の自然環境を開発してきました。

精神生活と道徳――長年にわたって、さまざまな社会集団が、精神的な領域と善悪のルールについての無数の考えを表明し、しばしば争ってきました。

（＊）「歴史における七つの鍵となるテーマ」についてですが、訳者の一人である吉田が『ワールド・スタディーズ』（S・フッシャーほか／国際理解教育センター編訳・発行、1991年）を訳し終わったあと、中高の社会科の先生たち7～8人と、日本でこれをどのように活用できるかについて約1年間勉強したという経験があります。参加者全員が、『ワールド・スタディーズ』の10の基本概念は、歴史を含めて日本の社会科でそのまま使える、という判断でした。それらは、**原因と影響、コミュニケーション、対立、協力、力の分配、公平さ、相互依存、似ている点・異なる点、社会の変化、価値観と信念**です。同じく国際理解教育センターから出版されている『テーマワーク』（開発教育センターほか著、1994年）も、社会科のテーマを明らかにする際には参考になります。

を調整する必要があります。たとえば、低学年の場合、「人類の移動はどのように促され、抑制されてきたでしょうか?」ではなく、「なぜ、人々はある場所から別の場所に移動するのでしょうか?」というような問いからはじめてもよいかもしれません。

彼らの学習は、生徒自身の経験からはじまり、時間の経過とともに地域に住む人々のパターンの考察にまで拡大する可能性があります。対照的に中学生の場合は、「環境に関する私たちの決定がほかの地域をどのように変えましたか?」という問いを検討するかもしれません。

繰り返しになりますが、生徒は身近な地域の状況を分析することからはじめて、時間をさかのぼって追跡し、最後に地域の状況がより大きな範囲に与える影響を国内的・国際的に学習するかもしれないのです。生徒が、自分は誰であるのか、どこから来たのか、そして将来どこへ行くのかということについて考えることに熱中するために、**表1－1**に挙げた三つの問いと七つのテーマに目を通して、それらの活用方法を考えてください。

私たちのほとんどは、おそらくこの種の歴史を知りません。最悪の場合、バラバラな年号と死ぬほど退屈な教科書の章末にあったテスト問題しか覚えていないかもしれません。最高の場合でも、昔のことについて熱烈な話をした教師のことは覚えているでしょうが、一つの話を聞いただけで、それがどういう結末になるかはすでに分かっていました。そして、クラスの何人かはその話を聞いてもいませんでした。

実際のところ、歴史は私たちに伝わるずっと前に止まっていました。したがって、私たちは歴史において果たす役割がありません。私たちは、「違った」性別、階級、人種、民族、言語という理由で、常に時代から締めだされてきました。

私たちは主人公と一体感をもてないので、物語に入り込むことが困難でした。そして、なぜ物語がそのように語られたのか、あるいはそれが異なる視点からどのように見えていたのかについて考えることは滅多にありませんでした。言い換えれば、教科書に書かれている歴史は事実であって、誰かによって書かれたもの、もしくは解釈されたものであるという見方・考え方を養うといった体験が私たちにはほとんどなかったということです。

歴史とは解釈することである

歴史の知識には常に解釈が含まれるため、その記述が完全に客観的であることはありえません。もっとも基本的なレベルでは、過去に起こったことを知りたい人は、誰もが歴史に固有とされる問題に直面します。出来事はすでに終わっており、直接見たり再現したりすることはできません。その結果、何が起こったのかについて知るためには、一次資料や出土品など、常に間接的な方法が頼りとなります。それらの間接的な方法は解釈を要求します。歴史家はどの情報源を使うのか、それらは信頼することができるのか、そして、それらが相反する場合にはどうするのかについて決める必要があります。

私たちはみんな、同じ出来事が異なる人々によって違う説明がされていることを知っています。また、時間とともに大げさになったり、変わったりする家族の話を聞いたことのある誰もが、話す人によって解釈が変わることも知っています。

たとえば、クリストファー叔父さんがスコットランドの移民の話をするときは、一族のタータン(11)に包まれた勇ましい祖先の物語になります。一方、キャスリン叔母さんの演出では、タータンはボロボロになり、家族のルーツはより謙虚なものになります。

ある歴史家のグループが指摘するように、「歴史は決して中立不偏な力でも、完全な世界観でもありません。歴史は、常に誰かの歴史なのです」(12)。〔参考文献14〕

これらのことから、私たちはみんな、自身の多様な社会的歴史、すなわち日常生活の経験、家族の物語、写真、および日用品を通して解釈される「私たちの物語」から歴史をはじめています。また、過去の人々は、自分たちの背景と先入観に影響されてきました〔参考文献46〕。たとえば、「レキシントン・グリーンでの戦い」(13)については数十の直接証言があり、両国の証言が似ていることはありません。矛盾する情報に直面して、歴史家はどの説明が一番もっともらしいものなのかを決めなければならず、そのような決定には必然的に判断と解釈を伴うことになります。ただし、歴史の記録は矛盾しているよりも不完全であることが多いため、完全な説明を行うためには情報の断片をつなぎあわせる必要があります。

さらに、事実のなかには決して再現できないものもありますので、推測することが避けられないケースも出てきます。たとえば、第三五代ケネディー大統領（John Fitzgerald Kennedy, 1917～1963）の暗殺を考えてみましょう。

現場で起こったことを正確に把握するために必要とされる十分な情報がどこにもなかったため、歴史家は映画、録音、直接報告、および医療レポートから証拠をまとめる必要がありました。何十年もの間、この事件が論争を引き起こしているという事実は、何が起こったのかについてはっきりさせることがいかに難しいかを示しています。

(11)　いろいろな色の糸で編まれた格子模様の織物、もしくは格子柄そのものを指します。一八世紀末から一九世紀にかけて、スコットランドで氏族ごとに固有のパターンをもつクラン・タータンの概念が確立されていきました。

(12)　芥川龍之介の『藪の中』（講談社文庫、二〇〇九年）をもとにした黒澤明の映画『羅生門』のように、一つの出来事でも、関係者によって解釈や視点はさまざまであり、一つの解釈にまとめることはほぼ不可能であるという捉え方を「羅生門効果」ということがあります。

(13)　一七七五年四月一九日、マサチューセッツ州ボストン郊外のレキシントンで起こった英米軍の戦いです。一般的には「レキシントン・コンコードの戦い」と呼ばれおり、これがきっかけとなって独立戦争に発展したと言われています。

記録には常に隔たりがあり、人々はそれらの隔たりを埋める合理的な方法について意見を異にします。多くの歴史上の出来事について、説明と解釈を分けることは不可能なのです。

しかし、過去一世紀の間、学校の歴史はかぎられた解釈に限定されてきました。学校で教えられる多くの歴史は、統一された社会を前提としてはじまり、人種、民族、性別、階級などについての違いを軽視する物語が語られています［参考文献135、154、158、160、322、353］。その結果、私たちがつながりを見いだされる人々は歴史のなかでは捉えられなくなりました。生徒の姿が現れるようにする、進行中の歴史ドラマの参加者として彼ら自身の姿を見ることができるようにするためには、私たちは歴史をどのように捉えるのかということについて考え直す必要があります。具体的には、次のことを行う必要があります。

①**多元的社会の前提からはじめる**――私たち全員が、互いに複雑に関連しあっている多くの集団に属しています。私たちの一部は多くの力を行使していますが、ほかの人たちは権力をもつことから排除されています。［参考文献28、620、621］

②**一つの物語が全員の物語になる可能性がないことを知る**――その代わりに、私たちの複数の物語を編んで、お互いに絶えず話し合うようにします。私たち一人ひとりは部分であり、全体ではありません。［参考文献584］

③**歴史が生きていることを忘れない**――私たちのすべての物語は、部分的にしか知られておらず、

常に未完成であり、私たちが話したり行動したりするにつれて歴史は変化するのです。［参考文献322、555］

歴史は語られることを通して説明される

歴史は、何が起こったかを確立するだけでなく、出来事が相互に、どのように関連しているかということを示す重要な解釈も含んでいます［参考文献36、119、192、588］。過去の出来事について記された単純な一覧は「年表」です。しかし、歴史はそれ以上のものなのです。

歴史は、出来事を物語形式で語られることがよくあります。歴史の話は、「はじまり」、「中間」、「終わり」、そして「設定」、「登場人物」、「問題（または問題群）」、および「解決策」といった過去についての物語としてしばしば提示されます。たとえば、アメリカ革命の記述について考えてみてください。物語は、フレンチ・インディアン戦争(14)の終わりに、イギリスが植民地の防衛費用を賄うために税金を課すようになったことからはじまります。

入植者は、代表権のない課税の不公平さにだんだんと腹を立てるようになり、一連の抗議行動

(14)　一七五五年から一七六三年にかけて、北アメリカのイギリス植民地とフランス植民地の間で起こった戦争です。

を開始したのですが、それに対してイギリスはますます抑圧的な反応を示すようになります。入植者は最終的に独立を宣言し、戦争の結果、入植者が勝利します。この歴史的なエピソードは、設定、登場人物、問題、および解決策など、創作的なものであろうとなかろうと、あらゆる物語と同じような構造をもっています。歴史家のなかには、この種の物語の構造がすべての歴史説明の基本である、と主張する人がいます。

しかし、歴史が物語として語られるときは、いつでも物語の「はじまり」と「終わり」、また何が含まれ何が除かれるのか、そして、どの出来事を問題あるいは解決策とするのかということを誰かが決めなければなりません〔参考文献119、192、463、582、584、585、588〕。その結果として、歴史物語には常に解釈が含まれることになり、誰かが物語を伝える方法を決定することになります。

たとえ完全な記録が残っていても、アメリカ革命[15]の間に起こったすべてを伝えることはできません。それは、トマス・ジェファーソン[16]がものを書くためにペンをどのように研いだかとか、クリスパス・アタックス[17]が毎朝靴のバックルをどのように締めたのかとか、アビゲイル・アダムスが自宅でロウソクをどのように灯したのかというような、植民地とイギリスに住むすべての人に関する何百万もの詳細について、毎日、毎分、何十年にもわたって説明することを意味します。

そのような「完全な」記録を書こうとする歴史家は誰もいませんし、それを読むだけの時間は誰にもないでしょう。つまり、すべての歴史の記録は選択の結果なのです。含める出来事と除外する出来事を決定することは、歴史解釈におけるもっとも基本的な側面の一つであり、物語に含めるのに値する重要な出来事は誰かが決定しているということです。

ただし、歴史解釈のさらに重要な段階では、含める出来事だけでなく、それらが相互にどのように関連するのかについて決めることも含まれます。たとえば、「代表なしの課税」(18)がアメリカ革命を引き起こしたという説明は歴史解釈の一例です。

歴史家は、ある理由をほかよりも重要な原因として選択しています。事実自体は、なぜ戦争が起こったのかについて説明することはできません。戦争の説明は解釈の問題なのです。

たとえば、ベトナム戦争にアメリカが関与した本質は何でしょうか？　弱い政治家と恩知らずの抗議者によって妨害された軍隊の話をする人もいれば、残忍な独裁と悪質な超大国に対するベトナム国民の勝利について語る人もいます。ある見方では「敗北」として見えるものが、別の見

(15)（Thomas Jefferson, 1743～1826）第三代アメリカ大統領で、独立宣言の起草者の一人です。

(16)（Crispus Attacks, 1723?～1770）アメリカ革命で最初に殺されたアメリカ人です。

(17)（Abigail Smith Adams, 1744～1818）第二代アメリカ大統領ジョン・アダムズの妻であり、第六代アメリカ大統領ジョン・クインシー・アダムズの母です。

(18)　イギリス議会に代表を送る権利のないアメリカ植民地の人々に対して一方的に税金を課すのは不当である、という主張です。

方では「勝利」として見えるのです。

戦争という出来事は同じですが、その意味は物語の語られ方によって変わります。歴史の事実とされる出来事がしっかりと確立されたときでさえ、それらの意味するところ、つまり物語におけるそれらの位置づけは常に解釈の問題となるのです。

歴史家は、過去の出来事の物語を形づくるたびに解釈をしています。過去についての記述は完全なものではなく、出来事は複数の物語の一部として説明できるため、その解釈は歴史家によって異なることになります［参考文献94、415、463、500、620］。ある人が「衰退」と見ているところをほかの人は「進歩」と見るかもしれませんし、別の人が無視している出来事の重要性をほかの誰かが見つけるかもしれません。

解釈をめぐる議論は避けられないところですが、それは専門職としての歴史家の本質とも言えます。また歴史家は、同じ出来事について複数の物語を語ることができること、そして解釈が時間とともに変化することも知っています。

歴史に、単一の、不変の物語はありません［参考文献281、586］。このような曖昧さは、歴史探究においては避けられない、生産的で望ましい部分と見なされています。ただし、どの解釈もほかの解釈と同じレベルで好ましいものとはかぎりません。[19]たとえば、過去についての物語は、有力な証拠を用いて説明しなければなりません。ホロコーストの事実は議論の余地がないこととして立証できますので、ホロコーストが発生したことを否定する第二次世界大戦時代の物語が尊重されることはありません。

歴史は政治以上のものである

残念ながら、伝統的に教科書や学校のカリキュラムに見られる解釈の範囲は非常に狭いままとなっています。たとえば、生徒が学校で遭遇する歴史物語は、法律、大統領、戦争、および外交関係の歴史など、ほぼ独占的にアメリカの政治史および外交史に焦点が当てられたものとなっています。これらの分類に入らない情報は（あったとしても）ほとんど重要視されることはありません。その結果、伝統的に女性や有色人、そして貧しい人々など、政治に近づく機会がほとんどなかった人々はアメリカ史の物語における主要な解釈から除外されてきました。［参考文献152、322］たとえば、女性は教科書にほとんど登場しません。これは、国の歴史のほとんどにおいて、間接的にしか政治にアクセスする機会がもてなかったからです。そして、政治が歴史の焦点であり続けるかぎり、たとえば奴隷制廃止や女性の権利運動などにおいては、男性の領域に影響を与え

（19）　第二次世界大戦中ナチスが行ったユダヤ人の大量虐殺のことです。

た場合のみしか女性は登場しません［参考文献108、219、322］。しかし、歴史は、公の政治分野にのみ関心を示し続けなければならないようなものではありません。

数十年前から歴史研究者は、家族関係、家事労働、宗教など、人生のほかの分野に注意を払ってきました。そして、驚くことではありませんが、女性は歴史的に重要な役割を演じてきたことが分かってきました。さらに最近では、以前は公的と見なされていた領域と私的と見なされていた領域の関係を歴史家が探究しています。その結果、長年にわたって認識されてきたこととは異なる性役割が存在していたことが分かってきました。しかし、そのような歴史の探究結果が授業のテーマから抜け落ちているかぎり、性役割への認識は変わらないでしょう。

人々の注目を政治に制限することは、物語に何を残し、何を残さないかを決める一つの方法となります。それによって、アメリカ史から人口の大部分を除外することになります。もちろん女性だけでなく、ほかの多くの人々がこの除外の影響を受けることになります。たとえば、アフリカ系アメリカ人は、その存在がヨーロッパ系アメリカ人の政治に影響を与えた場合にのみ歴史の重要な部分と見なされてきました。アフリカ系アメリカ人社会における政治的、経済的、文化的発展は、国における物語の一部とは見なされていません。さらに、ラテン系、アジア系、またはほかの有色人が、その物語のなかで目立つ位置づけとはなっていません［参考文献295、161］

繰り返しになりますが、歴史研究者はこの問題に四半世紀以上にわたって注意を向けてきました。しかし、このより包括的なアメリカ史についての解釈が学校のカリキュラムの外に置かれ続けるかぎり、ヨーロッパ系アメリカ人以外の集団の歴史は「そのまま」となるでしょう。

歴史の伝統的な物語は、アメリカ先住民の扱いにおいてとくに厳しいものでした。長年にわたってアメリカ史は、ヨーロッパ系アメリカ人の入植における功績とほぼ同じでした。その物語では、アメリカ先住民の存在は、一九世紀におけるミシシッピ川以東から以西への強制移住[20]や二〇世紀における都市への同化政策[21]を通して、解決されるべき明らかな問題として現れました。

もちろん、アメリカ先住民はこの話を非常に異なった視点から見ていました。彼らの視点から見ると、土地や彼らの生き方などに関する強制的な明けわたしであり、武力抵抗、平和的な解決、もしくは政府に協力することはすべて問題を解決するために行われたことだったのです。［参考文献238］

ヨーロッパ系アメリカ人の入植地の拡大を示す歴史地図は、アメリカ先住民からすれば「自分たちの領土の縮小」という正反対の意味をもちます。繰り返しになりますが、ほとんどの場合、アメリカ先住民とヨーロッパ系アメリカ人の出会いという事実は確認できますが、その重要性は

---

(20)　一九世紀のアメリカ政府の政策です。アメリカの歴史用語では「除去（removal）」と言われています。

(21)　一九五六年の「インディアン移住（relocation）法」により、アメリカ先住民が居留地や伝統的な土地を離れ、都市部の一般住民に同化することが奨励されました。

語られる物語によって大きく異なるということです。〔参考文献123、260〕

簡単に言えば、歴史は単一の物語ではなく、多くの物語があるということです。先住民とヨーロッパ人の関係、アメリカ革命、奴隷制度、国内労働力の変化、移民、ベトナム戦争など、これらすべては視点を変えることで異なったものに見えてきます。

それぞれの視点は、いくつかの出来事をより重要なものと見なし、ほかの出来事はそれほど重要でないものと見なします。また、いくつかの詳細がそれぞれに含まれ、ほかは省略されます。ある物語の進捗状況として示されるものが、別の物語では衰退したように見えます。そして、一つの解決策がほかでは問題と見なされるのです。それぞれの物語には、歴史理解に不可分とされるある種の解釈が必ず含まれるということです。

歴史は賛否が分かれるものである

解釈と重要性の組み合わせは不安定さを生じさせます。歴史の真実が石板のように固定したものので安定した形で私たちに伝えられたなら、過去の意味と重要性は確かで不変なものとなり、論争の余地はないでしょう。過去に何が起こったのかを知るだけでなく、それについて何を話すべきかを知らなければ、多数派が受け入れ難いと判断した説明を提案した人は「無知な変人」として退けられる可能性があります。また、歴史が重要でなかった場合、そしてそれが私たちの個人的・集団的アイデンティティーにとってそれほど中心的な位置を占めていなかった場合、その解釈はほとんど問題にはなりません。

その結果、歴史家やその関係者は資料館や図書館などの遠く離れたところに追いやられてしまうでしょう。そこでは対立する物語について自由に議論することができるようになるでしょうが、「去る者は日々に疎し」(22)と言われるように、彼らの解釈は見えなくなって忘れ去られてしまうでしょう。

しかし、歴史にはもっと重要な宿命があります。多くの物語は過去について語ることができ、それらの物語は私たちが誰であるか、そしてどこから来たのかということについての理解に強く影響を与えるため、人間の知識のなかで、歴史はもっとも意見が分かれる分野の一つになるという宿命をもっているのです。

このような論争は今にはじまったことではありません。前世紀を通じて、これらは常にこの国の歴史に対する国民の理解を特徴づけてきました。アメリカ史の一部と見なされるために苦労し

---

(22)　(Out of sight, out of mind) 英語のことわざです。死んだ者は日が経つにつれ世間から忘れられていき、親しかった者も遠ざかれば日に日に交情《こうじょう》が薄れていくという意味です。

てきたグループもあれば、それらを排除するために懸命に闘ってきたグループもあります。〔参考文献280、397、415〕

たとえば、人種間の緊張は社会のあらゆる領域に浸透しており、アメリカ史の物語がどのように語られるべきかについて、私たちの理解に対して常に影響を与えています。一九二六年（およびそれ以前）の「黒人歴史週間」(23)のはじまり以来、教師、保護者、生徒、そして研究者たちは、アフリカ系アメリカ人はその物語のなかでより重要な位置を占めている、と主張しています。

この視点は近年さらに包括的になり、すべての人種や民族、そして女性、労働者なども同様にアメリカ史の物語の一部であり、周辺にいる「貢献者」ではなく、積極的な「参加者」として含めるべきであるとされています。

しかし、人種、性別、階級の問題は依然として私たちの社会を分断しているため、アメリカ史のより包括的な物語を語ろうとするあらゆる試みは、私たちの国を偉大にした男性の業績を最小限に抑えることになると主張する現状維持の擁護者からの激しい抵抗に遭います。〔参考文献84、104、165、457、540、397〕

皮肉なことに、この議論を解釈の一つであると誰もが認めることは稀《まれ》です。そうすることは論争につながるでしょうし、歴史家のマイケル・カメン(24)は、彼らの物語が論争的になることをアメリカ人は決して望んでいないと主張しています。彼は、アメリカ人は常に一種の慰めと罪のない

懐かしさを提供するために歴史に目を向け、一貫して過去を「脱政治化」してきたと主張しています。［参考文献280］

歴史教育の目的

教師は歴史教育を、その複数の活動と目的、解釈的であるという原則、そして論争的な性質などを伴う困難な仕事と見なす場合があります。確かに、それは複雑な仕事であり、最高の歴史教師たちは、生涯を通してこの扱いにくい教科を理解しようともがき続けています。そのような課題に直面したとき、本章で提起された問題を捨て去り、単に伝統に準ずることがもっとも簡単に思えることでしょう。

まさに、多くの教師がそのような選択をとっています。彼らはカリキュラムの内容を着実にこなしており、生徒を静かで従順な状態に保つために時間を費やしています［参考文献36、265］。しかし、それは決してよい教え方とは言えません。教師が教科書の内容をなぞるようにして教え、

（23）黒人の歴史の協調的な教育を公立学校で奨励するために、歴史家のウッドソン（Carter Goodwin Woodson, 1875～1950）が提唱したもので、二月の第二週となっています。
（24）（Michael Kammen, 1936～2013）コーネル大学の歴史学部教授でした。

生徒の行動を管理するだけであれば、彼らはほとんど学習することがなく注意散漫な状態になるでしょうし、教師自身もいら立って悲観的になるでしょう。

このような不利益な展開を避けるために、教師は明確な目標や自分の仕事に焦点をあわせて教える努力をし、生徒を発奮させるための目標をもたなければなりません。教科書の内容を網羅することなく、生徒の行動を制御しない教師、あるいは命令などに疑念や異論を差し挟み、従順に従ったり忖度しない教師は必ず目的意識をもっているものです。

私たちは、多元的民主主義㉕への参加に向けて生徒が準備をするという包括的な目標がアメリカの歴史教育を後押しすることになると思っていますし、「そうするべきである」と信じています。

［参考文献36］

本章で私たちは、歴史家の仕事の側面と、学校や学校外の歴史に影響を与える複数の目的について述べてきました。これらの視点は、歴史的な活動と生徒の理解力への影響をより良く理解するのに役立ちます。しかし、歴史をどのように教えるべきか、ということについては何も示してくれていません。

学校は小型の研究大学ではなく、外の世界で起こっていることを単純に反映するものでもありません。教育に関する決定は教育的な価値観に基づいて行われる必要があり、アメリカには、民主主義のために生徒を教育するという長い伝統があります［参考文献542、543］。これは常に社会科の主要な目的であり、もちろん、歴史はその広い教科の一部となっています。

アメリカでは、生徒には民主的な市民性を備える必要がある、とほとんどの教師が認めていますが、それが何を意味するのかということについて明確なイメージをもっているわけではありません。民主的参加の目標について教師が必要とする方向性を提供するためには、私たちはそれに何が含まれるのかについて明確にする必要があります[26]。

---

(25) 複数の集団によって社会全体の利益の調整を図るために、国家と個人の間に中間団体を設定することで政府機能の肥大化を防止したり、集団間の競争を公開したりすることで民主的なチェック機能を果たすことを期待するというアメリカの民主主義における特質です。これは、政治や政党だけを意味するものではありません。いわゆる「第三セクター」、「市民セクター」、「ＮＰＯ」と呼ばれる組織のことで、その成長が日本においても見られるようになりました。繰り返しますが、民主主義＝政治ではないのです！

(26) この点については、日本でも明確になっているとは言えません。本書やイギリスで過去二〜三〇年実施されているシティズンシップ教育などを参考にしつつ、明らかにしていく必要があると思います。より良い教育実践のために。そういったものを一切参考にせずに、ライティング・ワークショップとリーディング・ワークショップの方法論と探究学習を参考にしながら開発した『社会科ワークショップ――自立した学び手を育てる教え方・学び方（仮題）』（冨田明広ほか、新評論、二〇二一年近刊）もありますので参照ください。

第一に、民主主義には参加が必要です。これは、「たまに選挙で投票する」といった以上のことを意味します。伝統的な市民教育は、主に個人と国家との関係に焦点をあわせてきたため、生徒は政治的代表、法的権利と責任、および裁判について学んできました。しかし、参加型民主主義は、競争だけでなく協働によっても特徴づけられ、この協働は組合、教会、地域の各団体、専門家団体、教職員、ＰＴＡ、政党などといったさまざまな組織や団体において行われています。［参考文献27、431、452］

これらそれぞれの状況において、人々はより良い未来を追求して、一緒に行動を起こすことを考えます。これは、参加型民主主義の第二の特徴である「公共の利益(27)」への関心を示しています。私たちは、単に私的な利益を追求したり、他人に自分の意志を押しつけたりすることはできません。私たちは、参加しているすべてのコミュニティーにとって何が最善であるのかについて見極める必要があります［参考文献36、27］。そのような気遣いがなければ、人々は緩やかな組織の利己的な個人でしかなく、自分自身をコミュニティーの一員であると考えることはほとんどないでしょう。

さらに、アメリカのような多元的共存社会では、何が公共の利益を構成し、どのようにそこに到達するかについて複数の視点を考慮する必要があります。この多元的共存を重視することは民主的な参加を促す三番目の特徴であり、おそらく達成がもっとも困難なものです。何のために努力すべきか、どのように一緒に暮らすべきかについて私たちに教えてくれる既存の合意はありません。これらは、私たちが同意しない場合でも、互いに注意深く耳を傾けて解決する必要のある問題です。〔参考文献27、431〕

歴史教育だけの力で民主的な社会を生みだすことはできませんし、協力しながら生徒が論理的に考え、公共の利益を尊重し、お互いに耳を傾けることを保証することもできません。しかしながら、歴史学習はこれらに貢献する必要があります。それは、まず合理的な判断に参加する機会を生徒に与えることで可能となります。

民主社会における市民は、証拠を一緒に検討して、最善の行動方針を決定する必要があります。そして、このやり方はまさに歴史情報の分析にも使えるのです。私たちは、何が信頼できる情報で、それが過去についての結論に到達するためにどのように使うことができるのかについて選択する必要があります。

(27)　コミュニティーにおける社会生活上の課題や政治的な問題について、積極的に人々とともに討議し、行動するための主権者としてのあり方やそれらの助け合いの活動を通して得られる、公と私事の間にある公共的な事柄についての利益のことです。建国間もないアメリカを訪れたフランスの思想家トクヴィル（Alexis-Charles-Henri Clérel de Tocqueville, 1805～1859）は、その公共の利益を実現するのが組合や教会などの中間団体における協働であり、それがアメリカの民主主義を支えている、と述べています。

第二に歴史は、公共の利益を考慮して、より大きなコミュニティーである民族や国家、そしてグローバル社会（または、これらすべてを同時に）との帰属にかかわる確認作業や善悪の感覚に基づく価値判断に生徒を携わらせることができます。コミュニティーに影響を与えた歴史の出来事やこれらにかかわる正義について考えることによって、生徒はそのような問題に取り組むための準備をすべきであり、より動機づけられるべきなのです。

最後に、歴史は、生徒が自分の視点とは異なる視点を理解することを助けるために重要な役割を果たす可能性があります。過去の人々の行動を考えるときは常に、今では一般的ではない考え方や態度、そして信念を理解する必要があります。歴史で起こったことを理解するためには、そのような違いを無視してはいけません。この教科を理解するためには、私たちのものとは異なる生き方の論理を見るように努力する必要があります。その努力は、現在の多様な視点を理解するうえにおいて多少なりとも利益をもたらすはずです。少なくとも、試してみる価値が十分にあると言えます。

まとめ

私たちの観点から言えば、論争を避けたいという願望は、すべての歴史は解釈であるということを認めることを拒否し、歴史の議論におけるもっとも深刻な弱点の一つになると捉えられます。現状を擁護する人々は、自分たちの解釈を「本物」の物語として描写し（すでに教科書に掲載されているため）、ほかのすべての解釈については、何らかの形でアメリカ史の「真実」を弱体化させていると非難しています。［参考文献322］

通常、これらの議論はまさに人種、階級、性別の問題を無視することから恩恵を受ける人々によって行われていることを考えると、そのような立場は驚くに値しません。しかし、もし学校が民主主義における積極的な市民性を生徒に準備させるというのであれば、学校は論争を無視することも、他人の歴史解釈を受動的に受け入れるようにと教えることはできません。［参考文献228、246、426］

民主社会の市民であることは、言葉以上のことを意味します。民主的な市民性教育では、生徒は多様な視点をもつ人々との、有意義で生産的な議論に参加することを学ぶ必要があります。したがって、本書を通して私たちは、人々は過去の記述をどのように作成するのか、またそれらの記述が異なる方法でどのように伝えられているのかということを生徒が学ぶ教科として「歴史」を描いています。この種の指導は、特定の生徒集団に限定されるものではなく、小学校および中学校のすべての生徒にとって実用的であると考えています。次章では、私たちのアプローチへと導く教え方と学び方の原則について説明をしていきます。

第2章
それは災難ではない
――歴史の探究(1)を支える理論

私にとって理論を理解することは、「あー、そうだったのか！」という感じでした。講習会やワークショップに参加した教師は、「理論は飛ばして、実践的なことだけをお願いします」と言います。私が以前やっていたことの多くは直感的なもので、「何がうまくいくのか」とか「何が結果をもたらすのか」については知っていましたが、「なぜ、それがうまくいくのか」については知りませんでした。それだけに、「なぜ、それがうまくいったのか」や「なぜA＋B＝Cなのか」ということを理解するのに理論が役に立ちました。

(1)　本書では、「現在をより賢く行動し、未来に向けたより賢明な選択するために過去を振り返る歴史探究」を「歴史の探究」と表現しています。

私は、「協同学習」と「教科横断的な学習」、そして「シェルタード・イングリッシュ」がどのように連携しているのかについて理解しました。それはパズルの一つ一つのピースをはめ込んでいくようなものであり、筋が通ったものでした。自分がやっていることが切り離された部分ではなく、授業設計全体のなかの一部であることに気づいたということです。私が使っていた実用的なアイディアには、理論的な基礎があることが分かったのです。

私は、理論を知ることで授業をより良いものにすることができ、何が効果的で、何がダメなのかについて、より鋭い感覚で選択ができるようになりま

訳者コラム ■ さまざまな学習方法

協同学習——学習者を小集団に分け、その集団内の互恵的な相互依存関係をもとに学習を展開する方法です。グループ活動で学ぶ方式について、「共同学習」「協同学習」「協働学習」「協調学習」などと呼ばれていますが、英語で言えば「cooperative learning（メンバーが同じ役割をもち、課題に効率よく取り組む学習）」と「collaborative learning（異質な他者と関係を結び、共通の目標や課題に向けて関係をつくっていく学習）」の二つとなります。しかし、現状では、これをどの用語（訳語）に対応させるかが定まっていないようです。「協同学習」で調べるとたくさんの本が見つかります。

教科横断的な学習——設定したテーマについて、教科という枠組みを超えて学ぶ教え方です。総合的な学習の時間は、この発想に基づいて導入されました。

シェルタード・イングリッシュ（sheltered English）——英語を母語としない学習者が授業についていき、英語を流暢に話すことができるようになることを目的とした、言語学習と授業内容を統合させて教える英語圏の授業実践方法です。

した。私がやっていたことの多くは、「運に任せた」ものでした。

以前は、何かを試してみても、それを二度と使わないようなこともありました。今は、新しい教え方を考えるとき、自分が知っている理論でフィルターをかけることができています。また、それが、自分の授業のプラスになるのか、それとも単に自分を忙しくするだけなのかについても判断することができます。

「ああ、これはスキーマ(2)を構築していくうえで役立つ」とか「これは統合的な言語プログラムだ」などと言うことができますし、一〇〇問程度の質問だけのプログラムに対しては、「それは『本物』でないからうまくいかないだろう(3)」と言うこともできます。

また、「子どもたちにスクラップブック(4)をつくってもらおうかな」とか言いながら、それが生徒のアイディアを引き出すのに役立ち、登場人物を理解する力を養い、「本物の評価(5)」を提供す

---

(2)　一つの知っている知識に関連する新しい知識をつなげる脳の中での動きのことです。ある物事に関する知識について似たような例が集まってくると、それらに共通したものを抽出して一般的な知識として捉えることが可能になります。当然、専門家のほうが初心者よりもたくさんの例や情報をもっていますので、瞬時に何かを理解したり、逆に当てはまらないものを排除したりすることも容易となります。

(3)　学びは、学校外や将来の生活で遭遇する「本物（authentic）」でなければならない、実際に地域社会や企業、学術分野で人々が行っている作業に近いものでなければならない、ということです。

(4)　新聞、雑誌、ネット情報、本のコピーなどを貼っておくノートのことです。

ることができるから行うのだと理論づけをすることもできます。「本物の評価」は、実際に何かを教えるものであり、単に魅力のあるアイディアではありません。

ロータ・コールマン（カリフォルニア州レノックスのブフォード・アベニュー校、五年生の担任教師）

コールマン先生は正しいと思います。一般的に教師は、理論のことを実践的なアイディアほど重要ではないと考えているようです。確かに、理論のなかにはあまり役に立たないものもあります。実際の教室で、現実の生徒が何をしているか分からないような人たちが開発した、明らかに研究室で生まれた理論を聞いたり読んだりしたことがありますが、理論は教え方と同じように、よいものであったり、悪いものであったり、あるいはその中間であったりします。

私たちの考えでは、優れた理論は、教師が自分の経験を理解するうえで役立つもの、と位置づけています。優れた理論を通して、毎日教室で行われていることをより明確に理解することができ、コールマン先生が「あー、そうだったのか！」と言ったように、教え方を振り返ることができるようになります。また、優れた理論は、生徒にとってより効果的で、意味のある授業を教師が計画するうえにおいても役立ちます。

コールマン先生が説明しているように、教師は理論を理解することで、魅力的なものや斬新なもの、そしてうまくパッケージ化されたものなどから重要なアイディアを引き出すことができます。生徒が学ぶ際の理論を理解している教師は、最高の授業となるアイディアを見つけるために試行錯誤したり、何年も費やすことなく、効果的な授業計画を一貫して開発することができるのです。

本章では、歴史をどのように教えるのかについて理解するための指針となる、基本的な理論に裏づけられた原則を明らかにしていきます［参考文献74、198、214、579、608］。これらの原則は、学習に関する社会文化的な視点と現代の認知心理学を読み解いたものであり、私たちが見てきた最高の歴史教育における重要な側面を反映するものです。

本章で述べられている理論は、教室の現実から切り離されるのではなく、私たちが知っている教師や生徒の経験に基づいています。これらの考え方は、何がよい教え方になるのかを理解するうえで有用であり、教師が教え方を計画するために役立つと考えています。

本書の残りの部分で説明している活動は、よい授業であることに間違いはありませんが、それを支える理論的原則がなければ孤立してしまい、ほかの教師はそれらの授業を自分の授業で使う

（5）　現実社会で行われている状態と同じ方法で行う評価方法のことで、数日後には忘れてしまうような、暗記でしのげてしまうようなテストは含まれないことが多いです。「本物の評価」は自分に残るものであり、自分を高めるチャンスを提供してくれたり、元気にもしてくれます。

ことができるかどうか判断することができなくなってしまいます。しかし、それらを導く理論を理解さえすれば、教師はそれらのアイディアを生徒のニーズにあわせて応用し、自分の授業に適応させることができるのです。

教えることと学ぶことには目的が必要不可欠である

「過去から間違いを正す」という言い回しがあるように、私たちは歴史から現在を正すことができるのです。

（ガーナの中学生）

私たちは「歴史」を知りたいと思っています。なぜなら、すべての人は一挙手一投足に至るまで異なる文化をもっているからです。そして、私たちはそこから学ぶことができるのです。

（レナとリア、アメリカの小学五年生）

幼少期から生徒は進んでさまざまな経験をしますが、その多くは非常に挑戦的なものとなっています。成長すると、チームの正選手になるために何時間も練習したり、演劇をしたり、バンドで演奏したりします。学校の教科書を読むのが苦手な生徒でも、複雑なコンピューターの操作を簡単にこなすことができるようになるかもしれません。その一方で生徒は、成績のために、そして学んだことを学校外で使うことをほとんど期待することなく学校で学んでいます。そして、それらの知識のかなりの部分が、多くの人々が証言するように、すぐに頭の中から消え去ってしまいます。

いったい、何がこの違いを生みだすのでしょうか？　多くの生徒がコンピューターのマニュアルを読んだり、演劇やバンドの練習をしたりすることにはさまざまな目的があります。目的意識は学ぶことの動機づけになりますし、記憶力の向上にもつながります。けれども、学校における歴史の授業がそれらと同じように役立つという経験をしている生徒はほとんどいません。むしろ、私たちの知っている五年生の一人が説明してくれたように、学校の歴史は「知っていなければならないことであっても『するべきこと』ではない」のです。つまり歴史は、少なくとも生徒が学校で経験しているように、重要な目的に結びつくことはほとんどなく、テストのために知っておくべきこと、と捉えられているのです。［参考文献36、38、161、299、324、534、564］

「なぜ歴史を学ぶ価値があるのかについて考えるように」と求められると、アメリカの生徒は、自己の深い理解、そして時には他者への理解を深めるという人文主義的な考え方に陥ってしまう傾向があります。しかし、状況によっては、この種の学習が現代の問題と結びつくと考えることができます。［参考文献39、40、335］

たとえば、北アイルランドでは、客観的でバランスのとれた歴史の授業は、現地でしばしば耳にする宗派的で分裂的な説明に対する解毒剤となり、異なるコミュニティー間の緊張を和らげることに貢献できる、と多くの生徒が信じています。同じくガーナの国家カリキュラムでは、異なる国や文化間の平和的な共存、協力、寛容、相互依存を促進するために、歴史を民主主義的、人文主義的な目標と明示的に結びつけています。

私たちがインタビューしたほかの生徒と同じく、ガーナの生徒は、歴史が自分自身と他者への理解を深めるものであると理解していましたし、同時に、歴史はガーナの民主主義の発展と強化に役立つものであると考えていました。さらにある女子生徒は、お互いの民族の歴史を学ぶことで、「アフリカの国々にあるような民族間の争いはなくなるかもしれない」と説明していました。

第1章で説明したことですが、「歴史教育はより良い情報に基づいた民主主義的な参加を支援する」という、これらの生徒の希望を私たちは共有しています。この目的が教師によって採用され、生徒と共有されると、歴史学習を「目的があり、意義があり、学ぶ価値があるものだ」と考える可能性が高くなることをガーナ人の経験が示唆しています。

また、目的を明確にすることには、ほかにもさまざまな利点があります。第一に言えることは、目的が明確であれば、生徒がもつエイジェンシー(6)の感覚が促され、継続的に知的成長が支援される環境が整えられるということです。

たとえばガーナでは、多元的民主主義の歴史授業は、自民族への忠誠心や個々のアイデンティティーを尊重しながらも、国民としての共通のアイデンティティーと市民性を育むことを目的として、生徒は異なる民族や宗教グループの過去と現在の政治的、経済的、社会的現実とのつながりについて学習しています。一方、アメリカにおける歴史授業の目的は、多数派による抑圧の流れを超えて、人種や階級、社会性、民族性をより深く考察し、個人と集団のエイジェンシーに対応するように私たちを方向づけるものとなっています。［参考文献341］

このような目的のもとでは、人々がどのように抑圧に抵抗し、問題を解決するための連携をどのように構築して活動し、どのように豊かで充実した生活を送ってきたかについて時間をかけて教えることになるでしょう。

たとえば、ブラウン対教育委員会裁判(7)の調査では、裁判所が法律をどのように解釈したのかについて、生徒の注意を促すだけでなく、座り込みやボイコット、討論会、手紙の書き方などとい

(6)　一一ページの注（7）を参照してください。
(7)　一九五四年、黒人と白人を分離した公立学校を設立していたカンザス州の法律について、黒人の平等な教育の機会を否定していると宣言し、「人種分離した教育機関は本来不平等である」と判決したアメリカの最高裁判所が行った人種隔離政策に関する裁判です。この裁判は、人種統合と公民権運動に影響を与えていくこととなりました。

った集団行動にも注意を促すことになるでしょう。

多くの地域には、これらの活動に参加した人々が健在ですし、その経験を生徒と共有したいと思っている人たちがいることでしょう。また生徒は、コミュニティーガーデンの建設や政治的な運動などについて、現在行われているさまざまな集団行動と比較して調査することもできます。

このような目的をもって歴史を教えることは、より思慮深く、情報に基づいた市民参加をする際に必要とされる事前知識を生徒に提供することになります。また、困難で努力が必要な場合でも、プラスの結果をもたらすという証拠があります。［参考文献298］

目的のない教育は、子どもたちの学習意欲を奪うだけでなく、学習する能力を弱めてしまいます［参考文献203］。学習は、生徒が自分の選択や行動に意味を見いだすときに起こります。それに対して、教師を喜ばせることや、合格点を得ることなど、歴史そのものと無関係なことを目的とした行動を生徒がとっていれば、生徒の知的成長は阻害されることになります。

優れた教育は、生徒が学んでいることを包括的な目的と結びつけることに焦点が当てられています。それは、生徒が調査のための問いを示し、深い理解をするための理由を提供し、調査結果を使うことなどによって行われ、彼らの知的成長と市民的な能力がサポートされることになります。

学ぶことは深い理解を意味する

あなたは、年度末までにどの生徒がアメリカ革命まで到達できたかということを確かめるだけでなく、テーマについても深く掘り下げていく必要があります。さもなければ、生徒は歴史の内容を覚えることができないでしょう。私はまだ「ジェームズタウンの虐殺」(8)をやっているので遅いかもしれませんが、私の生徒はアメリカ先住民について学んだことを覚えています。情報を暗記するだけではなく、実際に「歴史をする」ことが大切なのです。

レベッカ・ヴァルブエナ（カリフォルニア州ボールドウィン・パーク、五年生の担任教師）

アメリカ革命のことはあまり覚えていませんが、そんなことはあまり気にしていません。中学生になったらまた学びます。

テーマを勉強してから一か月後の五年生（ケンタッキー州フォート・トーマス）

（8）　一六二二年にバージニア植民地のジェームズタウンおよびその周辺の入植地で起こった、先住民インディアンと白人入植者の間で起こった紛争事件です。

どのような教科でも、ほかの人よりも成績がよい人がいます。たとえば、エンジニアは大学生よりも優れた橋を架けることができますし、経験豊富な医者は一年目の医学生よりも病気の診断が上手です。さらに、年少の生徒のなかには、ほかの人よりも読書が上手な人もいれば、算数の問題を簡単に解ける人もいます。また、ダンスや楽器演奏、バスケットボールなどが上手な人もいます。

さまざまな分野の専門家と初心者の違いを調査した心理学的な研究によると、能力の高い人は、単に知識が豊富であったり、一般的な知性や推論する力が必ずしも高かったりするわけではなく、その分野の重要な「概念」をより理解しており、それらの概念を、いつ、どのように適用すればよいのかということについての理解も進んでいることが分かっています。(9) 認知心理学の言葉で言えば、専門家は初心者よりも組織化されたスキーマ、(10) つまり知識の統合的なイメージをもっているということになります。［参考文献88、89、324］

このような観点から、単に事実を多く知っているだけでは理解が深まるとは言えません。生徒は、それが何を意味しているのか、なぜ重要なのかについて分からないまま事実を学ぶことがあります。たとえば、小学校では多くの子どもたちが掛け算と割り算の表を完璧に覚えていますが、日常的な現実の問題を解決する方法は知りません。つまり、生徒は計算方法を知っていても演算の意味を分かっておらず、実際の生活場面で使うことができないのです。彼らは、割り算がどのようなものなのかを理解しないまま割り算に関する事実を知っているだけなのです。

同様に、多くの五年生は州都名を暗記していますが、州都が何であるか、何が行われているのかについてはほとんどの生徒が理解していません。地名は覚えていても、地理の原理については理解していないということです。

したがって、よい教え方とは、単に大量の事実に基づいた情報を網羅するのではなく、重要で体系的なアイディアとしての「概念」が身につけられることに重点を置いて教えることとなります。［参考文献26、214、449、450］

たとえば、文章の書き方を教えるということは、生徒にコミュニケーションをとる方法を教えることを意味します。それは、伝えたい相手に向けての書き方、情報の整理や修正の仕方などを意味しており、文章を図式化する方法は含まれていません。(11) 文章を図式化するという行為は、優れた書き手になることとは関係がないのです。

(9)　この点についての良書が出版されました。『思考する教室をつくる概念型カリキュラムの理論と実践』（H・L・エリクソンほか／遠藤みゆきほか訳、北大路書房、二〇二〇年）です。しかし、翻訳が内容を少し難しくしてしまっているかもしれません。

(10)　四一ページの注（2）を参照してください。

(11)　文法構造を分かりやすく絵や図で表現したもので、アメリカでは作文の時間によく使われている方法です。

同様に、地理を教えるということは、人間と環境の相互作用、空間を介した人やモノ、考えの変化などに焦点を当てるということであり、決して州都名を覚えることではありません。州都名を覚えることは、地理の重要な概念とはまったく関係のないものなのです。

全国的な団体が出している理科や数学、社会科のスタンダード（到達目標が示された学習指導要領のようなもの）は、すべてこのような概念についての理解を深めることに焦点を当てています。(12)〔参考文献411、404、402〕

このような学習は、孤立した事実を覚えるのと同じく、何でもかんでも習得するというものではありません。生徒がワイオミング州の州都名を知っていようが知っていまいが、彼らは文化、環境、社会などの複雑な概念に出合うたびに、それらについて時間をかけながら理解を深めていきます。生徒は、概念に出合うたびに学びを深めていくのです。それゆえ、深い理解のためには継続的に注意を払うことが必要となります。〔参考文献578〕

生徒がテーマを理解し、その意味や意義を考えるためには、十分な深さまで勉強する必要があります。一週間毎に教科書に書かれてあるかなりの分量を読むことで多くの情報を網羅することは可能ですが、それによって生徒が重要なことについて学ぶことはほとんどないでしょう。残念なことに、歴史の学習は、この点においては最悪の教科となっています。

前掲したヴァルブエナ先生（四九ページ）の言葉を借りれば、あまりにも多くの生徒が、歴史を学ぶことを「年度末までにアメリカ革命に到達するためのレース」として経験しています。生徒が原因や意味を理解せずに年号や出来事だけを学習してしまうと、先ほどの小学五年生が言ったように、生徒が望むことは「中学校でまた学ぶ」ことだけになってしまいます。

歴史を深く理解するためには、第1章で特定されたテーマ（一五ページ）を継続的に学習する必要があります。たとえば、世界史の主要な出来事を年代順に学習するのではなく、「人間と環境との相互作用」というテーマに二か月ほど割くといったことも考えられます。

このようなユニット(13)は、人と環境が相互に作用してきたことを毎回特定することを意味せず（明らかに不可能です！）、時代を超えて人が環境に適応したり、必要に応じて環境を変えたり、資源を奪いあったりしてきたさまざまな方法を生徒が理解できるようにすることを目的としています。そして、すぐに忘れ去られてしまう名前や年号、出来事のリストを学ぶのではなく、ヴァ

---

(12)　アメリカの場合は教育の分権化が徹底していますので、このようなスタンダードを出しているのは日本の文部科学省のような中央政府ではなく、各州の教育庁や教科ごとの学会や州の連合体となっています。それが理由で、より良いスタンダードになっています。日本の場合は文科省だけなので、ある意味、みんなが思考停止状態に陥っているとも言えます。

(13)　本書では、カリキュラムと生徒のことを一番よく知っている教師がエイジェンシーを発揮して開発した「学びのまとまり」という意味で「ユニット」という用語を使って、教科書などで設定されている「単元」と区別をしています。

ルブエナ先生が提案しているように、生徒は問いを立て、情報を収集・解釈し、説明すること、すなわち「歴史をする」ことになるでしょう。

確かに、この方法では教師が網羅する範囲は少なくなり、生徒は高度に理解するために必要なことをより多く学ぶことができます。

教えることは、生徒がもっている事前知識に基づく必要がある

生徒がすでに知っていることからはじめなければなりません。教科書の章末にある問題に答えるだけでは、すべての生徒に効果があるとは思えませんし、何の準備もなしに教科書のある章を読ませても効果は見られません。すでに知っていることの上に積み重ねるようにしなければ、生徒は学ぶことができないのです。

事前知識がなければ何も理解できませんし、時間の無駄になってしまいます。生徒は、当時の人の身になって考えたり、日記などの個人的な資料を読んだりする必要があります。多くの場合、歴史は「触れることができない」ものですが、「これは一一歳の生徒が実際に書いたものだ」と言うことができれば、生徒は「すごい!」と思ってくれるはずです。

このようにすれば、生き生きしたものとして歴史を感じとることができます。生徒は、有名人

よりも、普通に生きていた昔の人たちの話のほうが自分の人生と比較することができるので好きなようです。

レベッカ・ヴァルブエナ

最近では、生徒が「白紙の状態（何も知らない状態）」で学校に入学してきたり、教えることの目的が単に情報で埋め尽くすだけであると本気で信じている人はいません。教室に来る前から、生徒は自分の周りの世界を理解しています。そして、言語や数の数え方、自然界、さらには社会との関係についても自分なりの考えをもっています［参考文献67］。これらの直観的な理解は、人やモノに関する直接的な経験に基づいており、多くの場合、非常に正確です。

未就学児でも、「火は熱い」、「三枚のクッキーは一枚より多い」、「人は本当のことを言わないことがある」というようなことを知っています。しかし、その一方で、世界は平らであると信じていたり、アメリカ先住民はもういないと思っていたり、銀行は顧客のお金を個別の箱に入れて保管していると信じているように、彼らの知識は正確でなかったり不完全であったりしています。

生徒が理解を深めるために、教師は生徒が学校にもってくる知識を直接取り上げ、可能なかぎりそれを土台にする必要があります。人が学習するためには、すでにもっている知識と新しい経験を結びつけること、つまりスキーマを再構築することが欠かせないのです［参考文献2］。たとえば、エンジンの仕組みを知っている自動車整備士が、今までに出合ったことのない新しいエンジンの作業をするとき、自分のスキーマに新しい情報を追加し、新しい知識を習得することになります。また、スキーマの再構築は、幼い子どもが植物と動物は同じように生きていることを理解しはじめたときのように、理解の変化を伴います。［参考文献82、446］

いずれにしても、学習は受動的なものではありません。[14] 人は、新しく出合ったものとすでに知っているものを比較しなければならないのです。ヴァルブエナ先生が指摘するように、生徒が知っていることを土台にすることができなければ、生徒は学ぶことができないのです。

残念ながら、教科書やその他の教材では、生徒における事前の理解が注目されることはほとんどありません。もちろん、すべての生徒、すべてのクラス、すべてのコミュニティーが異なっているため、どの教科書も生徒の多様な経験や理解の範囲に対応することはできません。教えることと学ぶことに関する研究では、学校での経験が事前の理解と結びついていない場合、生徒はほとんど学習できないということが一貫して示されています。

学校で学ぶことになっていることを自分のスキーマと結びつけることができない場合、生徒の理解は表面的なものになってしまいます。たとえば、クラスの生徒が何か新しいことを学んだと思っていたことが一週間後には忘れていたという事実や、学んだことを新しい状況に応用できなかったと教師が気づくことがよくあります。このような表面的な学習がなぜ起こるのかというと、

生徒が情報や手順を暗記しているだけで、生徒自らの理解を自分のものにしていないという事実があるからです。［参考文献98］

情報を理解するためには、新しく得た情報をただ再生するのではなく、それを以前の理解と結びつける必要があります。しかし、教科書ではそれができません。生徒のことを一番よく知っている教師が、生徒は何を知っているのか、そしてその知識をどのように構築するのかを、生徒に代わって見つけださなければなりません。(15)

理科では、実験を行う前に生徒に予測をさせることは、事前に何を知っているのかを知るための明白な方法となっています。生徒が観察した結果をその予測と比較させることは、新しい知識

(14)　自分なりの意味をつくりだす、一人ひとりの生徒が自分なりの意味をつくりだすというプロセスであり、学ぶことはきわめて主体的なものです。「教師が教える」＝「生徒が学ぶ」ではありません。一斉授業は、往々にしてこの事実を忘れて行われています。

(15)　教師が教える計画を立てるために、生徒がどのような事前知識をもっているのかを診断することを「診断的評価」と言います。また、そのほかに評価を機能の側面から区分するものとして、教師が生徒の学びの状況を見取りながら、評価することと教えることを一体化させるために行う「形成的評価」、学びの終了時に、生徒の学び方と教師の教え方を振り返るために行う「総括的評価」があります。これらの三つについて詳しく具体的な方法も含めて紹介されているのが『一人ひとりをいかす評価』（C・トムリンソン／山元隆春ほか訳、北大路書房、二〇一八年）です。参照してください。

と古い知識を結びつけるうえにおいて役立ちます。同じように歴史では、教師があるテーマについて学びはじめる前に、生徒に知っていることを尋ねたり、生徒に何を学ぶかを予測させたりすることで実現可能となります。[参考文献420]

ＫＷＬ表(16)は、生徒が何を知っているか、何を知りたいか、そしてのちに何を学んだのかを話し合うもので、事前知識を活性化する方法の一つです。また、教師は「コンセプト・マップ(17)」を作成することで、生徒の事前知識に基づいた学習を行うこともできます。これによって、生徒がすでに知っていることを確認できるだけでなく、授業中にコンセプト・マップに戻って正しい情報を話し合ったり、間違いを訂正したり、新しい情報を追加したりすることで、つながりをつくることもできます。

新しい知識と古い知識を結びつけるための話し合いや予測、コンセプト・マップ、ＫＷＬ表の有用性は、テーマの最初にそれらを導入してそのままにしておくだけではなく、授業やユニットを通した指導にそれらを活かそうとする教師の意思にかかわってくることを覚えておいてください。

歴史を生徒の事前知識に結びつけるもう一つの重要な方法は、過去の人々の日常生活に焦点を当てることです。人は、子どもがもっともよく理解している対象の一つであり、子どもは幼いころから他人の考えや意図を推論することができます。マーガレット・ドナルドソン(18)は、幼い子どもが何かを理解するためには、それが人間的に意味のあるものでなければならないと主張しています［参考文献134、575］。また子どもは、人々とのかかわり方から状況を理解している、と彼女は主張しています。

そして歴史家も、子どもがもっている人に対する感覚に焦点を当てて、過去の人々の考えや意図を研究しています。けれども、教科書を終わらせることに焦点が向いてしまうと、まずこの人間的な要素が脇に追いやられてしまい、政治や外交、政府など、生徒は一番知らないことを勉強することになってしまいます。生徒が歴史を学習するにおいて人が存在していないということが、この教科に対する熱意の欠如という理由をもっとも的確に説明しているように思えます。教師は人に焦点を当ててさえすれば、生徒がもっともよく知っていることを土台にして、歴史家が実際に何をしているのかについてより理解させることができるのです。

---

(16)「知っている（Know）」、「知りたい（Want）」、「学んだ（Learn）」の三項目を縦軸にして、左から順番に書き込むことができる用紙です。授業の導入や振り返りの際に使われることが多いです。

(17) 新しいテーマについての生徒の考えを大きな紙にまとめた図です。「概念図」や「蜘蛛の巣図」とも言います。詳しくは、『増補版「考える力」はこうしてつける』（J・ウィルソンほか／吉田新一郎訳、新評論、二〇一八年）の第7章を参照してください。

(18)（Margaret Caldwell Donaldson, 1926～）発達心理学が専門のエジンバラ大学教授です。

人は探究の真っただ中で学習する

ほかの人がやっていることを聞くことで自分の脳のニューロンに火がつき、誰もができることを何倍にもする相乗効果が生まれます。また、教師が教壇に立って講義するだけとか、ただ伝えるだけではなく、全員が発言し、全員が参加する民主的なプロセスは、生徒に新しい知識を発見する機会を与えてくれることになります。それは、教師が点と点を結びつけるのではなく、生徒自身が異なる視点から話を聞いたり、自分たちで結果を議論したりすることで可能となります。

ローダ・コールマン

教師は生徒の事前知識を活性化させ、それらと新しい経験がどのように関連するのかについて注意喚起をすることはできますが、理解することを直接教えることや生徒の代わりに知的な作業をすることはできません［参考文献66、138、536、578］。人間の学習に関する研究と教師としての私たち自身の経験は、学習の「伝達モデル」と矛盾しています。伝達モデルとは、知識はある情報源（教師であれ教科書であれ）から別の情報源（生徒）に直接伝わると仮定するモデルのことです。私たちは、報酬や罰のシステムをどれほど精巧なものにしても、子どもたちを単なる情報でいっぱいにすることはできません。私たちは、生徒のために点と点をつなげることはできません。人は、自分にとって重要な意味をもつ問いに対する答えを求めるときにのみ学習をするのです。

［参考文献128、129］

生徒の理解は、生徒自身が知っていることが不十分なものだと分かったときにのみ深まります。意味のある問いを示し、情報を見つけ、結論を導き、可能性のある解決策を考えるプロセスのことを「探究」と呼んでいます。

幸いなことに子どもたちは、自分の世界の意味を理解しようと努力する探究心が旺盛な、生まれついての学習者です。幼い子どもをもつ人なら誰でも、子どもがもつ探究への衝動と、常に「なぜ？」と問われることに対して答える難しさを知っています。一方、年長の子どもの場合は、自分がどれだけ知っているかをアピール(19)することに力を注ぎます。

基本的に人間は好奇心が旺盛ですが、ほとんどの人は、楽しむために雑学を暗記するようなことはしません。ほとんどの場合、学習は学校以外の場所で、目的をもった活動のなかで行われています。人が学ぶのは、何か重要なことをするためにはどうしたらよいかを知る必要があるから

---

(19)　好奇心の大切さと、それを活かした教え方について分かりやすくまとめているのが『おさるのジョージ」を教室で実現——好奇心を呼び起こす』（ウェンディ・L・オストロフ／池田匡史ほか訳、新評論、二〇二〇年）です。参考にしてください。

であり、それを達成したときのモデルを見ることができるからです。

たとえば、幼い子どもたちはコミュニケーションをとる必要があるので話すことを学び、コミュニケーションをする人々を継続的に観察します。同様に、ダンサーや音楽家、スポーツ選手を目指す思春期の若者は、その目標を達成するために必要なスキルを学んでいきます。そのための専門的なパフォーマンスのモデルには事欠きません。

当然のことながら、人がもっともよく学ぶのは、なぜ学ぶのかを知り、それを成功させるためにはどのようなことが必要なのかということについて、モデルを見ることができる瞬間なのです。このような目的をもった学習は、もつに値する知識やその獲得方法や使用方法を決定する社会文化的な環境のなかで常に行われています[20]［参考文献317、461、467、570、579］。たとえば、科学者は単独で研究を進めているわけではありません。科学者が尋ねる問いや適用する基準、そしてその結果を報告する方法は、学者のコミュニティー間で継続的に行われている討論や議論の産物なのです（そして、より広い社会の懸念や価値観もまた、そのコミュニティーに影響を与えています）。

どのような分野においても知識は、それ自身が発展していくうえでの疑問や手順、議論の枠組みのなかでのみ意味をもちます。また、一つのコミュニティーが知識の生産を独占しているわけではありません。たとえば、環境への理解は、農民であるか、科学者であるか、環境保護活動家であるかによってまったく異なるものとなるでしょう。教師は、教室を重要で意味のある問いを生徒が探究する場所とすることで、生徒の自然な学習意欲を活かすことができるのです。

二〇世紀のほとんどの間、教育者は、（単なるバラバラの、あるいは生徒自身と無関係な情報を学ぶことを期待するのではなく）本物の状況のなかで知識をどのように使用し、活用するのかについて、生徒に教えることの重要性を主張してきました［参考文献591］。生徒が学校で出合う課題は、学校外で直面する本物の課題と似ているべきです。生徒は科学者や市民、芸術家、ビジネスマンなどと同じような課題に取り組むことで学習の目的をより理解し、学んだことを保持したり、応用したりする可能性が高くなります。クラスメイトや教師、その他のコミュニティーの人々も、自分と同じようにこれらのプロセスに取り組んでいると思えることが、本物の学びに関するアプローチの中心的な特徴となります。

残念なことに、多くの学校では、生徒が本物の探究をすることはほとんどありません。生徒が経験することは、意味のある知識を追究することではなく、教科書やカリキュラムガイド（指導書）の内容だけであり、自分にとって意味のある問いや現実的な課題に取り組んだりする機会がほとんどありません。その結果、学校では生徒に明確な目的意識をもたせることがほとんどなく、

（20）学習を「個人の営み」ではなく、「社会的な営み」として捉え直し、世の中の事物が社会的に構成されているという考え方を「社会構成主義」と言います。『関係からはじまる――社会構成主義がひらく人間観』（ケネス・J・ガーゲン／鮫島輝美ほか訳、ナカニシヤ出版、二〇二〇年）が参考になります。

多くの生徒は、歴史やほかの教科を学ぶことが何を意味するのか、なぜ学ぶことが期待されているのかについて分からないのです。

生徒は、「ここはあとで必要になりますよ」と注意されることはあっても、理科や歴史、算数・数学などの専門的な探究のモデルを目にすることはほとんどありません。それに代わって、意味のある活用事例とはかけ離れた偽物の実践を目にする機会があまりにも多いと言えます。

繰り返しになりますが、現在の学校における歴史は最悪の教科と言われる一つです。中学校での歴史の場合、教科書の一つの章を読んで、章末の問題に答えるといったことがあまりにも多いのです（最悪の場合、大統領の名前を暗記することもあります）。また、小学生にとっての歴史は、有名人に関するバラバラな知識を学ぶ以上のものになることはほとんどありません。どちらの場合も、生徒が自分にとっての重要な問いを考えたり、それを答えたりする機会はありません。また、歴史家がどのように仕事を進めていくのかについて学ぶこともなく、歴史の知識を実際に使っている例を見ることもありません。［参考文献341、560、562］

実際、なぜ歴史が学校の教科であると思うのか、あるいは歴史がどのように自分たちの役に立つ可能性があるのかと尋ねられたとき、「クイズ番組に出たら役に立つかもしれない」という答え以外に生徒が思いつくことはありません。

クイズ番組の準備以上のものを歴史から得るためには、生徒はただの雑学を繰り返すのではなく、自分の考えに基づいた探究に参加しなければなりません。歴史の探究は生徒の関心事や興味からはじめなければならず、教師は生徒の関心事や興味から生まれる問いの答えを見つけるための手助けをしなければなりません。これは、生徒が歴史的な問いを設定して答えるとはどういう意味があるのか、つまり情報の見つけ方や情報源の評価の仕方、矛盾している説明の調整方法や解釈的な説明のつくり方などを教師が学ばなければならないことを意味しています。

そして、生徒は、歴史の知識をどのように応用するのかについても学ぶ必要があります。歴史がどのようにして現在を説明できるのかについて、生徒は判断をしなければならないのです。過去の特質と重要性に関して、相反する考えを比較するというもっとも確かな方法でこれを判断しなければならないということです。［参考文献490］

教えることは足場をかけることである

あなたは、彼らに枠組みを与えなければなりません。ただ、「一つのパラグラフを書きなさい」(21)

---

(21) 主語文、支持文、結論文からなる一つのアイディアを示すひとまとまりの文章単位（paragraph）のことで、日本語の「段落」とは意味合いが異なります。

と言うのではなく、語彙を紹介し、テーマについてのブレインストーミングを行い、比較表やグラフィック・オーガナイザー[22]を作成し、それらを使って文章のまとまりを書くことを手助けするのです。

生徒に何かをつくらせたいのであれば、枠組みを提供しなければなりません。生徒に自分がいる場所を理解させ、さらに一歩先へと進ませなければなりません。

レベッカ・ヴァルブエナ

ほとんどの場合、学校外での学びはコミュニティーのメンバー間の継続的な協力が必要となります。より多くの知識をもったメンバーが、新しい学び手にとって価値があると思える活動に、本格的に参加できるように支援をしています。

たとえば、幼い子どもがどのようにして話すのかについて考えてみましょう。この学習プロセスは、何年にもわたる努力が必要です。子どもが話そうとすると、大人はそれを受け入れて励まし、子どもが言いたいことをより流暢に表現する方法を示します。その際の相互作用は、文化（もしくはサブカルチャー[23]）によって異なるかもしれませんが、そうした機会がまったくない子どもは話すことを学べません。流暢に言語を話す人との相互作用を通じて、子どもは言語に関する理解を組み立てることができるのです。[24]［参考文献317、467、570、579］

少し変わった例を挙げましょう。専門職を養成する大学などでは、医師や教師などといった将来の実践家に対して、彼らが実際の状況に対応するために、専門家に手助けされた幅広い現場経験を積むことを促しています。

本だけを読んで医学を学んだという医師を信用する人はまずいないでしょう。患者を治療するためには、医師は長期間の実習を受けなければなりません。その間に、経験豊富な医師が医療知識の実践的な活用方法のモデルを示しながら、初心者に対して患者を治療する責任を与えていきます。

教室外で行われているほとんどの学習も、同様のパターンをたどっています。伝統的な仕事

---

(22)　「思考ツール」や「見える化シート」などと呼ばれているもので、生徒が自分の知っていることを考え、視覚化し、整理するのに役立つシートのことです。日本でも、マインド・マップなど、教科書に記載されるものが増えています。徐々に認知されてきたことで情報も多くなりましたが、「graphic organizer」で検索するとさらにさまざまなものが見つかります。ただし、道具を使うことに執着してしまっては本末転倒になってしまうので気をつけてください。

(23)　一部の集団を担い手とする副次的ないしは下位的な文化のことです。

(24)　日本語で得られる関連情報としては、『増補版「読む力」はこうしてつける』（吉田新一郎、新評論、二〇一七年）のなかで紹介されている「自然学習モデル」と下記ＱＲコードが参考になります。

（農作業、料理、キルトづくり、狩猟）や現代的な仕事、またスポーツや芸術などの仕事にかかわらず、通常、学習は一種の見習いのようなものであり、初心者が少しずつ専門知識を身につけることができるように、より知識の豊富な人が「師匠」ないし「よき先輩」として手助けをしています。ヴァルブエナ先生が言及しているように、熟達者は初心者に「足場」となる枠組みを提供しているのです。

残念ながら、生徒は学校でこのような継続的な相互作用に参加する機会がほとんどありません。ほとんどの場合、教師が情報を伝えている間、生徒は耳を傾けることのみが期待されています。参加方法も、通常は教師が質問し、(25)生徒が答え、教師がその答えが正しかったかどうかを伝えるといったパターンにかぎられています。［参考文献86］

つまり、その目的は生徒の記憶力を評価することであり、生徒が興味のある問いや課題に対する追究を助けることにはなっていません。もちろん、生徒に自主的な課題が与えられたり、「研究する」ことが期待されたりする場合もありますが、学習（ないし探究）のプロセスをどのように進めていくかについては教えられていません。

教師なら誰もが知っているように、探究していくのに必要とされるスキルをもっている生徒はほとんどいません。探究心は教育に不可欠なものですが、単に課題を与えただけでは意味のある結果は得られません。ほとんどの生徒が自分の経験を最大限に活かすための直接的な支援が必要なので、教師におけるもっとも重要な責任は、生徒が学習するために必要な枠組みを提供することとなります。

このプロセスは「足場かけ」と言われています。建設現場の足場が人の作業を支援しているように、授業において「足場」は生徒の学習をサポートします。生徒は、学びを支援してくれる教師や知識の豊富なクラスメイトと一緒に活動することで最高の学習ができるのです。

足場づくりにはさまざまな形があります。［参考文献214、467］

第一に、教師は生徒が課題に興味をもつように努める必要があります。もともと好奇心が旺盛な生徒ですが、教師が生徒の興味を引き出し、維持するように手助けをすれば、彼らは調査や探究を続けるようになります。

第二に、生徒が課題に取り組む際、教師は生徒を積極的に支援し、励まし続ける必要があります。この支援には、生徒が課題を自ら管理できるように分けて示すことも含まれます。

私たちは、小さくてバラバラなスキルを教える行動主義的な課題の分析を提唱しているわけではありませんが、単に「一つのアイディアを示すパラグラフを書きなさい」と言われるよりも、語彙に慣れ親しみ、ブレインストーミングに取り組み、(26)（ヴァルブエナ先生が説明したように）

(25)　詳しくは、三一八～三一九ページを参照してください。

文章を構想することでより良いパラグラフを書くことができます。同じように、生徒が図書館に行って「調べなさい」と言われただけのときよりも、問いを発展させたり、資料を確認したり、プレゼンテーションを企画したりするような経験をさせたほうが生徒は多くのことを学ぶのです。

グラフィック・オーガナイザーは、これらの作業に必要な枠組みを提供するうえで重要な役割を果たすことがあります。それは、ヴァルブエナ先生が言うように、生徒に何かをつくらせたいのであれば、枠組みを与えなければならないからです。

「足場かけ」のもう一つの重要な要素は、教師が手順のモデルを示すことです。先に述べたように、生徒が「歴史をする」ためには、教師はそれがどのようなものであるかを示さなければなりません。教師の「読み書き」(27)をまねようとするとき、教師が読んだり書いたりする様子を生徒は見なければなりません。それと同じく、教師が歴史の問いに取り組んだり、情報を収集したり、一般的なケースを引き出したりする様子を生徒は見る必要があります。ある課題を生徒がうまく達成するためには、教師はそのモデルを見せなければならないのです。もし、生徒がモデルを見ることができなければ、生徒はやるべきことが分からないでしょう。

それに加えて、生徒がこれらの手順を試す際、教師は積極的に協力しなければなりません。そのためには、取り組みに対して歴史的なスキルをどのように活用すればいいのかが分かるように、継続して「探究的な問い」を与える必要があります。

最後に、教師は生徒のパフォーマンスに対してクリティカルなフィードバック(28)を与えなければなりません。自分の作品が理想的な作品とどのように違うのかについて理解させなければならないということです。

このようなフィードバックがなければ、多くの生徒は自分の課題が成功しているかどうかを知ることができません。これらすべての形態における「足場かけ」の最終的な目標は、生徒が学習

---

(26) 教師が中心になって、もっている知識を効率的に学習者にコピー（暗記）し、客観的に機械的な反応を出現させるというような教育のあり方のことです。一九八〇年代までの、工業中心で人々の同質性が高い社会ではそれが主流でしたが、一九九〇年以降の多様化した、急速に変化し続ける社会では生涯にわたって学び続けることが求められるようになり、その際、何を学ぶかは自分で判断し、学習者が対象についてそれぞれ違った理解を組み立てるような「構成主義」教育の必要性が高まりました。

(27) この考えに基づいた良書があります。『イン・ザ・ミドル』（ナンシー・アトウェル／小坂敦子ほか訳、三省堂、二〇一八年）です。

(28) 日本では一般的に「批判的」ないし「多角的」と訳されることが多いのですが、残念ながら、それでは語義の中心的な部分を見逃してしまいます。それは、「大切なものを見極める力」もしくは「大切でないものを排除する力」のことです。それを可能にするために批判的思考や多角的思考を使いますが、それらにとどまっては獲得目標の上記の二つは得られません。クリティカルなフィードバックをするための最適な方法が紹介されていますので、ＱＲコードを参照してください。

計画を立て、自分自身の進歩を客観的に把握できるようにすることで教師から生徒へと学習の主導権を移し、「自立した学び手」にすることとなります。(29) このような能力は、「メタ認知」と呼ばれることもあります。

建設的な評価

「評価」、「評定（成績）」、「テスト」の三つは、多くの教育者にとっても教育に関する専門用語のなかでもっとも不快な言葉です。(30) これらの言葉から教師は、生徒がなぜ理解できないのかを把握したいと願いながら、一点刻みの評価ではない「段階別評価」や一〇〇点満点のテストから同じ課題の無数のバージョンを作成することや、赤線を引いて馬鹿げたミスを修正するために長時間を費やすことに至るまで、評価についてネガティブなことを連想してしまいます。そして生徒は、学校が評定やその他の評価をどれだけ重要視しているのかということについて、教師がそのプロセスを楽しんでおらず、作業全体を放棄したいと思っていることを知るとショックを受けることになります。

教師の多くにとっては、評価することではなく生徒を支援すること、つまり本書で取り上げているような形成的に「足場かけ」をすることこそが、「真に教えることとはどのようなことなのか」というイメージを与えてくれることになります。好意的な見方をしても、評価というものはユニットの最後に付け加えられる「必要悪」であり、それらを足すことで通知表の評定を決めているにしかすぎません。そして、最悪の場合、教師と生徒の良好な関係をその評価が台無しにしてしまう可能性もあります。

そのような評価を続ける必要はありません。評価とは、不愉快なおまけのようなものでなく、有意義なものであり、信じられないかもしれませんが、時には教えることと学ぶことの中心にある一連の実践であり、楽しい仕事になり得るものなのです。[31] しかし、このような高尚な期待に応

(29)　この移行を実現させる際に参考になるたくさんの方法が紹介されているのが『「学びの責任」は誰にあるのか』（D・フィッシャーほか／吉田新一郎訳、新評論、二〇一七年）ですので、ぜひ参照してください。教育の目的は、生徒一人ひとりを「自立した学び手」に育てることであって、教師や教科書に依存した学び手を育てることではありません。

(30)　「評価」とは「assessment」に対応する用語で、ある事物や人物についての意義・価値を認めることです。それに対して「評定」は「evaluation」、すなわち一定の基準に従って価値・価格・等級などを決めることで、成績通知表における「五段階評定」などがその例となります。「評価」には、成績評価の尺度として、目標に向けてどの程度到達したのかを認める「絶対的評価（目標に準拠した評価）」や、他者と比較する「相対的評価」という分け方があります。また、前述のように機能によって「診断的評価」、「形成的評価」、「総括的評価」と分類することもあり、日本の学校では「総括的評価」としての「テスト」に偏りすぎている傾向があります。

えるためには、私たちが通常想像しているものとは異なる役割を評価が果たさなければなりません。

教室での評価の第一の目的が成績表の評定をつけることだとしたら、生徒も教師もそこから大きな恩恵を見いだすことはできないでしょう。また、生徒のニーズではなく成績表が評価の形を決定している場合は、課題が生徒をつまずかせ、生徒が知らないことを明らかにさせて、成績を正規分布に近づけようとする試みとなるでしょう。(32) 生徒の選別にこだわることは、生徒の知識や理解不足を明らかにすることを目的としたものでしかなく、事実上、否定的な経験になることを保証してしまうようなものです。

本書で紹介されているような授業においては、評価における第一の特徴は建設的であることです〔参考文献235、272、503〕。「建設的な評価」とは、何よりもまず建設的な目的を果たすこと、つまり教えることと学ぶことに有益な効果をもたらすことを意味し、評価課題は、生徒が知らないことよりも生徒が知っていることを明らかにさせるものとなります。(33) 教師は、何が達成できなかったのかを探り当てようとする「敵」ではなく、生徒が自らの成果を発揮するのを助けてくれる「味方」なのです。〔参考文献235、272、589〕

ほとんどの教師は、生徒の成績が学習したことを正確に反映していないことを心配しています。教師は、テストやその他の課題で示した以上のことを生徒は知っている、と信じているのです

（または期待しています）。「建設的な評価」は、生徒が知っていることを生徒自身が可能なかぎり多くの方法で示せるようにすることによってこの問題に対処します。具体的には、公式・非公式な測定、教師と生徒の両者が選択した課題、話すこと、書くこと、その他の発表形式などとなります。

　このように生徒と教師が一緒になって、学んだことを表現できるようにするための最良の手段を探しているとき、生徒は自らの可能性を最大限に発揮するチャンスが得られたと感じて、自尊心が高まります。一方、教師は、生徒が何を知っていて、何を学ぶ必要があるのかについてより把握することができるようになりますので、教え方はより良いものになります。

　生徒の状況をクリティカルに見抜くためには、生徒の達成度を把握するための複数の方法が必要となります［参考文献232、235、272］。複数の評価方法を組み合わせることで教師は、生徒が知っ

（31）ここに書いてあることを実現するためには、『成績をハックする』（S・サックシュタイン／高瀬裕人ほか訳、新評論、二〇一八年）と『あなたの授業が子どもと世界を変える』（前掲、新評論）の第8章に書かれている、「評価は楽しいものであるべき――そんなこと、ありえないでしょ。本当です。私たちは真面目です」が参考になります。

（32）あるいは「ベル・カーブ」とも言われ、平均がもっとも多く、両端が少なくなる曲線のことです。

（33）「建設的な評価」は減点法ではなく、加点法で採点されることになります。

ていることやできることを把握する際に自信をもつことができます。生徒のことを知るためにもっとも有用な方法は、生徒との話し合い、生徒が書いたもの、そしてパフォーマンスによる表現ないしプレゼンテーションという三つとなります。

しかし、これらの形態は、学習の全体像を示すものとはかぎりません。話し合いの最中はずっと黙っているにもかかわらず立派な文章を書く生徒もいれば、とても刺激的な発表をするのに文章は書けないという生徒もいます。一つの尺度だけに頼っていると、作文や会話、絵などの分野が得意な生徒はよい成績を収めるでしょうが、ほかの分野に強みがある生徒は劣っているように見えてしまいます。

複数の評価手段を使用することで、それぞれの生徒は知っていることを示す機会が得られます。このアプローチでは、生徒に選択肢を与えることも頻繁に行われます。たとえば、探究プロジェクトの結果を、小論文、ポスター、ビデオ、またはプレゼンテーションにするかどうかなど、生徒は評価の形式を選択することができます。

たとえば、生徒がテーマを選ぶといった場合も考えられます。教師が選んだユニット（アメリカ独立運動や西部開拓など）のなかから具体的な問題を調査して、評価してもらいたい課題を生徒が決めるのです。選択肢が与えられた生徒は、教師に教えられた方法を用いて教師から与えられた問いに答えるだけの場合よりも、学習の機会を最大限に活用する可能性が高くなります。[34]

また、評価活動は現実社会と同じものでなければなりません。つまり、実際に地域社会や企業、学術分野で人々が行っている作業に近いものでなければならないということです。これには、教師以外の聞き役を事前に準備する必要があります。生徒の課題を見たり聞いたりするのが教師だけの場合、生徒は知っていることを発表しようとする動機づけが小さなものになります（教師はすでに答えを知っている、と思っているからです）。

たとえば、聞いた話を生徒が話す場合、その話を知らない人に聞かせるときのほうが、よく知っている人に話すときよりも説明の仕方に関する完成度はかなり高くなります。同様に、生徒が実際に成果を見てくれる人に向けてコミュニケーションをとる場合は、課題を完成させて教師に提出するだけの場合よりもはるかに高いレベルの成果を生みだします。生徒が自分の知っていることを示そうとするのは、聞いている人に理解してもらいたいからです。

このように、本物の聴衆を設定して活動をすることは、「建設的な評価」のもう一つの特徴である「評価することと教えることの一体化」の側面を強調することになります。

習慣的に教師は、評価を、教えることのあとに来るものであると考えています。生徒に何かを

---

(34)　このアプローチについては、『教育のプロがすすめる選択する学び』（マイク・アンダーソン／吉田新一郎訳、新評論、二〇一九年）を参考にしてください。

教えて（あるいは、生徒自身がそれについて読んで）、それを学んだかどうかを確認するためにテストを行います。ほとんどの授業では、教えることと評価することを区別するのは簡単です。実際、学校では、この二つの局面を可能なかぎり異なるものにするために多大な努力をしていることがよくあります。［参考文献235、590］

生徒がテストを受けているとき、生徒はしゃべらず、動き回らず、協力せず、教師の助けも受けません。しかし、本書で紹介されているような教室では、教えることと評価することの間にそのような区別はありません。こうした授業が行われている教室に入った観察者は、その日が「教える日」なのか「テストの日」なのかを見分けることができないでしょう。なぜなら、それらは一体となっている活動だからです。

教師は、生徒が話している間にメモをとったり、プレゼンテーションを観察したり、プロジェクトを見直したり、レポートを読んだりしますが、これらはすべて、つながっている学習評価の一部なのです。[35] 評価は常に行われているので、評価のために別の時間が設けられることはほとんどありません。

生徒の歴史理解を評価する際に留意すべき重要な原則は、「建設的な評価」が教えることと学ぶことに関する構成主義的な考え[36]と一致していなければならないということでしょう。人は、新しい情報をすでに知っていることに結びつけて学びますが、人の理解は、出合った情報を単純に再現するのではなく、常に以前までの理解に照らして解釈されるのです。ある時点での生徒の理解は、外部の情報源と生徒がもつ事前知識との間に生じる相互作用の結果を表しています。そのため、同じことをした二人の理解が同じになることはありませんし、生徒の理解が大人の理解と同じになることもありません。

何を勉強するかによって歴史に対する理解も違ってきます。歴史の学習は、テーマを「知っている」か「知らない」かのいずれかのプロセスではなく、多くの情報量に加えて、概念間のつながりや関係性に関するより洗練された発見や気づきを伴うスキーマを構築していくという生涯にわたる過程なのです。「建設的な評価」は、実際的な情報の断片を「(一時的に) つかまえた」かどうかを評価するのではなく、教師と生徒がこのスキーマ構築のプロセスがどのように進行しているのかを確認することを目的としています。

(35) そのなかには、自分の教え方を改善・改良するためのアイディアを探し続けていることも含まれます。これらの内容についてより詳しく知りたい方は、『テストだけでは測れない!』(吉田新一郎、NHK生活人新書、二〇〇六年) と『教育のプロがすすめるイノベーション』(G・クーロス/白鳥信義ほか訳、新評論、二〇一九年) を参照してください。

(36) 本書で紹介しているように、教師が学習者のなかにすでに存在している事前知識を前提に授業を組み立て、学習者がある対象範囲における事実や考えを見つけるのを手助け (足場かけ) し、学習者が自らの周りにある材料を使って行動する過程でさまざまな概念や知識を学びとるという主体的・積極的な学習観のことです。

まとめ

本章では、歴史を教えるうえで最良の羅針盤を提供すると考えられる人間の学習側面を明確にしてきました。私たちは、認知心理学の最近の研究と私たち自身の経験に基づいて、次の点について主張してきました。

それは、最高の教え方とは、歴史を学ぶことの目的を明確にし、それらの目的に関連する重要な「概念」(37)の深い理解に焦点を当て、生徒がすでに知っていることに基づいて学ぶことを構築し、生徒を協働的な方法で専門的な「探究」に導くことです。また、それらは、生徒が重要な問いを確かな方法で調査し、教師によって広範に「足場かけ」されることを含み、「建設的な評価」の過程を通して評価されるということです。

これらの原則を個別に説明しようとも考えましたが、これらは、単独ではほとんど意味がありません。重要な概念に焦点を当てながらも生徒のもつ事前知識を土台にしていない場合、探究心を求めているにもかかわらず生徒に探究する方法で教えていない場合、そして問題を解決する方法を教えながらも重要な内容に触れない場合、やはり授業はうまくいかないでしょう。しかし、統合的な方法でこれらの原則に一貫して注意を向けることで教師は、さまざまな状況下で、さまざまな背景をもつ生徒にとって意味のある効果的な教え方を繰り広げることができるのです。

次に挙げる引用文でヴァルブエナ先生が説明しているように、このような理論的背景を理解することで、よく教えることが単なる偶然の出来事でなくなることが保証されます。

「理論を知った」ことでどれだけ自分が変わったか、言葉では言い表せません。よい教師になるということは、自分のやっていることに目的があり、何をすべきかを知っている教師になるということです。

あなたがすることは、学級経営に至るまで理論的なベースをもっていなければなりません。多くの教師は自然にやっていると思いますが、事前に理論を知っていればとてもやりがいがありま す。偶然の出来事ではなく、意図的にやっているわけですから。

理論を知っていると、さらに上のレベルへと導かれるのです。

レベッカ・ヴァルブエナ

---

(37)　歴史を中心に社会科の大切な概念の例については、一五ページの**表1-1**を参照してください。

第3章

「確かな」事実はそんなにたくさんありません

――「歴史をする」探究コミュニティーをつくる

一〇月の涼しい朝、教室で二六人の三年生たちが先生の周りに集まって、ジョニー・アップルスィード(1)という歴史的な人物の物語を聞いています。途中で話をやめた先生が、彼について生徒がどれだけ知っているのかと尋ねました。

先生　これはどんな物語ですか？　物語のなかにはほら話もある、と話したことを覚えていますか？

(1)　アップルスィード（Appleseed）は「リンゴの種」という意味です。本名ジョン・チャップマン（John Chapman, 1774〜1845）は、マサチューセッツ州に生まれたアメリカ初期の開拓者の一人で、オハイオ州やインディアナ州でリンゴの種を植えて回りました。

ジェニー　それと、民話！

先生　そうです。民話もあります。そして、ジョニー・アプルスィードは、「で」……？「で」ではじまる言葉です。

コラル　伝説的な人物です！

先生　そのとおりです。ということは、物語のなかには……？

ライアン　本当のことがあります。

スィース　でも、つくり話もあります。

この時点で、なぜ物語の一部がつくり話なのかについて生徒は話し合いました。一人の男子が、「本当の話があまり面白くなかったからだろう」と言いました。ほかの子どもが、「人々が『本当のこと』を知らなかったのでつくってしまったんだ」と言いました。

先生　物語の、どの部分は本当だと思いますか？

ゲイブリエル　リンゴの木を植えた男の人がいたということです。ほかの本にも、そのように書いてあります。

アヴラム　そうだけど、その人の名前はアプルスィードじゃなかっただろう、覚えてる？

何人かの生徒が、ジョン・チャップマンがジョニー・アプルスィードの本名だということを思い出しました。そのとき先生は、「物語のどの部分は本当だと思いますか？」という質問をして、生徒を引き戻しました。

先生が「思いますか？」と強調したので、生徒は「事実の部分」と「誇張された部分」について話しはじめました。話し合いは、誰かが言ったことを繰り返す生徒が出てきて、行き詰まりました。ルーシーとゲイブリエルは、「アプルスィード」が本当の名前かもしれないことについて議論をしてしまいました。なぜなら、チャップマンと同時代に生きた人たちがその名前を使っていたからです。

ルーシー　百科事典のここに、「彼は『ジョニー・アプルスィード』として広く知られる」と書いてあります。人々は、当時、彼のことをそう呼んだと思います。

ゲイブリエル　ああ、それが今、有名になったんだ。

先生　私は混乱してきました。整理できますか？

ルーシー　私たちはリストをつくれそうです！

（二人の生徒が、教室の前にあった二枚の模造紙を持ってきました。もう一人が、それに書くためのマジックを持ってきました。）

アヴラム　物語を部分ごとに分けよう！　そして、それぞれを「事実」の紙か、もう一枚の「誇張」の紙に書きだそう！

次の二〇分間、生徒は物語の内容を一つ一つ分析しました。彼らは、ジョニー・アプルスィードについて書かれたほかの二冊の本と、彼について記されている百科事典の部分を使いましたが、事実かどうか分からない箇所がいくつかありました。教師の提案もあって、それらを赤のマジックで丸く囲みました。また、ほかの生徒が、「『事実』には緑で、『誇張』には黒で下線を引けばいい」と提案しました。

スィース　「確かな」事実は、そんなにたくさんありません！

先生　そうね、あまりないわね。この物語については、たくさんの疑問があることが分かりました。もし、この物語に誇張がないとしたら、どんなふうになると思いますか？　実際にあったことだけで書けると思いますか？

スィース　それは、とても短い物語になります！

このやり取りで紹介した生徒は、第2章で紹介した、歴史の探究ができるコミュニティーのメンバーです。そのような集団は、目標をもった活動に参加することをよしとし、すでに学んだ知識を応用するだけでは解決できない知性が求められる問題に取り組み、そして知的な道具の助けも借りながら問題を理解し、解決していきます。［参考文献2、298、578、579］

第2章でヴァルブエナ先生が指摘していたように、意味があり、統合されていて、挑戦しがいがあり、そして歴史を学ぶ積極的な状況が提供されている教室でさえ、探究コミュニティーを構築することは偶然にはできません。小学校低学年がアメリカの伝説の人物についての事実と誇張を探究していようと、四年生が学校の歴史について書いていようと、そして中学生がインドの植民地主義に対する反応として非暴力に抗議をしたことの是非をディベートしていようと、「探究コミュニティー」には次のような共通した特徴があります。

・メンバーが、テーマについてもっている多様な知識を分かちあう話し合いと知的な意見調整が行われている。
・話し合いは、継続的なやり取りや、徹底的な調査が必要な問いと課題に焦点が当てられている。
・探究しはじめた当初、生徒ははっきりしていなかったことをはっきりさせたり、混乱している内容を明らかにするために、事前にもっている知識や新しく得た情報を使っている。
・問いに反応したり、問題を解決したりする前に、注意深く、かつじっくりと考える時間をとる形で「思慮深さ」を教師がモデルで示し、生徒は練習をしている。

・生徒は「歴史をしている」。それはつまり、歴史的な問いを投げかけ、調べたり、ためらいがちに答えたり、歴史的な説明や解釈をしたりする形で行われており、ほかの誰かがしたことを覚えるようなことはしていない。

本章では、歴史の探究コミュニティーを維持するために、読んだり、書いたり、話し合ったりする言語活動について紹介していきます。(2) 冒頭に紹介した、小学校低学年の生徒が夢中で取り組む歴史探究を教師がどのようにつくりだしたかについて考えてみてください。まず、ジョニー・アプルスィードの伝説はアメリカの生徒によく知られており、小学校の教科書にも登場する題材ですので、その歴史的な真実を共同で分析しながら「歴史を話し合う」のには最適なものと捉えました。次に教師は、物語を語ることで生徒に「足場」(3) を提供しました。それは、覚えていることを言わせるのではなく、話し合いを可能にするためのものでした。

教師は、生徒に「伝説」という物語のジャンルに注目させました。それは、読み手に重要な特徴を提供しているからです。また、物語のなかで、どこが（一般的に）「真実として知られているか」ということについて教師が尋ねていなかったことに注目してください。その代わりに教師は、このジャンルについての事前知識とジョニー・アプルスィードについて知っていることを使って、あくまでも生徒が「真実と捉えること」を考えるように求めていました。

言葉の選択はとても重要です。生徒自身の考えを尋ねることで、最終的な答えではなく、教師は憶測を誘うようなあやふやな言葉を使ってモデルを示しているのです。彼女は同時に、話し合いを生き生きとした魅力あるものにするために、知的なリスクをとるように求めています。「いったい、ジョニー・アプルスィードって誰でしょう?」、「それは、フィクションですか、それとも歴史ですか?」、「事実と誇張を区別できますか?」、「物語の一部は真実で、ほかはそうではないと私たちに考えさせるのはなぜですか?」などのようにです。

生徒は話し合いに参加するなかで、歴史として扱われるものは何かを考えるだけでなく、なぜ人々は歴史的な事実を超えて誇張するのかということや、異なるジャンルが歴史的な情報をどのように使っているのかといったことについても考えるようになりました。これらの問いは、歴史が私たちの世界でどのように使われているのかを考える際にとても重要なものとなります。

生徒は、もっとも興味深い問いには、一つの答えも簡単な答えもないことを知ります。しかし、

(2)　読むことと書くことを追究したい人には『教科書をハックする』(R・C・レント/白鳥信義ほか訳、新評論、二〇二〇年)が、話し合うことを追究したい人には『最高の授業』(A・ウィギンズ/吉田新一郎訳、新評論、二〇一八年)が参考になります。
(3)　六五〜七一ページを参照ください。

そのような問いこそが歴史を探究する際の核であり、探究し、発見したことを発表し、そして振り返る際の言葉ともなります。

本章では、歴史を探究する際に欠かせない「読むこと」、「書くこと」、そして「話し合うこと」についてしっかり取り組んでいる何人かの教師を紹介します。

歴史について話し合う

第2章で述べたように、私たちは多様な社会的状況のなかで意味を見いだしていく方法を学びます。そして、私たちが意味づけたものを表現する多様な方法も学びます。それには、文学、芸術、音楽、ダンス、ドラマ、書くこと、対話などが含まれます。しかし、これらの表現方法は、単に意味するところを明確に照らしだすものではありません。むしろ、表現すると同時に意味を形づくるものと言えます。

幌馬車の前に立つ家族の写真は、彼らの財産がどれだけ少なかったのかを示しています［参考文献321、559、577］。さらに、ほかの要素についても分析することができます。たとえば、一人の男が軍服を着ていることや、大草原が家族のうしろに見えることなどです。

さらに、写真は過ぎ去る一瞬も捉えています。もしかしたら、まったく省みられることもなかったかもしれない瞬間に大きな意味をもたせているのです。眉をひそめた女性の顔からは、この写真のためにポーズをとったとか太陽が眩しいとかというだけでなく、長い陸路の旅の過酷さも読み取ることができるのです。［参考文献15、341］

写真と同じように、書かれた文章も情報を残し、形づくり、そして伝えてくれますが、文章はヴィジュアルなイメージの代わりに言葉を使います［参考文献451］。比喩やたとえを使い、言葉の選択や配置を考え、そして特定のジャンルに私たちが抱く期待が、書かれた文章をどのように解釈するかを左右することになります。

当たり前のことと思いがちですが、話し合いも同様に複雑で重要な表現行為なのです。話すことは普通に行われていることなので、本当に人を引きつけるという会話がいかに微妙なものかについて忘れがちとなっています。［参考文献424］

まず、話し方は言葉以上の意味をもっています。言い回しや声のトーンといった単純なものは、語り手の社会的な地位

大草原を行く幌馬車に乗った家族（1886年）

や言葉では表すことのできない感情などを表します。歴史についての話し合いは、説明や討論、そして道徳的・倫理的問題についての語りや対話に対する理由づけなどを含みます。

そのような話し合いは、過去についての考えや、それが現在や未来とどのように関連するのかということについて、生徒が自分を試す大切な機会を提供することになります。ジョニー・アプルスィードの伝説は、文学的な会話と歴史的な会話の両方をもっていたので、小学低学年の生徒はその分析に夢中になって取り組みました。それは、多様な視点を大切にしている教室で、よい児童文学を授業で扱うことから生まれた、とても豊かで、楽しい話し合いとなりました。［参考文献24、320、546］

キーラ・ジャクソン先生のクラスは、そのようなことが起こった教室です。ジャクソン先生は、教育委員会が強調していた英語（日本でいう国語）のこれまでのスタンダード（到達目標）にあまり熱心ではありませんでした。教師になってからの三年間、ジャクソン先生は社会科のカリキュラムを、安心できて、思いやりのあるクラスづくりをすることを中心に据えて展開してきましたし、今後もそれを続けたいと思っています。

同僚との話し合いも、それを裏づけるものでした。そこで彼女は、教育委員会の新しいスタンダードを、自分の目的を実現するために活用しようと思ったのです。そのために、最初に使おうと思ったのがヘンリー・コール（Henry Cole）の絵本『沈黙（Unspoken）』（未邦訳）を中心にした授業でした。文字が書かれていないこの絵本は、安心できて、思いやりのあるジャクソン先生が教える社会科の目標にぴったりだからです。

物語には、「地下鉄道」(4)を助ける家族と、彼らが遭遇する挑戦について描かれています。ジャクソン先生の担当する小学二年生は、「地下鉄道」に関する事前知識も、当時について話し合うための言葉もほとんどもっていません。しかし、生徒は、教師がすでに紹介していた安心できて、思いやりのある言葉をもっていましたし、ミステリーも大好きでした。

ジャクソン先生は、ミステリーは因果関係を理解し、結果を予想するにはとてもいい教材だと思っています。文字のないこの絵本は、ミステリーの因果関係と危険にさらされている人への感情的な共鳴をうまく取り入れていました。それは、小学二年生という年齢でも十分に理解できることなのです。

さらに、生徒が登場人物、背景、そして起こっていることと絵本で詳しく描かれていることに気づくために、文字なし絵本の各ページを注意深く観察することで、教育委員会が提供している英語のスタンダードだけでなく、生徒が過去という歴史について話し合ってほしかった彼女の思惑も同時に満たしてくれるのです。

（4）南部の黒人奴隷を北部に逃すための支援組織のことです。

偶然にも、ジャクソン先生が絵本を初めて紹介した日は暗くて、雨風が強く、それらが窓を叩く音がしていました。

「今日は、歴史ミステリーを読むには最高の天気です。そんな日のために、とっておきの本を持ってきました」と、絵本を手にして言いました。その際、本に書いてある「地下鉄道からの物語」というサブタイトルは、しっかりと隠していました。

この本には文字がないので、生徒の助けが必要なことを伝えました。歴史ミステリーを解決するためには内容の詳細を見なければならないので、書画カメラ（実物投影機）を使うことも告げました。そして先生は、最初の課題は、物語のなかの登場人物がどのようなことを質問しているのかについて考えながら、何が起こっているのかを解き明かすことだと説明しました。

自分たちの日ごろの経験を活かしながら、一人ひとりの登場人物について最初の質問を考えだすことを期待しました。それと同時に、描かれている絵から時間と場所についての質問をつくりだすことも期待していました。

ジェイドンが「主人公の『服が古臭く見えた』ので、物語は『昔に起こった』のか？」と尋ねたとき、ジャクソン先生は生徒に、「時間に関することに焦点を絞るように」と言いました。生徒は、「今、兵隊たちは馬に乗らない」し、「人々はここで描かれているような靴を履かないから」、物語は「だいぶ昔に起こった」ことだと判断しました。すぐに別の生徒が、「絵本は本当にあったことか?」と尋ねました。先生は、実際に起こったことをベースにした「つくられた人物たち」の物語なので、歴史小説のジャンルに入ると説明しました[5]。

次のページ（絵）を見せながら、「ここに、もう一つのミステリーがあります」と先生は言いました。「ここでは、どんなことが起きていると思いますか?」

前のめりになって、何が見つかるかと生徒は探しました。アーロンが最初に、山のように積まれた、皮がむかれたトウモロコシのなかに目があることに気づきました。彼の観察が引き金となってたくさんの質問が生みだされ、先生は可能性のある「物語の流れ」を黒板に書きだしました。そして、物語が起こったであろう「順番」を生徒が告げ、先生は最後に起こったことからさかのぼって、それらを線で結びました。結果的に、クラスとして物語が展開した可能性のあるさまざまな流れ（あらすじ）をいくつか提案したのです。

絵本『沈黙』の結末で、トウモロコシのなかに隠れていた誰かが姿を消してしまうことを予想した生徒は誰もいませんでした。そこにいた彼もしくは彼女は、どこに行ってしまったのでしょうか? ミステリーは残ったままの状態です。先生は、翌日にヒントを出すことを約束しました。

（5）事実として、日本人は純粋な歴史の本よりも歴史小説を好みます。司馬遼太郎、松本清張、和田竜さんたちの本が、現在でも売れていることがそれを証明しています。

多様な視点を認めることと生徒のエイジェンシー

絵本『沈黙』は、「地下鉄道」の車掌役である白人家族の視点に焦点を当てており、逃げる奴隷はトウモロコシのなかから外を見る目（のちに、指名手配のポスターに描かれた似顔絵）としてしか登場しないので、ジャクソン先生は逃げる奴隷の視点で書かれた二冊目の本『地下鉄道（Underground）』（未邦訳）を紹介しました。［参考文献121、161、345、441］

「この絵本の登場人物の一人は、ひょっとしたら、私たちが前に読んだ絵本『沈黙』のトウモロコシのなかに隠れていた人かもしれません。『沈黙』から消えてしまった人が、その後どうなったかを知ることができるのかどうか見てみましょう」と、先生は言いました。

イラストと最低限の文章で構成された『地下鉄道』は、謎に満ちた人物たちに焦点を当てています［参考文献24、320、532］。彼らは眠ってしまった守衛からこっそりと逃れ、『沈黙』に出てきたような農家で避難所を見つけたあと、最終的に自分たちを自由にしてくれるところを見つけだします。ジャクソン先生は、この物語で示されている感情を強調し、生徒に「表情豊かに読むように」と求めました。

「みなさん、今、眠っている守衛の横を抜けだすところをイメージしてください。『私たちは静かにした』というページを、どのように読んだらいいと思いますか?」

生徒のささやき声が教室中に聞こえました。最終的に、クラスでは登場人物たちの視点の輪郭が描きあげられ、彼らの個性の違いが結果にどのように影響するのかについて話し合いました。この人たちは、どのような選択ができたのでしょうか? [参考文献341]

「なぜ、これらの二つの物語には秘密がたくさんあるのでしょうか?」と、ジャクソン先生が尋ねました。生徒が、「ミステリーは人々が不安なところに起こります」と答えました。そして、人が不安がっているときに起こることを書きだし、先生は二つの物語を、安心できて、思いやりのあるところ(それは、人々が怖がることなく、親切になれるところです)をつくりだす大切さに結びつけました。

彼女は、観察に役立つ歴史的な語彙も生徒に紹介しました。「奴隷解放」、「地下鉄道」、「トウモロコシ保管倉庫」、「南部連合支持者」、「南北戦争時の北軍」、「賞金ポスター」などを書きだして「言葉のリスト」に付け足し、それらの言葉を、それぞれの物語を語り直すときに使いました。最後に、ジャクソン先生は、地下鉄道の最終地点であるカナダのバクストン(6)で語られた短い物語を読みました。そこは、本のなかで生徒が出会った人たちの新しい家があるところです。

(6)　オンタリオ州南西部の町です。

歴史で意味を見いだすには、考えを試したり、ほかの可能性について聞いたり、質問をしたり、解釈を疑ったりするための話し合いが必要です［参考文献267、577、579］。さらに、映像、インタビューの記録、フィクションやノンフィクションの本などがあると、その話し合いが豊かなものになります。(7)［参考文献341、343］

冒頭で紹介した生徒のやり取りや、ジャクソン先生の授業には、歴史家にとってよく知られていることが含まれていますが、小学校や中学校の生徒は、まだプロの歴史家がするような話し合いができるわけではありません（そして、そうなる必要もありません）。その代わりに生徒は、将来さまざまな場面で使える、意味をつくりだす方法を練習すればよいのです。

ジャクソン先生のクラスでは、生徒たちに馴染みのある、安心できて、思いやりのある集団での話し合いからはじめられます。授業で生徒は、文学、歴史、そして道徳の話し合いの諸要素と、クラスで馴染みのある進め方で行います。それは、豊かで楽しい話し合いです。もし、生徒がワークシートの穴埋めや、大統領を順番に並べて暗記するような歴史の授業ばかりをしているなら ば決して起こらない話し合いです。またそれは、生徒の言うことやその価値が認められなかったり、意見を求められなかったりする場合にも起こりません。(8)

このことは、多様な言語や文化的背景をもっている生徒で構成されるクラスの場合はとくに大切となります。意義のある歴史の話し合いは、教師と生徒が「多様な視点」に価値を見いだすところ、「深さ」のある研究によって支えられているところ、そして持続的な議論に値する「問い」に囲まれたところに発生する可能性が高くなります。〔参考文献345、441〕

鍵となる問いの重要性

知識や認識された対象と呼ばれるものの特徴は、解答された問い、処置された困難、見通しの立った混乱、整合性に還元された不整合性、征服された難局である。（『確実性の探求――知識と行為の関係についての研究』ジョン・デューイ／加賀裕郎訳、東京大学出版会、二〇一八年、一八四ページ）

歴史についての話し合いに生徒が夢中で取り組むためには、以下の四つの要素を満たす必要があります。〔参考文献96、122、432、443〕

（７）これらの存在は、前述の絵本なども含めて、教科書だけではよく学べない（というか、ほとんど学べない）ことを示しています。『教科書をハックする』（前掲、新評論）を参照してください

（８）この種の話し合いや学びをつくりだしたい方には、『言葉を選ぶ、授業が変わる！』（前掲、ミネルヴァ書房）、『オープンマインド』（前掲、新評論）がおすすめです。

❶話し合う価値のある問い。
❷簡単に答えられなかったり、一つの答えでは回答できなかったりする問い。
❸生徒が問いに答えようとするとき、調べることができる十分かつ適切な資料。
❹「過去」に対する創意工夫のある導入。

明らかに、問いは私たちが提案している歴史のアプローチの中心にあります。しかし、私たちが言うところの問いは、教科書やワークブックなどで親しんでいる種類の質問とはまったく異なります。ここでの問いは、特定の文章を生徒が読んだかどうかを確かめるためのものではありません。問いは、「歴史をする」という深い学びに導き、意欲を高めるためのものなのです。(9)［参考文献408］

この種の問いの好例が、インドについて学ぼうとしている六年生のクラスで見られました。ちょうど授業は、自分たちの町における生活と現代の都市での生活を比較するために、インドの生活を表すものを収めたカバンを念入りに調べ終わったところです。授業の一環として招かれたゲスト・スピーカーは、「インドとアメリカの違いを理解するためには、それぞれの国の歴史を理解する必要がある」と述べていました。

ジネット・グロス先生は、教科書のなかに書かれているインドの歴史に関して、「極めて重要な八つの出来事を挙げるように」と六年生に言いました。生徒が教科書を読み、メモをとっている間、先生は紀元前二五〇〇年からイギリスからの独立を獲得した一九四八年までの年表を大きくホワイトボードに描きました。そして生徒に、この年表を埋める出来事を挙げるように、と求めました。

まず、インダス川流域ではじまった農業は重要な出来事か、そしてそれに年号を付けることができるのか、ということについて議論をしました。しかし、しばらくしたら、生徒の話はイギリス東インド会社の設立、イギリスによる植民地化、そして最終的にはイギリスの撤退へと移りました。

自分たちの年表を完成させると、八年生たち(10)がアメリカ史の授業でつくった年表と比較して、それぞれの時代に両国でどのようなことが起こっていたのかについて考えました。ジェイソンという生徒が、インドとアメリカの植民地時代はよく似ていることを指摘したうえで、「でも、アメリカの独立戦争のほうが早かった」と言いました。

---

(9)　生徒を引きつける「問い」をどう立てるか、私たちの力が問われていると言えます。教師には、自ら開発した「問い」を生徒に与えながらも、それをモデルとして生徒が自分の力で「問い」を開発できるように支援し、生徒を「自立した学び手」に成長させることが求められます。『たった一つを変えるだけ』（D・ロススタインほか／吉田新一郎訳、新評論、二〇一五年）が参考になります。

一見すると、グロス先生の授業は伝統的な歴史の授業と何ら違いがないように見えますが、この活動はいくつかの理由でとても重要と言えます。

第一に、生徒に歴史的に重要であるとはどういうことかを考えさせています。第二に、アメリカ史もインド史も、ほかの地域とのかかわりをもたずには存在しないことを明らかにしています。第三に、教師がこのあとに投げかける問いに関係する、歴史についての事前知識を提供しています。それは、「インドの人々と、アメリカ植民地時代の人々がイギリスの支配から抜けだす際に使った方法の共通点は何ですか?」という問いでした。

「奴らを追いだしました」と、イマンが叫びました。続けて、「私たちアメリカは、イギリスが頭に来るように仕向け、戦争をはじめさせましたが、インドは和解しようとしました」と、インズリーが同意しました。

生徒たちは、五年生のときに学んだボストン虐殺事件(11)で検挙された人たちの裁判を演じた経験を思い出したり、イギリスの支配を終わらせるために抵抗する人たちが使った方法について話したり、年表の年代を見ながら、同じ時期にインドで起こっていたことを確かめたりしました。

この時点で、生徒はグループに分かれて、イギリスの植民地支配と両国の独立に向けての動きを比較する年表をつくるようにと言われました。次の授業のときには、植民地主義とインド、そして北アメリカでの抵抗を比較する準備ができていましたので、生徒の話し合いはとても活発に行われました。生徒には、適切な情報を選択し、情報をつなげ、今探究している問いと以前に出合ったことのある問いを比較したり、前に使ったスキルや概念を使ったりすることが求められました。つまり、彼らの探究では、歴史の事前知識（五年生で習ったアメリカ革命）と深い調査（インドにおけるイギリスの植民統治に関する探究）の両方が必要だったのです。

事前知識

新しい知識は、生徒がもっている事前知識のうえに築かれるということを私たちは知っています。これは自明のことですが、とくに歴史では容易なことではありません。

第一に、歴史は単一の学問領域というよりも、多様な分野が交差するまとまりとして説明され

(10)　本書では、小学校一年生から高校の最終学年まで原書のとおり表記します。アメリカの高校は九～一二年生の四年間と決まっていますので、日本の表記に換えることができないからです。中学校は州によって異なり、七～八年生だったり、六～八年生だったり、あるいは小学校から小中一貫だったりとさまざまです。また、日本の学校教育法や学習指導要領では小学生を「児童」、中学生・高校生を「生徒」と呼んでいますが、本書ではすべて「生徒」に統一しています。

(11)　一七七〇年三月、ボストンに駐留していたイギリス軍が暴動を起こした市民五人を殺害したほか、一一人を負傷させた出来事です。

ます。その結果、社会史学者、軍事史学者、アーキビスト[12]、史跡などに関する学芸員、考古学者、系図学者などが歴史にかかわっており、それぞれが固有の探究の仕方、コミュニケーションの方法、そしてねらいや目的をもっています［参考文献341］。それに加えて生徒は、私たちが予想するよりもはるかに多くの歴史に関する事前知識をもっているのです。

結局のところ、歴史は歴史家だけに限定されるものではないと言えます。家族は、各家族固有のかかわりというレンズを通してさまざまな出来事を解釈することで歴史をつくりだしています。また、メディアも歴史的な出来事を解釈することがあります［参考文献161、341、491、565］。メディアは、ドキュメンタリーやニュース番組をつくることによって歴史を説明したり、時にはつくりだしたりする形で報道しています。しかし同時に、過去を脚色して提示することもあります。

一方には、たとえばベッツィー・ロス[13]が最初の星条旗を縫ったとか、コロンブスが「新世界を発見した」など、世の中にはたくさんの人に根強く信じられている歴史的な神話や伝説があります。こうしたイメージによって安心する生徒もいますが、主流の文化の神話によって疎外感を感じてしまう少数派の生徒もいます。いずれにしても、こうした神話や伝説は、生徒が学校にもち込んでくる歴史知識の一部を構成しているのです。

学校では、生徒は授業を通して歴史情報を受け取ります（時には誤情報も！）。たとえば、インドについて学んでいる六年生は、五年生で学んだアメリカ革命の事前知識を活用することができたので、イギリスの植民地主義に対する抵抗についてより明確に考えることができました。しかし、教師がそういう足場をかけたとしたらどうだったでしょうか？　グロス先生はそのようにせず、八年生のクラスでつくった年表を活用して、六年生の事前知識を呼び起こすことに成功したのです。

歴史の探究は、生徒がすでに知っていることやできることをもとにして、徐々に知っていることを拡げていきます。したがって教師は、生徒がもっていたり、一般的に受け入れられたりしている理解や誤解と、世の中の歴史に関係する知識を考慮しなければなりません［参考文献341、565］。生徒が新たにつくりだした、あるいは発見した問題が既存の知識に疑問を投げかけるとき、生徒はすでに知っていることから脱却する機会が提供されることになりますので、歴史の探究がもっとも発展しやすくなります。

生徒が仮説を立て、それを検証し、当初の問題とは異なるものも探究し、自分たちの学習結果、プロセス、目的などを振り返るうちに生徒は真の歴史の作業に取り組むのです。それは、事前知識を使って単にそれを再生するのではなく、新しい知識をつくりだすことを意味します。

(12)　保存価値のある情報を収集・査定し、誰もが閲覧できる状態で保存・管理する専門家のことです。
(13)　(Betsy Ross, 1752～1836)　初めて星条旗を作成したアメリカ人女性とされていますが、この話が真実であるという証拠は文書では残されていません。

生徒の解釈には、考えが甘かったり、歴史的に新しいものではなかったりするときもあるでしょうが、彼らはほかの誰かがすでにつくりだした知識を再生産しているわけではないのです。彼らは、歴史的な出来事に一貫性のある解釈をつくりだそうとしているのです。[参考文献489、578]

たとえば、インドとアメリカの独立の動きを比較した六年生たちの学習では、既存のアメリカ史の蓄積と、歴史に特徴的な事実、概念、理論、やり取りなどに負うところが大きいです。さらに、この比較を試みる生徒は、ほかの地域における独立の動きや自分たちが分析した出来事に対するほかの歴史的な解釈にも興味をもつほか、自らの考えを及ぼすことになることでしょう。明らかにこのアプローチは、歴史そのものと歴史的な方法のより深い理解を重視しているのです。

創意工夫のある導入

五年生のテッサは、授業で行ったボストン虐殺事件にまつわる裁判のロールプレイについて次のように述べています。

私たちのクラスではイギリスが勝ちましたが、実際の裁判では勝ちませんでした。私は、入植者のアーチボルトという人物の役を演じました。彼は、アメリカ人側に立ちながらも、イギリスに対して忠誠心をもっている愛国者でした。

先生は、起こったことをすべて見せてくれて、私たちはすべての証拠について勉強しましたが、先生はそのあとに起こったことについては話してくれませんでした。そして、「あなたたちはイギリスの味方ですか？」と尋ねました。

イギリスは入植者に高い税金を課していましたが、入植者はイギリス議会で発言することができませんでした。入植者は、イギリスを動かしている人たちに投票できなかったのです。それで、アメリカにいるイギリス人たちは、入植者から石を投げられました。

私が演じたアーチボルドが、イギリス人の兵隊の手首を折ったことなんて知りませんでした。私が証人台に立ったとき、イギリスの裁判官が私に、「あなたは、イギリス人の兵隊を襲いましたか？　私たちには、あなたがイギリス人の兵隊の手首を折ったという証拠があります」と言いました。そこで私は、「お～、私は知りませんでした」と言ったのですが、そんなことを言うべきではありませんでした。

彼らは記録に、「お前たちヤンキー(14)は、（イギリス人兵隊の手首を折るなんてことをしたら、裁判で窮地に追い込まれることは確実なのに、そんなことをして）ドジだ」と書いたのです。

テッサ

---

(14) ヤンキーとは、アメリカ人以外の人がアメリカ人に対する蔑称を込めた言い方です。

テッサが歴史を退屈とも意味がないとも思っていないことを、私たちは彼女が書いたことから知ることができます。彼女は、具体的な歴史的出来事に関する裁判の証人を演じる機会を通して歴史の参加者という視点を得、イギリス人の兵隊とアメリカ人の抵抗者といった異なる視点に対して興味が湧いたのです。

歴史への深い理解は、すでに説明したとおり、生徒が歴史資料を評価し、整理し、そして解釈することから得られますが、テッサが経験したような、⑮創意工夫のある過去への導入にも役立ちます。たとえば、生徒がシミュレーションやロールプレイに参加したり、伝記や歴史的な物語を書いたりするためには、その時代や出来事への創意工夫ある導入が必要となります。そうすることで、生徒は歴史的な情報を使って、その時代の人物になりきったり、その時代の出来事や人々を生き生きと描くことができるようになるのです。

私たちは、架空の歴史の語り直しを提案しているわけではありません。そうではなく、出来事を説明する際には、歴史的な裏づけをもって、歴史上の人物の動機、価値、選択などを深く考えなければならないということです［参考文献341、565］。そうすることで、生徒は提供された情報をもとにしながら、異なる時間と場所に存在した人物に思いをはせることができるのです。

たとえばテッサは、歴史の証拠が必要なことをよく知っていました。アーチボルト役としての彼女が、役を演じるうえでの重要な歴史の証拠を忘れてしまったことが裁判の結果を変えてしまったのです。もし、これがテストの形で行われていたならば、彼女はこの項目を間違え、その分の点数が引かれたあと、すべてを忘れてしまったことでしょう。しかし、これはシミュレーションとして行われたので、彼女の過ちはその状況のなかで修正され、結果的にとても重要で、思い出深い学びとなっています。

テッサの経験は、情報を間違えると、それが解釈を変えてしまうことの教訓となりました。つまり、結論は一時的なものとして位置づけられ、彼女はアイディアを見直すことの大切さに気づくことができたのです。

さらにテッサの経験は、効果的なグループでの探究活動のもう一つの特徴を浮かびあがらせることになりました。テッサがしていたことは、ほかの生徒と歴史を学ぶコミュニティーの活動として行われていました。それは、誰もが同じ課題を探究する、一つの正解を得る形で行われていたわけではありません。各自の探究は、大きなパズルの一つ一つを担う形で行われ、不正確だったり、裏づけのない解釈を部分的にチェックしたりする機能も果たしていたのです。［参考文献298］

---

(15)　シミュレーションやロールプレイのやり方、およびその他の生徒が主体的に取り組む学び方・教え方（ストーリーテリングなどの創意工夫ある導入の仕方も含めて）を紹介している『退屈な授業をぶっ飛ばせ！』（M・ラッシュ／長崎政浩ほか訳、新評論、二〇二〇年）を参照ください。

時間や場所が遠いところに存在している人たちの生き方や視点を想像することは、生徒にとっては難しいことです。彼らはほかの選択肢がなかったという理由だけで、人々は違った考えや違った暮らしをしていたと仮定してしまいます。テッサが体験したようなシミュレーションは、昔の人々の暮らしをイメージするのを助けるために、一次資料や写真などを使って行われることになります。

時に私たちは、記録が一切存在しないような大昔まで旅をするように、と生徒に求めることもあります。そういうときは、古代人が使っていたものが、彼らの知性や創造力を示す証拠を提供してくれます。悲しいことに、現代の大衆文化は何の役にも立ちません。メディアが「石器時代のほら穴に住む人」を紹介するときは、当時の人の知性を認めず、私たちの先祖を探究の対象としてではなく、冷笑の対象として捉えているかのように思えます。

それに対して考古学は、小中学生（や大人にさえ！）にとっては魅力あるものとなっています。リー先生が教える五年生の一人が、古代インド人は現代の道具やテクノロジーの「すごい先祖です」と叫んだように、適切な「足場」を築くことで創意工夫のある導入を提供することができるのです。実際、リー先生が受け持つ五年生は古代人に対する考え方を変え、「彼らは、アルバート・アインシュタイン（Albert Einstein, 1879～1955）のようにとても頭のいい人たちだ」と断言しました。

生徒は、技術革新に必要な複雑な頭の働きを見つけだし、古代人たちは「何かを試すことでほかの何かを考えられるんじゃない？　たとえば、火！　みんなが近づけば暖かくなるでしょう。分かる？」と言いました。一人の女子生徒が示唆したように、人々は「どうやって火をおこすことができたのか？」と考えたので、材料を替えて実験することができました。

この五年生は、技術革新を可能にするような、古代人のエイジェンシーを明らかにしたのです。つまり、彼らの選択やアイディアや発明についてです。一人の男子は、古代人は新しい技術を使う、応用する、抵抗するなどのたくさんの判断をしていたことに気づきました。また、女性が狩猟に行きたいと思ったときも、「社会がそれを許さなかったと思う」と話す生徒がいました。つまり、現代と変わらず、女性は家事に従事するようになっていた、と。

さらに生徒は、大切なスキルを普及したり、能力を開発したりする教師のような存在の必要性にまで言及し、技術革新における好奇心の役割についても考えました(16)。

古代にモノづくりをした人たちとアルバート・アインシュタインを比較したり、決意と好奇心のミックスが技術革新につながったと考えたりすることはどうして起こったのでしょうか？　生徒の知的な転換点として次の二つが考えられます。

(16)　好奇心の大切さについては、『「おさるのジョージ」を教室で実現』（前掲、新評論）と『遊びが学びに欠かせないわけ』（P・グレイ／吉田新一郎訳、築地書館、二〇一八年）を参照してください。

一つは、生徒は実際に古代の技術を観察し、試す機会が与えられました。火をおこすための棒を実際に試してみたことで、これらの道具をつくるにはかなりのスキルが必要だったことが明らかになりました。

二つ目は、自分たちが探究する技術がどのような手順でつくられたのかについて考えたことです。これには、特定の道具をつくりだすために必要となる資源、スキル、発明を明らかにすることが含まれます。

古代人が料理の準備をする様子を想像してみてください。自然に捕れるもの、狩猟で使う技術、採集、運搬、保管、そして料理の準備に加えて、それらのスキルを学ぶ機会や実際にやり遂げる決意などです。このように単純に見えるものを分析することで、生徒の古代人に対する尊敬のレベルが大幅に高まりました。［参考文献346］

深いレベルの探究に関するもう一つの特徴は、新しく学んだことを教室以外で応用することです。言い換えると、歴史の探究は、学校で成功する体験をはるかに超えるだけの価値や意味があるということです。

すでに第1章で、歴史は物語の起源と可能性のある未来を提供してくれている、と言いました。生徒が教室から出るとき、学校で学んだ物語を置いたまま帰るわけではないのです。これらの物語は、生徒が自分自身についての理解と未来を転換する力をもっています。作家のジェイムズ・

ボールドウィン(17)は、歴史的な物語は子どもたちを助けるという考えについて次のように表明しました。

「アメリカ史は長く、大きく、多様であり、美しく、そして今まで誰も言ったことがないほどひどい。同じように、世界史も大きく、大胆で、美しく、ひどいが、大抵はアメリカ史より大きい。そしてどちらも、子どもたちのものである」〔参考文献25〕

歴史的な物語のなかで自分がその担い手と思えるとき、私たちの人生はより意味のあるものになります。私たちは、過去と現在起きていること、周りで生きる人たちの人生、そして自分自身の人生とのつながりを求めます。どの人の社会や集団も、完全に賢く、高潔であるということはなく、すべての人は良くも悪くもなれます〔参考文献155、224〕。知恵は、失敗の物語と同じくらい成功の物語からも得られるのです。要するに、自分たちを歴史的な視点で見るためには多様な人間の経験についての物語が必要で、それらの経験の意味を、多様な視点から評価する方法を学ぶ必要があるということです。

(17)　(James Arthur Baldwin, 1924～1987)アメリカの小説家、著作家、劇作家、詩人、随筆家および公民権運動家で、邦訳書も多数出版されています。

行動を引き起こす

歴史を学ぶ目的を説明するように言われたとき、「歴史を知っていると過去の過ちを繰り返さなくてすむ」と、アメリカ人の生徒がよく言います。しかし、歴史が今決断することにどのように役立つのかと尋ねられると、はっきりと答えることができません。伝統的な歴史の指導は、ここでは役に立ちません。もし、歴史を扱うときに発揮されるエイジェンシー(18)と、個々の生徒が行っている市民的な取り組みとの関係について考えることができないのなら、歴史を学ぶことの意義が満たされることはないでしょう。

エイジェンシーは「力」です。個人や集団や組織が、どのように力をもつようになるのか、どのように維持されるのか、抑圧するのか、拡張するのか、抵抗するのか、そして失うのかという力に関係するものです。

たとえば、一九世紀の女性は、法的、経済的、社会的な制約に直面しており、なかには平等の権利を求めて議会に申し立てたり、ほかの社会的な活動に打ち込んだという人たちもいました［参考文献338、346］。しかし、多くの女性は、家庭や家族の枠のなかである程度の抵抗を試みつつも、法的・社会的制約のなかにおいて快適に暮らしていました。

一方、服従を強いられた人たちがいます。そのなかには、悲劇的なケースもありました。人種、階級、民族、そして個人の経験など、それぞれの女性が得られたエイジェンシーに影響していま す。また、多様な社会的・政治的団体も影響を与えています。

アメリカ先住民のチェロキー族に認めた土地の所有権を支持する最高裁判所の判断に反するアンドリュー・ジャクソン（Andrew Jackson, 1767～1845）第七代大統領の決断や、日系アメリカ人を抑留するというフランクリン・ローズベルト（Franklin Delano Roosevelt, 1882～1945）第三二代大統領の判断が、どのように各集団の女性たち（や男性たちや子どもたち）の選択肢を著しく変えたのかについて想像してみてください。

歴史的な人物に与えられ、実際に行使されたエイジェンシーの探究は、人間の意思決定の複雑さに光を当てます。誰も無限の選択肢はもっていませんし、集団のなかでどれだけ共通点があったとしても、集団のなかで、そして集団間での違いが残ります。こうした違いを理解することが、生徒にとっては歴史上の人物、考え、出来事をより良く理解するときの助けとなります。［参考文献328］

---

(18)　一一ページの注（7）を参照してください。また、この節を読むことでエイジェンシーについての理解が深まるでしょう。

しかし、歴史上のエイジェンシーを探究することが、どれだけ生徒自身のエイジェンシーを表現することにつながるのかという点に関してはあまり根拠がありません。それを実現するためには系統だった指導が必要です。そのための一つの方法は、歴史の要素がふんだんに詰め込まれた「サービス・ラーニング」[19]を行うことです。

グレイシー・マガード先生、キム・サージェント先生、ステファニー・セクストン先生の三人は、地域の歴史的な問題に生徒をかかわらせようと思ったとき、サービス・ラーニングが効果的であることに気づきました。ケンタッキー州東部にある彼女たちが住む小さなコミュニティーは、毎年、マーティン・ルーサー・キング・ジュニア（Martin Luther King, Jr. 1929～1968）の誕生日を祝う行事をしてきました。しかし、時が経つにつれて、このイベントへの関心が薄れてきています。三人の先生は、有名な「私には夢がある」[20]のスピーチ以外、生徒がキング牧師のことをほとんど知らないことに気づきました。

マガード先生とセクストン先生は、担当する五年生と八年生の生徒に対して公民権運動を教えるユニットの計画を立てました。そして、キング牧師と公民権運動について地域に発表することがユニットのクライマックスを飾ることができたらいいと考えました。

高校で教えているサージェント先生も、このプロジェクトは将来教師になることを目指している生徒で構成されている「未来の先生クラブ」のメンバーにとっても非常によい経験になるのではと考えて参加することにしました。では、どうしたら、高校生や年少の生徒が公民権運動について学ぶことを助けられるでしょうか？　同時に、公民権運動の重要性について、地域の関心をどのように高めることができるでしょうか？

それぞれのクラスが特定の公民権の側面について探究するなかで、サージェント先生のクラスの生徒は五年生との協働プロジェクトに焦点を絞りました。マガード先生は、自分のクラスに絵本『キング牧師の力強いことば――マーティン・ルーサー・キングの生涯』（ドリーン・ラパポート文、ブライアン・コリアー絵、もりうちすみこ訳、国土社、二〇〇二年）［参考文献455］を紹介しました。絵と言葉をうまく組み合わせてキング牧師の社会運動を描きだしているこの絵本は、面白い可能性を提供しています。

五年生は、この形式を使ってディジタル・ドキュメンタリーがつくれると思いました。三人の教師はちょうどディジタル・ドキュメンタリーの研修を受けたばかりだったので、その方法を生徒にもやらせてみたかったのです。先生たちは、自分たちの経験からもドキュメンタリーをつく

---

(19)　地域への奉仕活動と学習を統合した形の学びです。日本で行われている職場体験とは目的がかなり異なります。サービス・ラーニングなどを通して民主主義社会への参加を目指すアメリカの主権者教育については、「民主主義の守護者（Guardian of Democracy）」が参考になります。Carnegie.org/publications/

(20)　「I have a dream speech」で検索すると、動画を含めてたくさんの情報が得られます。

るのに「足場」が必要なことは分かっており、異学年で行う今回のプロジェクトはまさにそれを提供する機会だとも考えたのです。

五年生にとっては難しい技術と解釈を助けてくれる高校生がいます。技術面では、画像にアクセスしたり、またそれを更新したり、テキストや音を配置したり、スライド全体の流れに関する計画を立てたりする技能などが含まれますし、解釈面には、正確さを確認したり、「印象操作、宣伝工作」などの否定的なニュアンスを伴うステレオタイプの決まりきった解釈を避けたり、出典を明記したりすることが含まれます。

サージェント先生と生徒はマガード先生の提案を採用して、キング牧師が使った言葉にまつわるドキュメンタリーをつくる計画を実行しはじめました。五年生の一人ひとりがキング牧師の言葉を選び、その言葉にあった写真を集めました。そして、その言葉が発せられたときのキング牧師の人生はどういうものだったのか、という説明文を書きました。

下書き段階では、最初から映画製作の技術を使うのではなく、生徒はパワーポイントのスライドを準備し、それらを再編成する形で「絵コンテ」[21]をつくることにしました。そして最後に、ナレーションを読むという練習をしました。

早く読みすぎたり、乏しい表現しか使えない生徒にとっては、このナレーションを読むことがもっとも難しいことでした。そこで二人の教師と高校生は、歴史的な表現を伴った豊かな読み方を五年生に教えました。最終的に五年生は、自分が選んだ画像を使ってナレーションを録音しました。マガード先生は、このディジタル・ドキュメンタリーをつくる過程全体を動画で記録しました。その結果、授業自体が、生徒の成し遂げたことの大切な記録（歴史）となったのです。

その間、セクストン先生の生徒は、自分たちの調べたことを紹介する博物館の展示をつくることにしました。彼らは「ナショナル・ヒストリー・デイ」(22)の発表のように、映像、文章、一次資料を使ったポスターをつくりました。

セクストン先生は、とくに一次資料を注意して使うことを強調したいと思っていました。ポスターはそれを反映したものになっており、公民権に関連する地元と国レベルの活動を強調したものとなっていました。セクストン先生もディジタル・ドキュメンタリーを使うことができましたが、歴史的な根拠を大切にするという目標を優先するために、一次資料を使うという方法を選んだのです。

また、異なる視点と異なる組織を紹介するディジタル資料にアクセスできるように、簡易のサイトを事前につくっておきました。それらを探すために時間をかけるのではなく、生徒には資料

---

(21)　映像作品のイメージを具現化させるために準備されるイラストの設計図です。
(22)　六年生から一二年生までの、プロジェクトベースのコンテストを毎年開催しています。https://www.nhd.org

を使って考えて、表現することに時間を費やしてほしかったからです。

同じく、マガード先生がディジタル・ドキュメンタリーを使ったのも、この手間のかかる作業に必要とされる（高校生の）助けが得られたからです。彼らと同時に一つのドキュメンタリーを作成することで、失敗する要素を最小限に抑えることができました。

また、誰かの助けを待たずに、プロジェクトの技術的な側面についても協力して問題解決ができるようにしました。さらに、生徒が最初のドキュメンタリーに挑戦するのを助けるために、先生はモデルとなる題材（絵本『キング牧師の力づよいことば』）も提供しました。もし、生徒自身の裁量に任されていたなら、彼らはレポートを書くときと同じく、事実の列挙のような、とても見ていられないようなものをつくりあげてしまったことでしょう。

モデルの絵本はより説明的なスタンスをとっており、実際、生徒の最終的な作品もより面白く歴史的に納得いくものになっていました。高校で八年生のポスターと五年生のディジタル・ドキュメンタリーが紹介されたとき、出席者の反応がとてもよく、地域にある「マーティン・ルーサー・キングの日」実行委員会の関係者が、「生徒をメインの発表者として招待したい」とさえ言ったほどです。

「マーティン・ルーサー・キングの日」の朝食券はすぐに売り切れました。集まった人々は、地域だけではなく、国全体にも必要とされる公民権の重要性を強調する展示物を見て回りました。

ディジタル・ドキュメンタリーは朝食時に映しだされましたが、絶賛され、次の年もぜひ参加してくれるようにと依頼されました。でも、今回のプロジェクトが生徒にとってより大切だったことは、過去の出来事としての公民権運動とその祝典イベントを現在において祝うことが、自分たちの「力」を結集すればできると気づけたことです。

すべての歴史の探究がサービス・ラーニングに適しているわけではありませんが、生徒にエイジェンシーを意識させる取り組みを行う際には、歴史の探究をサービス・ラーニングの中心に据え、取り組むサービスが過去と現在のつながりの理解を深めるだけでなく、今の社会にある問題を改善する際にも貢献するといったことを判断基準にすればいいかと思います。

三人の教師は地域に深くかかわっていますので、生徒を地域の適切なグループや個人と結びつけることができました。彼女たちはまた、地域が生徒の貢献を求めていることも知っていました。さらに彼女たちは、生徒のつくる作品が非常に大きなインパクトをもたせるために、うまくテクノロジーを活用していました。ほかの生徒、「マーティン・ルーサー・キングの日」の参加者、そしてのちには教育委員たちも作品の素晴らしさに反応していました。教師と生徒の努力によって、過去数年のイベントに比べると、はるかに多くの人が公民権について公の場で学び、話し合うことに参加したのです。［参考文献９］

振り返りと評価

本章で紹介した豊かな地域レベルの歴史的な対話や、残りの章で紹介している事例は、第2章で説明した「建設的な評価」の理想的なあり方を読者に示しています。

第一に、授業で行われる対話、生徒の発言や生徒の記述などは、生徒が構築しつつある歴史理解の多様性を示すデータとして捉えることができます。それらにより教師は、生徒がより洗練された状態の歴史的な思考へ至る途上の、どれくらいのところにいるのかについて理解することができます。

第二に、生徒の思考に対する理解は、意味のある歴史探究と解釈という枠組みのなかで得られるものだということです。教師は、本物で、意味のある歴史的な活動に生徒が取り組むことによって歴史的に何ができるかを学びます。歴史的な活動のなかには、生徒同士の話し合い、問いの設定、実際の調査、解釈などが含まれます。そして、それらすべてが、生徒は何を知っているのか、まだ学ぶ必要があることは何なのか、歴史的な学習の目標に向けてどのような進歩を見せているのか、ということに関する情報を提供してくれます。［参考文献6、489、612］

第三に、このあとに登場するルービー・イエッスィン先生やジネット・グロス先生（一〇〇ページおよび第８章に再登場）の授業では、生徒の歴史理解を評価する多様な方法を提供してくれています。のちの章で説明するように、歴史における「建設的な評価」は、生徒の考えていることを明らかにするための相互評価、教師による評価、自己評価、生徒が話したり行ったりしたことについての記録、ルーブリック、チェックリストなどが含まれます。そして、教師の「見取りのスキル」と観察したことを記録しようとする「意志」が、生徒の学びにおけるプロセスを評価する際においてはもっとも優れた手段となります。

教師にとっての一つの課題は、自分自身だけでなく、生徒や保護者にとっても役立つ情報を提供するために、学習についてたくさんのデータを整理することです。これは、多くの教師が恐れているほど厄介なことではありません。ただ、計画が必要なだけです。

私たちが知っている多くの教師は、この複雑な作業を達成するためにポートフォリオを使っています。ポートフォリオは、生徒の作品を集めるだけでなく、生徒を評価にかかわらせることで自らの成長をモニターすることを学ばせる方法です。たとえば、生徒はそのやり方さえ知っていれば、自らのデータを自分で管理することができます。何を記録するのか、どこに保管するのか、そして、それらをどのように使うのかといったことです。ポートフォリオのシステムが機能しているかどうかを確認する時間を、週ごとに（必要なら毎日）時間を確保するだけで、教師は貴重な時間を失うことなく豊富なデータを獲得することができるのです。

一般的に、教師は生徒のポートフォリオを三つのレベルで整理します。一つは「学習ポートフォリオ」です。ここでは、教師と生徒が一緒になって、何をポートフォリオに含めるかを決めます。小学校では全教科の場合が多く、中学校では教科毎となります。

ポートフォリオは、生徒の成長を報告する際に使われる分類にあわせる形で収集されます。学習ポートフォリオに歴史的な思考の記録を残す場合は、音声や動画、生徒がつくった多様な作品、そして自己評価などが含まれることになります。[参考文献236、383]

二つ目のレベルとなる「金曜ポートフォリオ」では、週の終わり、一週間に生徒が行った学びを保護者と共有するためのポートフォリオに何を含めるかを教師と協力して選びます［参考文献181］。なかには、家に持ち帰ったポートフォリオを学校に戻さなくてもいいとしている教師がいますが、ほとんどの教師は保護者からの反応を求めており、月曜には学校に再び持ってくるように指示しています。もし、あなたがこの方法を使うのであれば、ポートフォリオを保護者とどのように共有するのかについて生徒と少し話をする必要があるでしょう。

ルービー・イエッスィン先生が、クラスの一年生たちが「金曜ポートフォリオ」に含むものについてサポートしている様子を説明してくれました。

その週は忙しく、たくさんのことがありましたが、彼女は生徒が行ったロシアのダンスに関する授業内容について、すなわちロシアのフォークダンスを習ったことや、ロシアの地理を学ぶために使った地図などを保護者と共有してほしいと考えました。彼女は生徒に、「今週何をしたかとお父さんやお母さんに尋ねられたら、何と答えますか？」と尋ねました。ほとんど同時に、「ロシア人がメリサにキスをした」と生徒が答えました。

それに応じてイエッスィン先生と生徒は、「金曜ポートフォリオ」を保護者に紹介するときの冒頭の文章を考えました。たとえば、次のようなものです。

「私が自慢できるのは……、なぜなら……」、「私がはじめてしたことは……」、「私がこれまで知らなかったことは……」などです。

保護者のなかには英語が読めない人もいますし、生徒たちのいい練習にもなるので、先生は事前に自分の作品の一つをクラスメイトに読ませることにしました。

このような形で、「金曜ポートフォリオ」は家族と学校とのコミュニケーションの仲介役となり、生徒は自分が学んだことを家族と共有することになるのです。

ポートフォリオを整理する三つ目のレベルは「評価ポートフォリオ」です。これは、「金曜ポートフォリオ」と同じく「学習ポートフォリオ」の一部です。そして、これも生徒と教師が協力してつくりだします。

このポートフォリオが完成すると、学校や教育委員会における公式評価の土台にすることもできます。生徒は、評価ポートフォリオに何を含めるのかについて選択する機会をもっています。

生徒は異なる領域で自分がベストと思う作品を選ぶことができるのですが、選んだ理由を説明する必要があります。

生徒が選ぶ作品に加えて、教師が特定の項目を含めるように指示します。そのなかには、特定ジャンルの歴史的な作文、プロジェクトに対する自己評価、解釈をする際に使った文献解題などが含まれます。ちなみに、グロス先生は、自分たちがつくりだした年表にある一つの出来事についての重要性を書いた作品を、イエッスィン先生はジョニー・アプルスィード(23)に関する「確かな」事実を書いた作品を含めるように指示しています。

「評価ポートフォリオ」は、生徒の学習についてカンファランス(24)をする際に必要となる情報を教師に提供してくれます。その一例を紹介しましょう。

アビー・モット先生は、生徒と一緒に評価ポートフォリオを振り返りながら、生徒の強みと、今後数週間に取り組む必要がある分野について話し合っています。その話し合いをもとにして、生徒は次学期の目標を書きます。そして、それが学習ポートフォリオに入れられ、その目標が次学期の作品などを整理する際の柱となります。

未来の計画を立てる機会として評価を活用するというのは明らかな利点と言えます。それ以外にも、教師と生徒のカンファランスは通知表に対する生徒の不安を和らげることになります。通知表が配られる前に生徒は教師とすでに話し合っており、その結果が通知表に書かれるだけだからです。要するに生徒は、通知表をもらう時点までの自分の成長と、次学期にどうしたらいいかということに関して、ほぼ明快に理解しているということです。[25]

　モット先生は、生徒とのカンファランスがより正確な自己評価を行えるようにするだけでなく、生徒に歴史の話をするチャンスも提供しています。授業で取り扱った話題に戻り、それに精通した大人と一対一で話し合える機会を設けているのです。生徒にとっては歴史的思考を確実なものにする機会となり、とても貴重なものだと言えます。

---

(23)　本章冒頭の事例を参照してください。

(24)　カンファランスとは、生徒と教師の一対一での数分間のやり取りを意味します。病院に行ったときの、医者と患者で交わされる問診をイメージすると分かりやすいでしょう。基本的には、授業も異なるニーズをもった生徒を対象にしていますから、一斉授業よりもカンファランスをベースにした授業のほうが効果・効率的と言えます。そこではじまったのが「ライティング・ワークショップ」と「リーディング・ワークショップ」です。欧米では従来の国語の授業よりも普及しており、現在では他教科にも応用されつつあります。ＱＲコードを参照してください。

(25)　日本の通知表および生徒指導要録は、これら二つの重要な役割を果たせているでしょうか？　ここで紹介されている具体的なやり方に関心のある方は、『イン・ザ・ミドル』（前掲、三省堂）の第八章、『成績をハックする』（前掲、新評論）、『テストだけでは測れない！』（前掲、ＮＨＫ生活新書）をご覧ください。詳しく描かれています。

まとめ

歴史との出合いが、ジェイムズ・ボールドウィン(26)が提案したような形ですべての生徒を変容させるわけではないかもしれません［参考文献25］。しかし、掘り下げる形で行う歴史探究を繰り返すと、過去の出来事を受動的に受け止めるだけでなく、また現在のように知らないうちに被害者となるのではなく、歴史への参加者として自らを認識するようになっていきます。かつていた人たちと同じように、自分たちも現在と未来を変えられるということです。

単に同じ神話や物語を繰り返し生徒に話すだけでは、このような効果を得ることはできません。アイルランドの作家オスカー・ワイルド（Oscar Fingal O'Flahertie Wills Wilde, 1854～1900）が言ったように、「私たちが歴史に義務を負っているのは、それを書き直すということである」［参考文献592］となります。

掘り下げる形で行う探究は、生徒に歴史物語をクリティカルに考えさせ、物語を書き直し、そして多彩な物語を語らせます。それは、誰かの解釈を覚えさせるというものではなく、自分の解釈をつくらせることになります。単に情報をため込むだけではなく、自分にも、クラスメイトにも、「それで、どう?」と問わせることにもなります。

こうしてつくられる情報は、私たちの暮らす世界でどのような違いを生みだすでしょうか？　それは、違った時間や場所、あるいは現在この地球上に存在している人間であるということは何を意味するのでしょうか？　もし、生徒が過去を想像的に考えられなかったり、周りの世界に関する掘り下げられた情報をもっていなかったり、多様な可能性に気づけていなかったとしたら、隣に住んでいる人も理解できない可能性が高いのです。［参考文献121、122］

創意工夫のある過去への導入や永遠のテーマ、そして問いにまつわる探究は学校外でも意味があるとはいえ、生徒の事前知識と結びついた課題で構成された歴史の授業を展開することは、手がつけられないような大仕事と思われるかもしれません。確かに、歴史の探究コミュニティーは偶然に起こるものではありません。教師による注意深い計画、基盤となる相互信頼と尊敬の関係を築くこと、そして「教科書をカバーしなければならない」という制約や思い込みから解放される必要があります。

このあとの章では、教師と生徒の両者にとって、「歴史をする」ことが知的に爽快であるということを示す多様な事例を紹介していきます。

---

(26)　一一三ページの注（17）を参照してください。

第4章

自分の知らなかった私に出会う

――「私の歴史」プロジェクト

学校の初日、ティナ・レイノルズ先生は小学四年の生徒に「歴史とは……」と書かれたプリントの文章を完成させ、それについて話し合うように指示しました。少なくとも半分の生徒が「分からない」と書きました。何人かの生徒は、「ずっと前」とか「骨董品や古いもの」、そして「大統領やその他の有名人」という短い答えを出しました。

そこでレイノルズ先生は、これまで歴史を学んだことがあるかどうかと生徒に尋ねました。親や家族が昔のことについて話していたことを思い出す生徒もいましたが、歴史について学んだことを何も覚えていないと答えた生徒もいました。

次に先生は、人に歴史はあるか、「たとえば、『クリスティーの歴史』はありますか？」と尋ねました。「ある」と思う人もいれば「ない」と思う人もいましたが、その理由を説明できる生徒は誰もいませんでした。レイノルズ先生は、「私には、自分自身を表す自分の歴史があります」と言い、それが「どのように見えると思いますか？」と生徒に尋ねました。繰り返しになりますが、やはり生徒は分かりませんでした。

レイノルズ先生が生徒に自分の人生の重要な出来事を書き入れた年表を示すと、生徒の関心が高まりはじめました。そして彼らは、先生の人生の節目について「生まれた！」、「学校に通いはじめた！」、「結婚した！」などと熱心に大きな声を出して読みはじめました。そこで先生は、これまで自分に起こった重要な出来事を表す年表をつくり、その年表を使って、「私の歴史」をクラスで紹介するプロジェクトをはじめると生徒に伝えました。生徒は、人生の重要な出来事にどのようなことが含まれるかということについて話し合ったあと、自分の人生で起こったもっとも重要な五つの出来事をリスト化する作業にとりかかりました。しかし、このテーマに興奮してはいるものの、大半の生徒がそれらを書きだすことができませんでした。

生徒は、弟や妹が生まれたことや家族で休暇をとったこと、新しいスポーツをはじめたことなどについてテーブルを囲んで四～五人で座り、互いに話し合いながら自分たちの経験を紹介しあいました。一方、レイノルズ先生は、生徒がそのような作業をしている間、彼らが書きだした出来事を選んだ理由について尋ねたり、出来事をなかなか書きはじめることができない生徒を助けるために話しかけたりしていました。

リストが完成したあと生徒は、一〇年にわたる年表の空白にそれぞれの出来事が起きた年を書き入れようとしました。しかし、ほとんどの生徒はそれらがいつ起きたのか分かりませんでした。そこで、親の助けを借りてそれを完成させるために、年表を家に持ち帰ることにしました。「親と話しながら、発見した新しい出来事についても付け加えるように」と、レイノルズ先生は生徒に指示をしました。

次の日、出来事のあった年を書き入れただけでなく、生徒がまったく新しいことを学んだことは明らかでした。「マーティンが三輪車で階段を下りた」とか「リサが溺れかけた」などと、生徒はクラスでそれらを紹介したがったのです。

その後、彼ら自身の歴史作成に取り組みはじめました。全員の生徒が自分の人生を物語る作文を書かなければなりませんでしたが、それをビデオや音声テープ、写真や作画、見出しが入ったポスター、または作文を読むだけなど、自分がやりたい発表方法を選ぶことができました。なかには、人生の重要な出来事についてガイド役を演じる生徒も現れました。

数日後、生徒は作文を書いたり、ポスターをデザインしたり、録音テープの台本を考えたりしてこの課題に取り組みました。そして、これらの作品をクラスメイトに紹介するときには、一番おとなしい生徒でさえ自信をもって発表をすることができましたし、互いの人生の物語をしっかりと聴くことができたのです。

私たち著者は、小学一年生から中学生までの生徒に対するインタビュー調査を通して、全員が過去は現在と何らかの形で違っているということについて分かっていることを知りました［参考文献33、341、343、68］。しかし、彼らは、「歴史」の意味についてはっきりとした考えをもちあわせていませんでした。

通常の場合、四年生より前に生徒はこの教科と出合うことがありませんので「歴史」という言葉を知らないこともありますが、それを聞いたことがある生徒は、普通「骨董品や古いもの」といったように過去と結びつけたり、有名人や過去の出来事と関連づけたりします。しかし、自分が歴史の一部であるということや、自分自身に独自の歴史があるということを認識できる生徒はほとんどいません。

七年生が「科学」と「歴史」の違いを説明しようとするときには、科学は彼らとその周りの世界についてのことなので自分たちは科学の一部であり、「私たちは科学のなかにいます。しかし、歴史はそうではありません」と明言します。あまりにも多くの生徒が「歴史のなかにいる」とは思っていないので、歴史とは何であるか、そしてそれがどのように自分と結びついているのかについて理解させることは、教師が行わなければならない最初の、そしてもっとも重要な目的の一つとなっています。

歴史の問い

生徒が自分の人生を振り返ることから歴史のなかにおける自らの位置について知ろうとすることは、効果的であるだけではなく、歴史探究の重要な要素を手ほどきするためにも優れた方法と言えます。冒頭に示した四年生の授業においてレイノルズ先生は、生徒に「自分の過去は現在の人生にどのような影響を与えていますか？」という、もっとも基本的な歴史の問いに取り組ませました。

彼女はそれを、過去に起こったすべてのことを思い出させるのではなく、現在の自分の人生に大きく影響を与えている重要な出来事を五つ選びだすという形で行いました。一見すると単純な課題のように見えますが、歴史の問いが意味するところを生徒に示すものとなっていますし、極めて本質的な問いであったと言えます。

すでに私たちが述べたように、歴史は「私たちが今いるところがどのような形で現在に至ったのか」という説明に関係しており、自分の人生の歩みを理解することは歴史を理解するというもっとも基本的な形なのです［参考文献36］。また、歴史についての一般的で抽象的な議論ではなく、生徒が知っている具体的な人々について話をはじめた途端に彼らが歴史に興味を示しだしたことにも注意する必要があります。

しかし、自分にとっての重要な出来事をリスト化することは、生徒にとっては簡単なことではありませんでした。今まで、そのような問いを出されたことがなかったからです。多くの生徒は、リストに含める出来事を決めるのに苦労しました。レイノルズ先生の役割は、問いの答え方について生徒が考える過程を助けることでした。

彼女は、過去の出来事が現在の人生にどのように影響したか、そして、それらの出来事が起こらなかったら自分の人生はどのように変わっていたのかということについて多くの生徒に尋ねました。何人かの生徒は、先生が机に近づいて来るまではシートをじっと眺めているだけでしたが、自分にとって重要だった出来事を思い出すための手助けとなる問いかけを先生がすると、自らの考えをシートに書くだけの準備がすぐにできたのです。

レイノルズ先生のクラスにおける協働性は、生徒が問いを考えるのにも役立ちました。生徒は個々に作業をしていましたが、友達同士で頻繁に考えを分かちあったり、ほかの人が自分の経験を説明する様子を聞いたりもしました。そして、多くの生徒は、クラスメイトが重要なことについて紹介している話を聞くまで、重要な出来事とはどのようなことなのかに関して明らかになっていませんでした。

歴史情報を集める

「私の歴史」プロジェクトは、生徒が歴史情報を収集するための手ほどきともなりました。彼らは、もっとも基本的な情報源である自分の記憶からはじめました。そして、自分が覚えている出来事のリストを作成することで、自分自身が情報源としてどのように役立つかということを知りました。また彼らは、多くのことを思い出しながらも、記憶に頼ることの限界にも気づきました。つまり、それらがいつ起こったのかということ、すなわち起こった年やそのときの年齢は覚えていなかったのです。そして、自分の記憶と家族からの情報を結びつける必要から、一つの情報源に頼るよりも多くの情報源を使うことによってより鮮明な過去が浮かびあがる可能性があるという、歴史研究においてもっとも基本となる原理の一つを学んだわけです。

「直接経験していないことを知ることなんてできるはずがない！」と主張する生徒にとっては、何かを学ぶために文献や他人がもっている情報にアクセスするという方法は選択肢を広げる可能性を高めることになります。人生の重要な出来事をリスト化する作業を助けるためにレイノルズ先生は、あるグループに、自分が初めてしたことで親が大喜びした出来事を考えるようと求めました。それに対して一人の女子生徒が「初めて歯が生えた」ことを言いだし、もう一人の生徒は

「言葉を話しはじめた」ときのことに触れました。そして、この二人はそれらを詳しく調べるために自分の出来事リストに付け加えました。

しかし、これらの思いつきに腹を立てた一人の男子生徒が、「それが実際に起こったことかどうか、僕がどうやって分かるの⁉」と叫んだのです。彼は、最初の歯が生えたことや、話しはじめたことを知る方法をもたなかった（と、彼は信じていた）ので、それらについて書き留めることはできませんでした。「思い出すことができなかったから」というのが彼の理由だったようですが、それでは、彼はこれまで起こったことをどのようにして知ることができるでしょうか？覚えていない過去のことも知ることができるというのは、大人にとっては当たり前のことかもしれませんが、このような課題を通して、生徒はこれらのことを育んでいかなければならないのです。［参考文献33］

家族から情報を集めることが、自らの経験を超えるにはもっとも簡単な方法と言えます。このような身近な情報源でさえ、歴史を解釈する際に生じる根本的な問題を生徒に分からせることになります。しかし、生徒が集めた情報には、食い違いがあったり、その信頼性について判断する必要がありました。

何人かの生徒は、家族がある出来事を違って覚えていることに気づき、その場合、直接出来事を見た親からの情報がほかの情報よりも信頼性が高いと判断した、と多くの生徒が説明しました。

そして、遠方の祖父母や叔父叔母などの親戚は、あとになってそれらの出来事を伝え聞いていたので、情報の信頼性は親よりも低いのではないかと述べました。

また、ある生徒は、母親のほうが父親よりも赤ん坊の周りにいる時間が長かったので、早い時期に起こった出来事は母親のほうがよく知っているということを指摘しました。そして、ほかの生徒が、意見が異なっていたときには「赤ちゃん手帳」が役に立つ情報源であるということを発見しましたし、別の生徒は、初めて歯が抜けたときの親の記憶が間違っていることに気づきました。彼によれば、「赤ちゃん手帳」の記録はそれが起こったときに書かれたものなのでもっとも信頼できる情報源としたうえで、「何年か後に出来事を思い出そうとする人々は、それらがどのように起こったかということについては確実に覚えていません」と説明しました。

このシンプルな課題によって、生徒は歴史を扱うときの問題、つまりどのように矛盾する事柄を調整するのか、そして情報の信頼性をどのように判断するのかということを知ったのです。［参考文献17］

生徒が出来事リストをつくるためにレイノルズ先生の助けが必要であったように、彼らは出来事が起きた年についての情報を集めるうえでなにがしかの基準を必要としていました。生徒にとっては、年表をつくったり、時系列データを集めたりするといったことは初めての経験でしたから、レイノルズ先生は、「家に帰って、出来事がいつ起きたかを調べてくるように」といった単

表４－１　「『私の歴史』年表」の例

ブリットニー	
2006年	
2007年	最初の歯が生える。
2008年	歩きはじめる。
2009年	フィラデルフィアに引っ越す。
2010年	幼稚園に通いはじめる。
2011年	犬を飼う。
2012年	ジェークが生まれる。ピッツバーグへ引っ越す。
	バレーボールをはじめる。
2013年	ケンタッキーへ引っ越す。
2014年	初めての聖餐式《せいさんしき》。(*)
2015年	フロリダに行った。

（＊）聖餐式とは、プロテスタント教会の礼拝において、キリストの身体（肉と血）の象徴であるパンとぶどう酒を食することです。

純な指示は出しませんでした。そのような指示では、おそらくバラバラな言葉と数字の集まりが書かれた、関連性がまったく分からないメモを持ってくるだけになっていたことでしょう。

その代わりに先生は、それぞれの生徒に過去一〇年に起こったことを記す『私の歴史』年表」を与え、集めた情報を記録する方法について、自らのことを例に挙げて手順のモデルを示したのです。その結果、ほとんどの生徒が自分の情報を追跡することでき、次の日には年表をもとにして、出来事がいつ起こったのかという質問に対して簡単に答えることができたのです（**表４－１**参照）。

情報収集はすべての研究の基本となりますが、幼い生徒には非常に難しいことです。しかし、この事例では、印刷した年表をモデルにして、生徒に渡したということが重要な支援の枠組み（足場かけ）として効果を発揮したのです。

支援の重要性は、生徒が発表を行ったときにも明らかになりました。自分に関する人生のポスターをつくった生徒の多くは、発表のために大きくてより手の込んだ年表をつくりました。そして、何人かの生徒が、「年の間隔を均等に配置することが課題全体のなかでもっとも難しい部分だった」と述べました。

多くの生徒は、『私の歴史』年表」という用紙がなければ情報を整理することができなかったでしょう。それがあったおかげで、課題を首尾よく完成することができただけでなく、自分の発表のために新しい年表をつくるという、より挑戦的な課題に取り組むことができたのです。

まとめの記述と学びの振り返り

学習活動は、現実の社会に存在する「本物」に可能なかぎり近いものでなければなりません。(1)

（1）第２章を参照してください。

もし、教師を喜ばせたり、よい成績をとったりするだけのために生徒が課題を行ったとしたら、自分が行っていることの目的を理解したり、新しい状況にそれを応用することはほとんどないでしょう。[参考文献288]

「私の歴史」プロジェクトは、生徒が自分自身に関する情報を集め、年表の空欄にそれらを埋めていくだけのものではありませんでした。歴史教科書の章末に書かれている問題を解くよりは興味深かったでしょうが、それだけでは学校における典型的な学習と何ら変わりません。

レイノルズ先生は、生徒により高い目標を達成させるために、自分で集めた情報を使って人生物語をつくりだし、クラスメイトに発表することを求めました。物語をつくることは、私たちの社会における歴史情報の「本物」の使い方の一つであると言えます。レイノルズ先生の生徒は、スキルや内容を単に学ぶだけではなく、自分が学んだことを、新しい知識をつくるために活用したのです。(2)

とはいえ、新しい知識を生みだすというのは簡単なことではありません。生徒は最初の年表を完成させ、その結果についてクラスで話し合ったあと、自分の人生についての物語や発表資料をつくりはじめました。彼らは作文の授業において書き方についても学んでいたので、出来事の整理や詳細に気を配るなど、効果的な物語をつくるための必要事項に精通していました。

しかし、年表から情報を取りだし、それを新しい形式に置き換えるとなると、多くの生徒にとっては大きな困難となりました。何人かは、年表のなかに書き入れるために必要となる情報が含まれていないことに気づかず、何かがあっても教師が手助けをしてくれるだろうという態度をとったのです。つまり彼らは、まったく想像できないテーマについては、あたかも何もないところからアイディアを絞りだすという取り組みをしたのです。

何人かの生徒は、「何を書いたらいいか分からない⁉」という表情をしたり、そうつぶやいたりしました。もちろん、授業によっては、何もないところからアイディアを絞りだすような課題を出すこともありますが、レイノルズ先生は二日間を費やして、クラスの生徒にこの課題の下書きに取り組ませたのです。

実際、ほとんどの生徒は前に行った作業との関係を理解し、年表を使って作文を書くという計画を練りました。しかし、少数の生徒にはもっとはっきりとした助けが必要でした。彼らには、自分がこれまでに学んだことをどのようにして使うのかについて、しっかりと教えてくれる人が必要だったのです。レイノルズ先生（そして、クラスメイト）が年表と作文のつながりをつくる手助けをしたので、「何を書いたらいいか分からない」という声の代わりに、「おお！　分かった‼」という声が教室に響きました。

（2）第1章の九ページの「情報発信のスタンス」、並びに第3章を参照してください。

やはり、「足場かけ」は重要です。教師が生徒に課題を与えるだけでは、それから何かを学ぶことは期待できません。ほとんどの生徒は、自分の知識やスキルを活用する方法を理解するための助けを必要としているのです。

何人かの生徒にとって一層重要な問題は、物語を書くために自分の年表からどの情報を選べばよいのかについて決めることでした。レイノルズ先生は、何を書くかについてのクラスでの話し合いを主導したり、自身の年表を使って手順を示したりしましたが、多くの生徒はそれだけではどのように進めていけばよいのか確信することができませんでした。

彼女は、一つの形式から情報を取りだして、それを別の形式に書き換えることが生徒にとってはどれほど難しいことであるかを改めて認識しました。なぜなら、小学校の低学年では創造的な架空の文章だけを学ぶので、ほかの方法で書かれた言葉の使い方をほとんど理解していないからです。

レイノルズ先生の生徒は、自分の年表に書かれていることをすべて書き換えるべきではないことは分かっていましたが、自分の物語に何を含めるべきかについては分かりませんでした。レイノルズ先生は、課題に取り組みはじめたときと同じように、それぞれの生徒に、あるいは小さなグループに対して、重要な出来事をリストからどのように選びだせばよいのかについて考えるための手助けをしなければなりませんでした。そこで先生は、歴史の重要性についての、本質的な理解の足場かけを行ったのです。

もちろん、重要性についての生徒の理解は大人と同じではありません。多くの生徒は、大人が重要であると考える出来事ではなく、人生のなかで楽しかったこと、たとえば大好きな休暇のようなことを選びました。九歳である生徒には、これまでこの種の問いが与えられたことがありませんので、そのような出来事を選ぶのは別に驚くべきことではありません。しかし、レイノルズ先生は一貫して生徒の注意を、物語を単純に語ることではなく、その重要性に集中させ続けたのです。

彼女は、どの生徒にも「それは重要じゃないから入れないで！」とは決して言わず、「それは、あなたの人生にどんな意味があったから選んだの？」と尋ねました。このような問い返しが続けられた結果、生徒は歴史とは重要なことについての事柄であることを学んだのです。そして、課題が終わるまでに、自分が選んだ出来事の説明について、「これは私にインパクトを与えました。なぜなら……」というように話しはじめることができるようになったのです。

こうした説明のすべてに説得力があるわけではありませんが、彼らは、自分がその出来事を選んだ理由を正当化するためには、なぜそれが重要であるのかについて言及する必要があると理解しました。その結果、彼らは「インパクト」という言葉を使うことを学んだのです。

生徒はまた、結論の示し方と情報源の使い方の関係についても学びました。何人かの生徒は、発表に含めたい出来事の写真がないことに気づきました。その結果、彼らは自分の人生をどのように表現するのかについて選択をしなければなりませんでした。また、ほかの何人かは、持っていた写真があまりにも多かったため、その重要性について判断を下す必要がありました。つまり彼らは、人生の重要な出来事を、所有していた写真から選んだのです。

ほかの何人かは別のアプローチをとりました。彼らは手に入れることのできる写真を使いましたが、それらが自分の人生のなかの出来事をどのように代表しているのかについて説明をしました。たとえば、赤ん坊の妹が写っている休暇のときの写真を、妹の誕生を表すものとして利用したのです。

これは、まさに歴史家が行うことです。彼らは利用可能な情報源を使ってストーリーを伝えます。長きにわたって歴史家は、手紙や日記、外交文書をもとにして研究を進めてきました。その結果、これらの文書を残していない人々を歴史から除外しなければなりませんでした。

近年の歴史家は、遺言や裁判記録、納税記録などの人生を表すほかの情報源を利用することを試みています。同様に、レイノルズ先生が教える生徒の何人かは容易に入手できる情報源をもとに歴史の重要性を考えましたが、一方では、ほかの基準や間接的な表現を情報源として使った生徒もいたのです。

本物の課題は、課題に取り組む目的の振り返りを生徒に求めます。レイノルズ先生は生徒に、彼らが何を考えるべきかに関しては伝えないようにしました。その代わりに先生は、課題の目的についての考えを生徒自身で深めることを望みました。

彼女は生徒に、何が課題の目的であるのかについては教えず、彼らが何を考えたか振り返るよう定期的に求めました。たとえば、授業のなかで何回か、『私の家族』〔参考文献204・未邦訳〕や『おじいちゃんの布物語』〔参考文献207・未邦訳〕のような、大人が若いころの出来事を思い返すことを題材とした本を読みました。そのときに彼女は、登場人物が自分の過去について話すことが重要だと思った理由を生徒に尋ねています。

また彼女は、「なぜ、このプロジェクトをしているのか?」と生徒に尋ねました。彼らの答えは、「何年に何があって、自分は何をしたかを知るため」、「自分が知らなかった自分自身のことについて知るため」、そして「歴史とは何かということを知るため」など、彼ら自身の理解の程度を反映したものとなっていました。

ほかの教師なら、当たり前のこととしてより直接的なアプローチをとって、「私の歴史」が自分のアイデンティティーについて、過去が現在にどのように影響しているのか、もしくは情報収集が解釈とどのように関連するのか、と説明したかもしれません。一方、レイノルズ先生のアプローチには、生徒自身の経験から結論を引き出すことができるという明確な利点があります。

このプロジェクトにおいて生徒がもっとも興味をもったことであり、レイノルズ先生も驚いたことは、どの生徒もほかの誰とも違う独自の歴史をもっているという事実でした。最初、レイノルズ先生は、生徒がそれに気づいていないことが分からず、それを課題の目的として強調しようとも考えていませんでした。それでも、生徒にとってはそれがもっとも重要な課題の目的であることが分かりました。生徒自身が意味を見いだす責任を負うことで、レイノルズ先生は彼ら自身が適切だと思った理解で終わりにすることを認めたのです。

彼女のアプローチは、真のクリティカルな思考を育てるための基礎も築きます。これが重要であるということを教えるのではなく、レイノルズ先生は「それで、どう?」と生徒に自問させる形で常に教えているのです。この振り返りは重要で、真の歴史探究においては構成要素を成すものなのですが、ほとんどの歴史の授業では無視されています。(3)

英語学習者と歴史(4)

歴史は、英語学習者、とりわけ家族が最近アメリカに移住してきた人々にとっては困難で近寄り難いものと思われます。そうした生徒は、難しい言葉や親しみにくいテーマ、そしてそれを学ぶ意味を見いだすことができず、歴史を学ぶことに苦しみを感じてしまいます。彼らは、教師、教科書、そしてクラスメイトを理解することにも苦労をしているかもしれませんし、課題を完成させる方法を知らないかもしれません。そして、おそらく一番重要なことは、彼らはそうしたことさえ気づいていないかもしれないということです。

それでは、彼らにどのように教えればよいのでしょうか？　アメリカに来たばかりの彼らに、言葉もよく分からないこの国の何百年も前のことについて、いったいどうしたら学ぶ意欲が湧いてくるのでしょうか？

歴史を学ぶことは、とくに自分と同一視できない人々について学ぶとき、その人々と距離が離れてしまう可能性があります。そのとき生徒は、歴史の授業で「迷子」になり、過去の人々や出来事について学ぶ恩恵から切り離されてしまいます。それでも彼らは、自分の家や地域社会、そしてメディアを通して歴史を学ぶでしょう。しかし、彼らは、歴史の時代区分や経験を体系的に比較し、クリティカルに調べ、証拠を集め、評価し、統合する機会を逃すことになります。

レイノルズ先生のクラスには英語学習者もしくは移民の生徒はいませんでしたが、歴史を扱う彼女のアプローチには、彼らがその教科に熱心に取り組むうえにおいて的確で必要な要素が含まれていました。まず、彼女は歴史と生徒の人生や背景を結びつけました。もちろん、生徒はすで

（３）　七一ページの注（28）を参照してください。
（４）　学校で英語を学習するための特別な支援を受けている、英語を第一言語としない移民などの生徒のことです。

に自分自身について多くのことを知っており、身近な情報源である家族や家にあるものを利用して学ぶことができていました［参考文献111］。これは、内容がより分かりやすくなるだけでなく、自分のアイデンティティーの重要性や、自分と自分が大切にしている人々の重要さに気づくのにも役立ちます。また、自分の人生には学ぶ価値があることや、自分の親が学校で評価される専門的な知識をもっているということを知ることになります。そして、身近な情報源に頼ることは言語的な負担を軽減することにもなります。

生徒は学んだことを英語で報告しなければならないわけですが、彼らがその情報を親に尋ねるときには、おそらく自分たちの母語が使われることでしょう。これによって、英語で苦労して書いたり話したりする前に、しっかりとした知識の土台がある自分の母語で課題を築くことができるのです。このような事実が、従来の歴史の授業よりどれだけ取り組みやすいものなのかについて考えてみてください。

英語を学びはじめた生徒が親や身近な題材について報告する場合と、州の初代知事について書かれた難しい教科書を読むことでは、どちらがより多くを学ぶことができるでしょうか？　そして、どちらがより興味深いものであり、分かりやすいでしょうか？　さらに、このアプローチが歴史の基本に関するものであるのに対して、教科書は有名人や出来事について書かれたものでしかなく、理解すべき本質ではないということを心に留めておいてください。

「私の歴史」プロジェクトには、英語学習者が成功するのを支援するために必須となる「一人ひとりをいかす教え方」(5)も含まれています。一般的に、「一人ひとりをいかす教え方」を強調するアプローチでは、それぞれの生徒のためのアプローチを、個々の生徒のニーズと能力という注意深い判断に基づいて開発することが強調されています。しかし、私たちは、このアプローチが学校現場では実用的なものではなく、かえって逆効果であるとさえ思っています。［参考文献111］

三五人もの生徒のニーズにあわせた指導ができる教師はほとんどいません。また、そうしたことが期待されることで、非現実的な期待が生まれてしまいます［参考文献217］。さらに、生徒の理解力や感情的な興味を、正確な条件で「診断」できるという根拠もありません［参考文献598］。彼らと日常接している人なら誰でも、生徒の興味や嗜好は、日々、というよりむしろ時々刻々と変わっていくことを知っています。

その結果、不正確な評価方法に基づいて生徒を特定の「型」に押し込めたり、「力」で押さえつけたりすることになってしまい、歴史理解のための一連の手順と彼らが必要な資料に触れることを制限してしまいます。視覚的に優れた生徒もいれば、駆け引きの上手な生徒もいるというよ

(5)　個々の生徒の違いやニーズに対応する形の教え方です。その具体的な方法については、『ようこそ、一人ひとりをいかす教室へ』（C・トムリンソン／山崎敬人ほか訳、北大路書房、二〇一七年）、『一人ひとりをいかす評価』（前掲、北大路書房）、『あなたの授業が子どもと世界を変える』（前掲、新評論）が参考になります。

うに、すべての生徒がさまざまな理解の形で参加することができ、それらを意味のある方法で組み合わせることができるとき、生徒はより良く学ぶのです(6)。

レイノルズ先生の一人ひとりをいかすアプローチは、従来の「一人ひとりをいかす指導」より現実的で生産性の高いものでした。彼女は、文章で表現することだけが知識を示す唯一の方法だとは思いませんでしたし、上手に文章を書くことができないからといって歴史を学ぶことができないとも思っていませんでした。それぞれの生徒に独自のカリキュラムを提供するのではなく、選択肢を与え、生徒と協力してどれがベストであるかを決めるという支援を行ったのです。

たとえば彼女は、発表の形式を生徒に決めさせました。彼らは、ポスターをつくったり、写真を使ったり、音声やビデオのレコーディングをしたりすることのなかから選びました。ほとんどの生徒が、写真やタイトル付きの年表ポスターを使って大きな声で説明することを選びました。それには話し言葉と書き言葉、そして視覚的な理解が必要となりますが、課題を仕上げるための唯一の「正しい」方法というようなものはありません。現在のやり方に固執するのではなく、彼らが慣れている言葉を使うことを認めることは、英語学習者にとってはとくに重要なのです。

生徒に発表形式の選択をさせることで、課題はより本格的なものになりました。書かれた資料は歴史にとって重要なものですが、博物館の展示やドキュメンタリー、口頭伝承なども同じく重要です。生徒が使った発表形式は、歴史に関する知識のさまざまな示し方と、それがもつ独自の機能を紹介したのです。

英語学習者における「私の歴史」プロジェクトのもう一つの重要な側面は、それが個人的な話に焦点を当てていることです。これは生徒の育ってきた背景や経験を肯定するだけでなく、第二の目標にも役立ちます。

英語を学びはじめた多くの生徒にとっては、自分の物語を語るために適した言葉を使うことがより簡単となります。英語より語彙が身近で、文法も簡単、そして目的も明確です。ほとんどの生徒は、自分の言葉で自身の文化や言語の背景を語ることに慣れていますので、そのような活動に参加することに何の支障もありません［参考文献11］。そして、この方法は、英語学習者が新しい学習内容と自分の文化や言語で物語ること、そして新しい言語を同時に学ぼうとするときに突きつけられるハードルを低くすることにも役立ちます。

「私の歴史」プロジェクトの課題は親しみやすいので、彼らは言語と学習内容に集中することができます。さらに、個人の物語で使う言葉は、設定や登場人物、問題点など、のちに彼らが遭遇する歴史の重要な部分を占めているとも言えます。

（6）この点に興味のある方は、『シンプルな方法で学校は変わる』（吉田新一郎ほか、みくに出版、二〇一九年）の一一六～一二二ページを参照してください。

生徒の学びに対する評価

教師のもっとも重要な仕事の一つは、生徒の学びを評価することです。評価は、教師が単に親や管理職への説明責任にこたえるものでも、通知表の成績をつけるために振りかざすものでも、よくできた生徒に与える報酬でもありません。評価の目的は、教師の教え方と生徒の学び方を改善することです。

評価は、教師が明確な到達目標と基準（目標に対しての到達度を示す目安）を設定し、生徒がその基準の意味を理解できるようにし、授業の目標を達成したかどうか（または、どこまで達成していないかなど）を自分自身で形成的に評価しながらフィードバックすることで目的を果たすことができます。そのためには、生徒が到達目標や目安の意味を理解することを助け、向かうべきゴールをはっきりと示し、目標をどの程度達成できているのかについて情報を提供することなどが教師に求められます。

この種のフィードバックは　生徒をゴールに導くための「足場かけ」（第2章参照）や評価方法（第3章参照）の重要な要素です［参考文献5］。学びを改善するための基準や生徒が達成できたこと（あるいは、まだ達成できていないこと）を知らせることは、課題に対する総括的な評価

だけを与えるよりもはるかに多くの学びにつながります。(7)

一〇〇点満点のテストをつくって、正答数を数え、評定するという評価の仕方は簡単です。一方、複雑で現実的な「本物」の課題を含み、意味のある歴史探究が行われている教室では、そのような簡単なやり方は存在しません。なぜなら、「私の歴史」プロジェクトの評価は、クラス全体を単一のテストで評価することができないからです。

生徒はさまざまな情報源を用いて多様な経験を調査するだけでなく、過去の出来事が現在を生きる人々の生活にどのような影響を与えているのかについて理解するようになったかもしれませんし、何人かが情報源の信頼性について学んだかもしれません。さらに何人かが、年号や年代順の配列について理解を増すことになったかもしれないというように、生徒は歴史について異なるさまざまなことを学んだかもしれないのです。これらすべてはとても価値のあるものですが、クラス全員の学習成果を測ることができる唯一の基準ではありません。

本物の課題には、本物の評価が求められ、それは多様な形式をとる必要があります。たとえば、

(7)　生徒が最終的に「何ができるようになるか」という求められている結果（目標）を明確にし、それを確かめるための証拠（成果物やパフォーマンスとその評価方法）を決定したうえで、生徒の学びと教師の教え方（授業）を三位一体に計画することを「逆向き設計」と言います。詳しくは、『理解をもたらすカリキュラム設計』（G・ウィギンズほか／西岡加名江訳、日本標準、二〇一二年）をご覧ください。

本章で述べたプロジェクトでは、レイノルズ先生は生徒が話したこと、もしくは行ったことの記録とルーブリックという評価方法を使うことで生徒に学びの成果を示すことができました。

レイノルズ先生はこのプロジェクトを通じて、そして実際に、常に鉛筆とメモ帳を手にして、生徒に対して行ったすべての指導を記録しています。生徒が個々に作業したり、グループで課題について話し合ったり、もしくは彼女と一対一でやり取り(8)を通して得られる観察記録から、課題に対する生徒の理解度についての豊かな成果を見てとることができます。

たとえば、「私の歴史」プロジェクトの間、過去の出来事が現在のある生徒の人生にどのような影響を与えたのかについて説明できたとき、レイノルズ先生はその内容をメモ用紙に書き留め、その生徒専用の評価フォルダーに納めました。また、ほかの生徒が過去の出来事の影響については理解しているが、うまく表現できないようなときには、「『もし、これが起こっていなかったら、私は……』と言ってみて！」というような足場かけを行ったあと、「言い回しについて手助けすることで説明ができた」と記録しました。

彼女はまた、過去が自分の人生に影響している例を示すことができない数人の生徒がいることにも気づきました。その場合も同じく、多くの情報源を参照した生徒と一つの情報源だけに頼っている生徒、年表に書かれた出来事と年号を簡単に結びつけることができた生徒、教師や友人の助けを必要とした生徒について記録しました。これらすべての観察は、生徒が活動を終えるまで自然に行われていました。

このような記録は成績につながりませんが、生徒の学びについての情報をもたらします。またそれは、レイノルズ先生が一人ひとりの生徒に何が必要なのかについて理解することを助け、どのような教え方と手助けをすべきかを決める土台を提供することになります。

ほかにも彼女は、記録に基づいて、何人かの生徒は過去と現在のつながりの理解についてこれ以上助けを必要としていないということを知っていました。そして、今回か次回のプロジェクトで、それらの生徒と話をする機会があれば、因果関係や過去の出来事との相互作用といった歴史の重要性といった側面について指導しよう、と決めることができました。また彼女は、一つの情報源だけを参照した生徒は、今後もっと多くの情報源を使用しなければならないことに気づかせる必要があり、その際には追加の支援が必要であるということも知りました。

生徒の記録はレイノルズ先生に、重要な歴史スキルに関する生徒の進歩を個別に把握する手段を提供しました。そして彼女は、この情報を、指導計画作成や生徒の達成度を確認し、成績表の所見欄に書き込むために使いました。彼女はこの記録を生徒のポートフォリオには含めず、その(9)

(8)　これは一般的に「カンファランス」と呼ばれています。一二七ページの注（24）で確認ください。
(9)　第3章の一二三～一二六ページを参照してください。

内容を生徒と見直しながら、話し合いのためのベースとして使ったのです。「私の歴史」プロジェクトは、公式の評価ガイドラインを使う形で成り立っていました。たとえば、すべての生徒が人生を語る作文を書かなければなりませんが、それらはポートフォリオ評価の重要な一部なのです（思い出してください。レイノルズ先生のクラスには英語学習者がいなかったことを）。

レイノルズ先生は、これらの作文を州の評価プログラム（**表4-2**を参照）を使って評価しました。このような評価ガイドラインは「ルーブリック」とも呼ばれ、生徒の複雑な学習成果を評価するための客観的な基準として普及しています［参考文献449］。ルーブリック自体には魔法の力はありませんが、うまく使いこなせば、生徒が期待されているものを理解することを助け、それらの期待を成果に取り入れることに役立つのです。このときのルーブリックは作文の特徴のみに焦点を当てたものでしたが、教室におけるその使用はルーブリックの役割について重要性を示しています(11)。

ルーブリックを役立つものにするためにレイノルズ先生は、生徒がルーブリックの構成要素について理解できるように手助けをしました。**表4-2**のルーブリックは州の評価プログラム(10)の一部ですが、さまざまなジャンルの作文を評価するために使われているため、その言葉遣いはどうしても多くのルーブリックで使われている言葉遣いよりも一般的なものになってしまいます。

表4－2　作文のためのルーブリック

ケンタッキー州教育局（1999年）

	未熟者	初心者	熟練者	優秀者
読み手への意識	読み手や目的に対する意識が足りない。	特別な目的のための読み手と意思疎通している証拠がいくらか見ることができる。もしくは、少々焦点がぼやけている。	目的がはっきりしている。読み手とコミュニケーションがとれている。声（主張）の大きさとトーンが適切である。	目的を確立しはっきりとした焦点を維持している。読み手を意識し、際立った声（主張）と適切なトーンが確認できる。
主題の展開	最小の主題の展開であり、考えがかぎられ、関連性がない。	考えが練られておらず、反復が多く、念入りさに欠ける主題の展開である。	要素についてよく練られ、関連性に支えられた、深く考えられた主題の展開である。	豊かで熱心であり、適切な考えに支えられ、分析的、思慮深く、物事を見通す鋭い力に富む、深く複雑な主題の展開である。
構成	まったく練られていないか、極めて弱い構成である。	誤った構成もしくは首尾一貫性に乏しい構成である。	論理的で首尾一貫性のある構成である。	注意深く緻密な構成である。
文章構造	正しさに欠け、効果的ではない文章構造である。	過度に単純化して、ぎこちない文章構造である。	制御された多彩な文章構造である。	多彩な文章構造と文章の長さが大きな効果を上げている。
言葉使い	正しさに欠け、効果的ではない言葉遣いである。	過度に単純化した不正確な言葉遣いである。	好ましく、効果的な言葉遣いである。	的確で、豊かな言葉遣いである。

レイノルズ先生は、生徒が要求される基準をしっかりと把握し、それらを自分の作文に組み入れられるようにするため、[12]持続的に指導する必要がありました。彼女は、それぞれの構成要素についてのミニ・レッスンを行うことからはじめました。国語の授業は、通常、効果的な書きだしや細かいことへのこだわり方、文の構造や句読点といったさまざまな側面のテーマに関する簡単な指導とその練習からはじまります。

一方、生徒は、教科ごとにスキルを評価するためのワークシートを完成させるのではなく、これらのミニ・レッスンを、国語とほかの主要教科（主には社会と理科）の学習において実際に文章を書いて行いました。

レイノルズ先生は、生徒がルーブリックで要求されるスキルを確実に使うことができるようにするために、毎日一人ひとりの生徒に対して個別カンファランスを行い、ルーブリックを使って国語と他教科における自分の作品を自ら評価できるように支援しました。たとえば、接続詞をどれだけ使っているのか、どのように読み手の注意を引くかなどの詳細について彼らに話しました。

［参考文献216］

ルーブリックを使用する主な目的は、生徒が達成基準を内面化することであり、レイノルズ先生はこれを、直接指導と（「歴史をする」と同じように）意味のあることを「書く」こと、そして個別のカンファレンスという組み合わせで達成したのです。

「私の歴史」と家族の多様性

興味深いことに、自分の過去が現在にどのように影響しているのかについてもっとも簡単に説明することができたのは、親が離婚して再婚したという家庭の生徒です。彼らは、住む家が変わった、養子になった、もしくは新しい兄弟姉妹ができたことなどが自分の人生にどのような影響を与えたのかについて容易に説明することができました。

「私の歴史」を発表することは、そのような生徒にとって、非常に充実した経験になる可能性が

---

(10)　学習の到達目標を分析した観点とその到達度を短文で示し、表としてまとめたものです。その作成方法については、京都府乙訓教育局制作の「学力評価の効果的な進め方　第四回ルーブリックの作り方」ttps://www.youtube.com/watch?v=s-TqYhTGPZk　が参考になります。

(11)　ルーブリックは、学習の目標と評価基準、教えることと学ぶこと、そしてそれらの評価を一体化する「目標と指導・学習、評価の一体化」を実現するための具体的な手立ての一つと言えます。

(12)　教師が生徒に対して、授業のポイントなどを五〜一〇分で一斉に指導することです。それ以上、教師が頑張って教えても効果がないことは分かっているわけですが、より大切なのは、生徒たちが書いたり、読んだり、探究したりと「すること」だからです。この教え方に興味をもたれた方は、「ＷＷ／ＲＷ便り」のブログの左上に「ミニ・レッスン」を入力して検索してください。多くの情報が得られます。

あります。私たちは、彼らがこの活動を通して自分が背負っているものを確認し、クラスメイトに自分の人生を誇らしげに示したことに感心しました。さらに、クラスメイトが家庭生活の違いを聞いて理解できたことにも心を打たれました。

学習に必要なスキルと同じく、これらの価値観を育てることができるかどうかは、教師がどれだけ上手にモデルを示すことができるかどうかにかかってきます。生徒とその家族の違いを自然なものとして受け入れ、そこに真の関心を示す教師のクラスでは、多くの生徒が教師と同じことを行います〔参考文献385・462〕。しかし逆に、標準的な状態からの逸脱を欠陥と見なす教師や、そのような違いを無視する教師のもとでは、寛容さを示す生徒はほとんどいないでしょう。

教室において、協力的で思いやりのある環境を教師が整えると、「多様性は称える価値がある！」という言葉は単なるスローガンではなくなり、個人の歴史を調査することは、生徒の個人的な背景がどのようにして一つにまとめられるのか、そして、どのようにそれぞれが異なるのかということを知るときの手助けとなります。

とはいえ、この課題の目的は生徒の私生活に立ち入ることではありません。ほとんどの生徒とその家族は、人生における重要な出来事についての質問には答えてくれますが、このテーマに取り組むことを拒絶する人たちもいます。いくつかの出来事、たとえば家族から虐待を受けたことや、愛する人を失ったことなどについてはクラスメイトと共有したくないでしょう。

また、この課題に参加することに抵抗を感じる親もいることでしょう。たとえば、不法移民の家庭では、個人的な質問に答えることが家族の強制送還や公的サービスを受けることに影響を与えるのではないかと恐れますし、多くの人々は、学校が生徒の生活について質問すべきではないと考えています。

私たちは、それらを理解して受け入れているので「問題」とは呼びませんが、それらの解決策は、個人史の課題をなくしたり、一部の生徒を免除したりすることではないと考えています。そうすることは、逆に彼らが不適切だと考えるかもしれないことを助長してしまいかねないからです。むしろ教師は、多様な社会における生徒とその家族間の正当な違いに対応するために、こうした場合の対応を柔軟性のあるものにする必要があります。

そのためにも教師は、生徒が個人的に、もしくはクラスで共有したくないものを公表するように決して要求してはいけません。要するに「私の歴史」は、絶対的に重要な出来事ではなく、彼らがクラスメイトに紹介したいと思うなかで、もっとも重要な出来事を大事にするということなのです。

さらに教師は、自分以外の人生を調べるという選択肢を生徒に与えるべきです。課題の本来の目的は、過去が現在にどのように影響するかを知ることであり、生徒に自分をさらけだすことを強制するものではありません。自分に注意を向けてほしくない生徒にとっては、ほかのクラスの友だちや学校の先生、または近所の住人などを対象にして「歴史をする」という選択肢が必要です。うれしくもない課題に参加するよりも、ほかの誰かの人生について学ぶほうが豊かな経験になるでしょうし、クラスメイトも、ほかのいかなる発表よりもそれらに聞き入ることでしょう。

そうした選択肢を、必要と考える生徒に対してだけでなく、クラス全員に与えるといった心構えが教師には重要となります。そうでなければ、選択肢が元の課題と同じくらい不快なものに思われてしまうかもしれません。

また、多様な家庭背景を鑑みて、家にないと思われる教材を学校が提供することも必要となります。レイノルズ先生のクラスには、幅広い社会的・経済的背景をもつ生徒がいました。何人かの家には高性能のコンピューターや音響機器がありましたが、その一方で、ポスターを書く道具すら買えない家庭もありました。家庭の経済状況を生徒の学業に反映させるのではなく、学校は彼らが必要とするすべての資料や道具を提供しました。

私たちは、すべての学校に、生徒に必要なテクノロジーや備品があるわけではないということを知っています。幸いなことに、レイノルズ先生の学校は、高価な教科書を買うことを強制するような規則に縛られることなく、かぎられた財源の使い方を決めるという柔軟性をもっていました。いずれにせよ、生徒に適切な資料や資材を提供することは、公平で効果的な教育のためには不可欠となります。

さらに授業を拡げるために

「私の歴史」のようなプロジェクトは、さらにいくつかの方法を用いることで、歴史の問いを尋ねたり答えたりする経験を発展させることができます。その一つは、歴史上の人物の伝記を用いて、ある個人の過去がその人の人生に与える影響について調べることです。

伝記は、もっとも一般的に利用できる歴史文献の一つです。小学校の低学年向けから中学生向けまでさまざまありますが、そのなかには『杉原千畝と命のビザ――自由への道』〔参考文献387〕、『ハービーミルク物語』〔参考文献308・未邦訳〕、『席を立たなかったクローデット――十五歳、人種差別と戦って』〔参考文献256〕、そして『リトル・マルコム～マルコムXになった少年』〔参考文献499・未邦訳〕のような作品があります。このような文学作品を使うことによって生徒は、自分の経験を超えて、人種、民族、性別、社会経済的階級、もしくは身体能力などで自分と異なる可能性のある人々の人生を調べるという機会が与えられます。

多くの教師が、伝記を読んでから「レポートを書くように」という課題を生徒に出しています。しかし、私たちのほとんどが本の感想文を書いたのはずっと昔のことです。読書感想文は、実際の社会でも行われている「本物」の活動とは言えません。それらは、ただ伝統的に課せられているものでしかなく（そして、伝統的に意義を感じられない）、書いたかどうかを評価するためだけのものなのです。

学校外では、人々は自分が読んだ本についてほかの人と話し合ったり、読んだことのない人に本をすすめたりしますし、多くの教師は、より本格的な課題に基づいて授業を行っています。たとえば、ブッククラブに参加したり(13)〔参考文献118・287〕、生徒自身が読んだ本の広告や推薦文をつくったりすることを課しています〔参考文献512〕。そのような課題は、はっきりとした目的や対象者をもたない読書感想文を書くよりも、生徒の言語スキルを確実に発達させます。

生徒は、歴史探究のモデルとして伝記をどのように使うことができるでしょうか？　確かに、伝記を小グループの話し合い活動やほかの課題に結びつけて利用することに何の問題もありませんし、文学作品と同じように、人々は伝記を楽しみのために読んだり、それらについて議論したり、ほかの誰かにすすめたりするものです。しかし、本章で紹介しているようなプロジェクトのなかで伝記を使うと、生徒はそれを歴史的な特性を兼ね備えた本として注目することになります。

歴史家が、伝記を読んでそれについてレポートを書くことはありません。彼らはむしろ、そのような伝記を自分で書くか、ほかの歴史家が書いた伝記を評価するといったことを行います。それらは、小中学生にもできることなのです。

生徒は自分のことを書き、出版された伝記、ビデオやインターネットの情報、さらには誰かから聞いた話や民間伝承を使って有名人の重要な出来事について年表をつくり、それらをまとめて物語化したり、ある種のプレゼンテーションにつくりあげたりすることができます（第３章の小学生の実践を参照）。重要なことは、彼らが自分自身の歴史で行ったときと同じように、ある人の人生に起きた出来事の影響と、それが起きなかった場合の違いを説明することです。

六歳の生徒と一四歳の生徒ではかなり違うものがつくられますが、どちらも「レポートを作成する（感想文を書く）」といったことよりも作業に熱中します。彼らは歴史を問い、情報を集めて解釈し、自分が気づいたことを振り返るのです。［参考文献365］

この方法で複数の情報源を用いて歴史的な説明を作成することは、単に歴史的な物語を浮かびあがらせるだけではなく、歴史的な証拠とのクリティカルで深い解釈との出合いに向けて生徒を取り組ませる重要なステップとなります［参考文献444］。そのうえで教師が、つくられた伝記の唯一の読み手となる代わりにクラスで冊子にすれば、自分たちの調査結果を比較したり、調査した人物のうち、誰が現代社会にもっとも大きな影響を与えたのかについて議論を行うかもしれません。したがって、ある出来事の個人への影響を考えることは、社会における個人の影響について

---

(13)　読んだ本について、互いの読みを深めたり、広げたりするために和気あいあいと話し合うグループのことです。詳しくは、『読書がさらに楽しくなるブッククラブ』（吉田新一郎、新評論、二〇一三年）を参照してください。

理解することにつながるのです。〔参考文献470〕

また生徒は、第3章で小学生がジョニー・アプルスィードに対して行ったように、著者が主張している内容の根拠を調べることで、出版された伝記やその他の記録をクリティカルに評価することができます。証拠に基づいた説明はどれか？　証拠はどのくらい信頼できるのか？　民話や伝説に由来するものはどれか？　といったことです。

私たちは先ほど、「私の歴史」をする際、生徒は自分が紹介したいことだけを公表し、彼らに起こったすべてのことを発表するように求めるべきではないと言いました。ひょっとしたら、それは本物ではないように思われたかもしれません。確かに、歴史は物事を包み隠すようなものではなく、真実に資するものですが、私たちが先に説明したように（第1章参照）、歴史には除外されるものもあるのです。それこそが、歴史的な説明の本質なのです。

自分の伝記に何を含め、何を含めないかを決めなければならなかった生徒は、有名人に関する伝記でも同じことをしていると（教師の助けを借りて）理解することでしょう。そして生徒は、ジョージ・ワシントンの伝記には「何百人もの奴隷を所有していた」と書かれているものがあるのに、その話題を無視している場合がある理由について説明することができるでしょう。歴史家が行う場合と同じように、生徒は同じ人物の違う伝記を比較して、その信憑性と信頼性のランクづけができるようになるのです。

まとめ

五年生から大学生まで、歴史はカリキュラムがもっともしっかり確立されている教科の一つであり、この国のほとんどの生徒は、通常少なくとも三度（五年生、八年生、一一年生）アメリカ史に関して同じ内容を学びます。そして、大学へ進学すると四度目が待っています。それでも、五〇年以上にわたる国のテストと調査が示しているように、彼らが得ている情報の量は驚くほど少ないのです。勉強したことと学んだこと[14]の間に、どうしてズレが生じるのでしょうか？

レイノルズ先生は、その問題の一部が、伝統的な歴史教育における内容の不適切さにあると考えています。教師がカリキュラムを柔軟に運営できる学校でさえ、「州の歴史」のようなテーマは四年生で教えなければならないというプレッシャー[15]があります。そして生徒は、歴史教科書や学習指導要領の内容そのままに、「州がアメリカ連合国に認められたのはいつか」とか「一番初めの州知事は誰だったか」などということを勉強するのです。

---

(14)「勉強したこと」とは、教師が教科書の内容を生徒に覚えさせたことであり、「学んだこと」とは、その結果、生徒の頭の中に残ったこと（さらには使いこなせること）を指しています。このミスマッチの状況は日本でも同じようにありますし、他教科でも同じことが言えそうです！

研究者は、州の歴史を四年生で教えることは生徒を混乱させることになると指摘していますが、それ以前に、次のようなレイノルズ先生の意見に私たちは同意します。

「歴史とは何か、それが何を意味するか知らない生徒が、州の設立についての本を読んで覚えることなど馬鹿馬鹿しいかぎりです。歴史が何であるかをまったく知らない状態では、ただ頭を通りすぎていくだけです」

学校生活のある時点、できれば低学年で（必要であれば、そのあとにも）歴史とは何か、彼ら自身にも歴史があって、自然界にいるのと同じように自分たちが歴史の真っただ中にいるということを学ぶ必要があります。本章で紹介した活動は、単純なものに思えるかもしれませんが、歴史とそのなかでの自分の役割を理解できるように生徒を手ほどきするものです。さらにこれらの活動は、多元的民主主義に生徒が参加するための地固めとしても役立ちます。

本書でここまで紹介してきた諸事例には、少し壮大すぎると思われる社会的・政治的課題についての議論や道徳、そして公共の利益についての議論は含まれていませんが[16]、生徒にとって個人史は、その参加のための重要な手ほどきとなるでしょう。

私たちが本章全体を通じて強調したように、自らの歴史の作成には「論拠の選択」、「解釈」、そして「提示」が必要であり、これらは公の議論においても不可決なものです。情報を見つける方法と、それをどのように使うかについて学ぶことにより、学校だけでなく生涯にわたって、生徒はさまざまな社会問題を検討するときに「根拠」を使うといったことの準備ができるはずです。加えて彼らには、ほかの人が根拠をどのように使うのか、そして特定の判断に導いた選択、解釈、および提示の仕方について知る必要があります。もちろん、四年生における学習だけではそれを成し遂げることはできないでしょうが、教師が一貫してそのような出発点に立つカリキュラムを築きあげれば、生徒の歴史、そして民主主義への理解は大幅に増すはずです。

(15)　一八六一年〜一八六五年に存在した、奴隷制度の維持を主張したアメリカ南部に位置する七つの州によって形成された国家のことです。

(16)　公共の利益については、三四〜三五ページを参照してください。また、その論争については第11章をご覧ください。

第5章

物語る

——生徒と過去をつなぐ「家族の歴史」

ヴァルブエナ先生は、祖父の姿を描くことから移民に関するユニットをはじめました。

ヴァルブエナ先生の祖父は、一〇歳のときにニューヨークへ移住したラトビア人でした。祖父の写真を教室のあちらこちらに置き、ラトビアの音楽を流しながら、「なぜ、祖父はアメリカに来たのか？」とか「祖父はアメリカで何を見つけたのか？」といったことについて説明していきます。

その後、祖父に対する生徒の質問に答えてから彼女は、「あなたたちの家族（そのほとんどが最近アメリカに来た移民）は、なぜアメリカに来たの？」と彼らに尋ねました。生徒はすぐさま、「仕事を見つけるため」、「親戚と一緒にいるため」、「戦争から逃れるため」（そして、これがもっとも多い理由でしたが）「より良い生活のため」といった理由を挙げていきました。

この話し合いは、ユニットの最初の課題である「移民家族へのインタビュー」につながっていきます。

生徒たちはクラスで協力しながら、「どの国から来ましたか？」、「なぜ、移住したのですか？」、「最初に移住してきたとき、どんな困難がありましたか？」、「アメリカ合衆国は予想したようなところでしたか？」などというような質問項目を作成していきました。そのなかには、生徒の要望で、「アメリカに来るために、どのくらいのお金がかかりましたか？」という質問も含まれていました。

移民家族にインタビューしたあと、生徒たちは数日かけてレポートを作成します。そして生徒は、一八〇〇年代半ばの東海岸のアイルランド人や、一八〇〇年代後半に西海岸へ移民してきた中国人などの経験と比較しました。各授業の最後には、ヴァルブエナ先生が移民に関係する絵本を読み聞かせ、生徒たちは移民の気持ちや経験について意見を述べあいました。

一方、レイノルズ先生は、生徒が個人史のプロジェクトを完成させたあとのユニットを『*The Patchwork Quilt*（パッチワークキルト）』［未邦訳］という絵本を読むことからはじめました。この絵本は、少女とその母親が、家族の歴史を「物語る」祖母のキルトに意味を見いだしていく作品です。

レイノルズ先生は、「あなたの家族や親戚は、あなたに自分たちの歴史を話してくれたことはありますか？」と尋ねました。そうすると、ほぼすべての生徒の手が挙がりました。ある男の子は、「戦争」に行った叔父について話をし、ある女の子は、祖母が長年持っているものについて祖母自身がどのように話したかについて説明し、別の生徒は、曾祖母が第二次世界大戦のときに働いていた工場のバッジが近くの博物館に展示されていることを述べました。

残りの授業時間では、どの親戚が自分と同じ世代に生きているのか、誰が自分の親と同じかなどという「世代」という概念に焦点を当てて授業を展開しました。

翌日、レイノルズ先生は、祖父母へのインタビューをもとに家族の歴史を作成するという課題を生徒に提示しました。選択課題として「家系図」の作成もありましたが、主な課題は祖父母の人生と自分の人生の違いに焦点を当てたプレゼンテーションを行うことでした。

生徒がインタビューしやすいように、レイノルズ先生は質問項目の例を示したほか、生徒と協力しながら新たな質問項目をつくりだしました。また、レイノルズ先生は、インタビューの実施方法やメモのとり方のモデルを示すために一時間分の授業を費やしています。生徒のインタビュー結果を全員で共有するためには数日かかりましたが、生徒は学んだことをできるだけたくさん紹介したいと感じていました。

生徒に歴史を教えるうえでもっとも重要な点の一つは、授業で扱うテーマと生徒がすでにもっている知識を結びつけることです。一般的に人間は、すでに知っている事前知識と新しい経験を比較することによって初めて意味を見いだすことができます。生徒がそうした関連性を見いだすことができなければ、歴史で学ぶ内容を理解することはできないでしょう。しかし、そのような結びつきをつくる方法が常に明確であるとはかぎりません。

従来、歴史の教科書で取り上げられてきた多くのテーマは、生徒がもつ知識とはっきりとした関係がなく、それがどのように関連しているのかについて示唆することはほとんどありませんでした。教師の大切な役割は、重要な歴史のどのような側面が生徒の生活と関連しているかを判断することです。そうした結びつきを見つけることは、生徒が自分の経験を超えて歴史の理解を広げる鍵となり、家族の歴史はそれを行ううえでもっとも有用な方法の一つとなります。レイノルズ先生とヴァルブエナ先生の授業は、各家族の生活が、歴史のなかにおける重要で、意味あるテーマが紹介できることを示しているのです。

重要な歴史のテーマと生徒を結びつける

しばしば授業は、「教師中心」か、それとも「生徒中心」か、と問われることがあります［参考文献425］。しかし、実際にはどちらでもなく、ほとんどの授業は教科書に書かれていることが中心になっています。歴史的に重要な内容を生徒のもつ知識や経験と結びつけるためには、教科書に沿って授業を行うのではなく、教師自身が指導内容を決定する必要があります。［参考文献541］

教師は、学習指導要領や教科書の枠内で教えていたとしても、「具体的に内容をどのように教えるのか」とか「それをどのように生徒に示すのか」といったことについて多くの決断をしなければなりません。要するに、「教えるに値する歴史の内容は何か？」とか「生徒の経験のどのような側面が、歴史の内容を教えるために最良の手段となるのか？」を決定するのは、教師の腕にかかっているということです。

ヴァルブエナ先生の授業は、そうしたアプローチのよい例と言えます。ヴァルブエナ先生が持っているアメリカ史の教科書は、一八〇〇年代のアイルランドや中国からの移民の比較からはじまるのではなく、多くの教科書と同じように、アメリカ先住民の生活やヨーロッパ人の初期における探検家の歴史からはじまり、年代順に進んでいきます。扱わなければならない題材の量と、それぞれに費やせる時間がかぎられていることを考えると、教科書に沿って教えている五年生の教師のなかで、アメリカ革命よりも先に教科書を進められる人はほとんどいないでしょう。

何百年も前の出来事に歴史を限定してしまうと、生徒自身の経験と歴史のテーマを結びつける機会がほとんど得られません。そのためヴァルブエナ先生は、教科書に書かれていることではなく、彼女がもつ歴史の知識と生徒のもつ知識や興味関心から授業をはじめたのです。

ヴァルブエナ先生は、人の移動がアメリカ史と世界史においてもっとも重要なテーマの一つであることを知っていました（一五ページの**表1-1**を参照）。生徒は、「アメリカ先住民とヨーロッパ移民の出会い」とか「アフリカ人の奴隷化」といったことについて学ぶとき、年間を通して「何が移住の動機となったのだろうか？」とか「期待したものを見つけられたのだろうか？」といった疑問を抱くことでしょう。

ヴァルブエナ先生は、移民の事実だけでなく、人々の動きを比較する問題にも焦点を当てて授業を展開しました。最初の授業を重要なテーマに関する学習からはじめることで生徒は、教科書を時系列に進めるよりも、どのように自分自身と時間的・空間的にテーマが関連しているのかについて理解することができました。

ヴァルブエナ先生がこのテーマを選んだ理由は、生徒たちと家族との結びつきに役立つと考えたからです。ヴァルブエナ先生のクラスにいるほとんどの生徒は、最近メキシコ、中央アメリカ、東南アジアなどからアメリカに移住してきた子どもたちで、生徒とその家族は、移住に関する動機や結果に直接つながっていました（ほかの教室では、他国からの移民ではない生徒もいるかもしれませんが、彼らの家族は、仕事を見つけたり、親戚と一緒にいたりと、似たような理由で移住をしてきたのかもしれません）。

とはいえ、すべての教師が移民の話題からはじめ、なぜ移住してきたのかについて親戚にインタビューをするべきだと言っているわけではありません。私たちが意図していることは、従来の小学校における歴史授業のはじまり部分（初期の探検家）を新しいもの（移民）に置き換えることではありません。歴史を教えるということは、どこかの誰かが、すべてのクラスの子どもにもっとも適したテーマだと決めつけたレシピに頼ることではありません。それは、歴史と生徒のことを知っている現場の教師だからこそできる役割なのです。

たとえばレイノルズ先生は、「私の歴史」プロジェクト（第４章参照）で家族の歴史を追いかけていましたが、その多くは移民と関係したものではありませんでした。レイノルズ先生の生徒は人の出入りが少ない地域に住んでおり、家族のなかには何世代にもわたって同じ町に住んでいる人がいました。そんな親戚にインタビューを行っても、なぜ引っ越しをするのか、引っ越しをしたときに何を見つけるのかについて情報を得ることはほとんどないでしょう（彼女の生徒は移民について勉強をしましたが、それは学年の後半に行われ、児童文学に基づいたものでした）。

その代わりに、レイノルズ先生の生徒は祖父母に対して、「今の生活が過去とどのように違っているのか？」というテーマでインタビューを行いました。そして、祖父母が若いころにどんな家事をしていたのか、何をして楽しんでいたのかなどを調べました。レイノルズ先生のクラスでは、これはアメリカ史のなかの移民ではなく、過去一世紀の間に物質的、社会的な生活がどのように変化したのかという授業への入り口となりました（第2章と第7章を参照）。

テーマは違いますが、レイノルズ先生とヴァルブエナ先生は同じ方法でカリキュラムを開発しています。重要な歴史のテーマを選び、家族史をテーマにすることで生徒の理解を広げていったわけです。

創意工夫のある導入——歴史を意味づける

第2章で述べたように、生徒は周りの世界に対して個人的に意味づけをしようとします[1]。ヴァルブエナ先生は、歴史への意味づけを重視しています。それは、生徒が扱うテーマのなかで、「そのときに生きていた人間がどのように扱われたのか」を理解する手助けとなるからです。

ヴァルブエナ先生が行った移民に関するユニットの導入もよい例です。第4章でレイノルズ先生の生徒が歴史の年表を読むことに興味を示していたときと同じく、ヴァルブエナ先生が祖父になりきってその経験を説明したとき、生徒は集中して耳を傾けていました。このようなプレゼンテーションで語られる歴史は、よく分からない理由で大昔に移動してきた無名の人々についての出来事ではなく、ヴァルブエナ先生の祖父が子どもたちと同じくらいの年齢のときにアメリカへ渡ってきたときの物語なのです。

ヴァルブエナ先生のプレゼンテーションで用いられていた、感受性を刺激するような資料を使うことも重要です。生徒は移民について聞いたり読んだりするだけでなく、祖父の写真や服装を見たり、彼がどんな音楽を聴いていたのかを尋ねたりしていました（家族の情報をもっていない先生であっても、現在は史料が豊富な時代なので、移民の写真は簡単に入手することができるでしょう）。

生徒は、演劇という方法で移民の経験を表現することもできます。たとえば、レイノルズ先生の授業では、『エリス島――自由の国への入り口』〔参考文献50・未邦訳〕と『エリス島で――多様な人々の歴史物語』〔参考文献439・未邦訳〕を読んだあとに、移民の家族と税関職員との出会いという創作劇を生徒が演じました。

授業のなかで画像や音楽といったもの、あるいは劇などのロールプレイを使うことは、英語を第一言語として話さない生徒をもつ教師にとっては当然ですが、歴史を教えるすべての教師がレパートリーに加えるべきものです。生徒が過去を理解することができる方法が多ければ多いほど、生徒はすでにもっている知識と歴史的テーマとのつながりをもちやすくなります。

（1）　補足すると、歴史を自分事として捉える、ないしは学んでいることに対してオウナーシップをもつということです。

歴史を意味づけるうえにおいてもっとも重要となる方法は、生徒が自分の家族とのつながりをつくるための手助けをすることです。たとえば、「過去三世代の間に生活がどのように変化したのか?」といったようなことを単に調べさせるだけでは、生徒の興味を引き出すことはできません。

レイノルズ先生は、生徒に祖父母へのインタビューを課すことで、生徒が自分自身に直接関係し、興味がもてる世代間の変化に関するテーマを見つけることができると確信していました。実際、生徒は、たくさんのメモを持ってインタビューから戻ると、クラスメイトに見聞きした物語を披露することを望んでいました。

生徒は、授業で作成した質問項目を超えて、家族の過去についての内容を、密接に幅広く語り合っていたことがすぐに明らかになりました。また、生徒たちはクラスメイトの発表にも興味を示しました。それらが、歴史だけではなく、互いの祖父母に関する話だったからです。

同じように、ヴァルブエナ先生の授業の目的は、移民の動機とその結果について生徒が理解を深めることでした。ヴァルブエナ先生は、生徒たちとは縁のない昔の移民に関する事柄から授業をはじめず、生徒が知っていること、つまり「自分たちの家族がなぜ移住してきたのか」ということからはじめたのです。その理由は、どんな時代であれ、移住する人々が普遍的にもっている動機が重要であると考えたからです。

授業のなかで発見した動機のリストをつくることで、生徒たちは歴史上の移民の動機と自分の知識を比較する準備ができました。同じように家族へのインタビューから、彼らが初めてアメリカに来たとき、仕事探しや住居探し、また言葉を十分に話すことができないなどといった課題を抱えていたことを知り、ほかの移民の経験と比較するための土台となったわけです。

文学は、生徒が歴史を意味づけるためには非常に効果的なものと言えます〔参考文献416〕。しかし、残念なことに、読み聞かせに使われる絵本などの作品は、小学校低学年以降の教育においては使われていません。もしかすると、「読み聞かせ」は簡単すぎるものであると感じてしまったり、目に見える成果に直結しないと思われているのかもしれません。

しかし、ほぼすべての生徒は読み聞かせが大好きです。それがはじまると、ヴァルブエナ先生の教室には「やった！」とか「待っていました！」などの声が響きわたります（八年生の教室でも、読み聞かせをはじめると生徒の好意的な反応に驚くことがあります）。

ヴァルブエナ先生は、生徒よりもずっと表現力豊かに読むことができますし、本に書かれている登場人物の声や方言をできるだけ本物に近づけようと努力していました。その結果、生徒は英語をスラスラ読むということはどういうことかについて分かったりもするのです。

一方、レイノルズ先生の生徒たちにとっても、文学は移民の勉強をする際には絶対に欠かせないものとなっていました。移民に関する個人的な経験をほとんどもっていないため、彼女の生徒は、『私が前に住んでいた家の色』〔参考文献252・未邦訳〕や『北から南へ送り返される人々〔参考文献312・未邦訳〕のような短い作品、そして『差出人に戻す』〔参考文献7・未邦訳〕のような作品から移民というものの個人的な側面を理解しました。

最後に、レイノルズ先生とヴァルブエナ先生は、生徒たちがもっともよく知っている日常生活に注目させることで歴史を個人的に理解させせました。小学四年生の子どもたちが経済や社会などの抽象的なテーマについて祖父母に直接質問したとしても、彼らはそのような概念を理解するには幼すぎるため、あまり効果的とは言えません。しかし、家事の変化、娯楽の変化、学校の変化などを尋ねることで、社会や経済の変化を生徒自身がもつ知識と結びつけて理解することができるようになりました。

このように、抽象的な概念の学びは具体的な事柄からはじめるのです。レイノルズ先生の生徒は、移民について勉強をしたとき、具体的なことを知りたがりました。話し合いでは、「移民船に乗っている間に何を食べていたか?」とか「どうやってトイレに行ったのか?」などの話題に焦点が当てられていました。レイノルズ先生の生徒が疑問に思っていた移民の苦難をヴァルブエナ先生の生徒は容易に理解することができましたが、それに加えて、ヴァルブエナ先生の生徒は「移民の金銭的コスト」などといった日常的なことにも興味をもっていました。

情報収集と解釈

　生徒が親族に歴史調査を行うことには、第４章で説明したように多くの利点があります。生徒が親族にインタビューするということは、自分の経験の範囲を超える身近で充実した方法です。また生徒は、「説明がどのように異なるのか」、「情報源によって信頼性がどのように異なるのか」、「矛盾した説明がどのように調整されるのか」などを理解するようになります。

　レイノルズ先生は、このプロジェクトにおける最大の魅力の一つとして、「生徒が学んだことのすべては本から得られたものではないということや、歴史探究にとって人が貴重な情報源であることを理解していた」といったことを発見した点として挙げていました。レイノルズ先生の生徒も、人々から多くの情報が得られたことに驚いていました。

　改めて強調しておきますが、生徒にとって情報源がどれだけ身近なものであっても、生徒が情報の収集と解釈の方法を学ぶためには明確な支援が必要です。

　ヴァルブエナ先生とレイノルズ先生は、インタビュー方法を生徒に教えるために一回の授業全部を費やしていました。たとえば、いくつかのテーマが対象者の事情によっては嫌な気持ちにさせる可能性があることや、祖父母が自らのことを話したがらない場合があったり、話すと感情的になるかもしれないといったことを伝えていました。

さらに重要なことは、レイノルズ先生がインタビューの仕方をモデルとして生徒に示したことです。何人かの生徒に質問の練習をさせるために、レイノルズ先生はインタビューを受ける祖父母の役を務め、ほかの生徒は先生が言ったことをノートにとりました。これで生徒は、ノートをとるという作業がとても難しいことであると分かります。生徒は、先生が言ったことのすべてを書き留めようとするため、レイノルズ先生には、もっとも重要なポイントだけに焦点を当ててノートをとる方法や、あとでインタビューを再構成するのに役立つ言葉を書き留める方法を説明する必要がありました。

この授業は、生徒たちにとっては非常に驚きを伴うものでした。これまでの作文とは違って、完全な文章や段落以外のものを書くことが許されるという事実に衝撃を受けたのです。大人になると私たちは、書こうとする文章の目的によって異なる語句の使い方が必要になることを知りますが、生徒はそのようなことを知らないので、それらについて明確に教える必要があるのです。

情報を収集する方法や情報を解釈する方法を生徒に教えるうえにおいて重要なことは、生徒自身が学んだことを見失わないようにするやり方を教えることです。レイノルズ先生とヴァルブエナ先生のクラスでは、グラフィック・オーガナイザー(2)が重要な役割を果たしていました。たとえば、第4章において生徒が個人史をつくるためにレイノルズ先生が提供したタイムラインは、生徒が情報を整理するときに役立ちます。また、グラフィック・オーガナイザーは、生徒が収集した情報から浮かびあがるテーマに生徒の注意を引きつけるときに有効な方法となります。

生徒が祖父母から学んだことを報告するとき、レイノルズ先生は「テクノロジー」、「仕事」、「レジャー」、「学校」などの見出しを使って模造紙に情報を記録しました。こうして記録された情報を目にすることで、生徒はレジャーやテクノロジーなどの概念をより深く理解できるようになっただけでなく、インタビューから浮かびあがるパターンを即座に認識することができました（**表5－1**参照）。

同じように、ヴァルブエナ先生の生徒は歴史を通して移民について学んでいたので、生徒はそれぞれの移民グループの動機や移住の結果を模造紙に記録しました。情報が視覚的に整理された形で表されたことで生徒たちは、自分が学んだ移民の経験に関する類似点と相違点をより簡単に見分けることができました。

最後に、この模造紙を一年にわたって教室の壁に貼り、生徒が新しい情報を見つけたときにはいつでも情報が追加できるようにしました。その結果、このテーマをバラバラのユニットではなく、継続した重要なテーマとして捉えることができるようになったのです。

（2）六七ページの注（22）を参照してください。

表5－1　祖父母のインタビューをもとにした掲示用の項目

余暇	家事	衣服	テクノロジー
ボードゲーム シンシナティ・レッズ バービー人形 漫画本 おもちゃの兵隊 ビートルズを聴く 縄跳び	皿洗い 調理 草刈り ゴミ捨て 餌やり 掃除 車洗い	青いジーンズ ローファー トレアドルパンツ 足首までのソックス メリージェーン キュロット スニーカー Keds	モノクロテレビ インターネット使用不可 自動車 マスタング フォルクスワーゲン・ビートル トランシーバー オープンリール方式テープレコーダー

（＊）「トレアドルパンツ」は、トレアドル（闘牛士）が履いている足首より短めのぴったりしたパンツのことで、のちに映画『麗しのサブリナ』（1954年）でオードリー・ヘップバーンが着用して話題となったため「サブリナパンツ」と呼ばれるようになりました。

（＊）「メリージェーン」とは、踵が低く、つま先が閉じられ、甲の部分に飾り留め金が通った靴です。

（＊）「Keds」とはスニーカーブランドで、その由来は、子ども「Kids」と「Ped（ラテン語で「足」）」を組み合わせた造語です。1916年に誕生した既存するスニーカーブランドのなかでもっとも長い歴史をもっています。

（＊）「マスタング」はフォード社製のスポーツカーで、1960～1970年代に量産されました。

（＊）「フォルクスワーゲン・ビートル」はドイツ・フォルクスワーゲン社の自動車で、1938年の生産開始以来、2003年まで半世紀以上も生産が続き、四輪自動車としては世界最多の累計生産台数「2,152万9,464台」の記録を打ち立てた伝説的な大衆車です。

（＊）「オープンリール方式テープレコーダー」とは、カセットなどで保護されていない方式の磁気テープを記録媒体としたものです。

どちらの先生の教室でも、生徒は単に情報を収集する以上のことを行っていました。生徒は学んだことを用いて、説得力のある歴史に関するプレゼンテーションを作成しました。たとえば、レイノルズ先生は、祖父母について調べたことを紹介する時間を毎回設けていますし、ヴァルブエナ先生の生徒は、移民とのインタビューを踏まえて、形式に則ったプレゼンテーションを作成していました。

また、どちらの先生も作文を課題としていました。レイノルズ先生の生徒は、祖父母の子ども時代といった視点で仮想の日記を書き、ヴァルブエナ先生の生徒はインタビューノートを踏まえたエッセイを書きました。こうした歴史探究は、社会における歴史情報の活用の中心となる「話し方」と「書き方」、つまりコミュニケーション能力を養う重要な機会となりました。

とはいっても、歴史のプレゼンテーションの「本格的な形式」は教育におけるまったく新しいイノベーションではありません。人前で話したり、聴衆のために書いたりする方法を学ぶことは伝統的な学習目標の一つとなっていますし、今後も重要な目標であり続けるでしょう。

評価とフィードバック

レイノルズ先生とヴァルブエナ先生は、第４章に挙げたものとは少し違った方法で生徒を評価しました。レイノルズ先生は、日々の観察やカンファランスから得た記録を評価に組み込みましたが、このユニットでは、最後に生徒の達成度を評価するための公式なルーブリックは使用しませんでした。(3)

第4章で見たような採点のガイドラインは、さまざまな課題やパフォーマンスにまたがって適用されるスキルを評価するときにはもっとも有効なものです［参考文献448］。しかし、その反面、生徒が行うすべての課題に適応できるルーブリックを作成しようとすると、不必要に時間がかかってしまいます。また、多くの場合、そのようなルーブリックは課題に特化したガイドラインになってしまい、生徒が重要なスキルや理解を身につけることにほとんど貢献しないでしょう。

表4－2のルーブリック（一五九ページ）の有用性は、生徒がさまざまな場面で繰り返し使い、時間とともにその基準を自身の書き方に取り入れていくことができるという点にあります。しかし、教師が自分の評価を特定のプロジェクトのなかにある具体的なねらいに結びつけたい場合は、チェックリストのほうが有効な評価手段となるでしょう。

チェックリストにはさまざまな形がありますが、**表5－2**（一九二ページ）のチェックリストは、歴史的な観点から生徒の課題を評価する一つの方法です。ヴァルブエナ先生のクラスの生徒たちは、発表の際に次の四つのことを求められました。

❶インタビューを受けた移民の経験について、三つ結論を出すこと。

❷インタビューで得られた証拠を用いて、その結論を裏づけること。
❸衣服やモノ、小道具などを用いてその人を表現すること。
❹大きな声ではっきりと話すこと。

ルーブリックと同じく、課題の構成要素はチェックリストの左側にリストアップされていますが、このチェックリストでは、パフォーマンスレベルの代わりに教師が求めた目的を生徒がどの程度達成したかに基づいて点数がつけられます。各要素に異なる点数が設定されているため、教師は各要素の重要度を簡単に決定することができます。もちろん、ルーブリックでも同様のウエートづけはできますが、異なるポイント数を使用することで、生徒は課題のどれがもっとも重要で、どこに力を注ぐべきかについて明確に把握することができます。

レイノルズ先生の生徒が書いた日記の内容も、同様のチェックリストで評価することができます。日記の内容に含まれる構成要素は、生徒の説明と証拠の使い方に関係したものだけでなく、当時の人の立場になって考える能力に関係しているものだからです。

なお、**表5－2**のチェックリストには、教師が生徒の評価についてコメントを書く欄が設けら

（3）　一二七ページの注（24）を参照してください。

表5－2　移民へのインタビューに関する発表を評価するためのチェックリスト

名前　メルセデス　　　　点数　35/40

	点数の上限	生徒の点数	コメント
大きな声で話し、目を合わせている。	5	3	よくなってきています。聞いている人を見て、大きくて分かりやすい声で話してください。私たちはみんな、あなたの見方です！
インタビューされた人を表現するために小道具やモノを使用している。	5	5	あなたは、叔母のスカーフと宝石を上手に使用していました。 非常に説得力がありました。
インタビューされた人が語った経験について、三つの結論を説明している。	15	15	あなたの叔母がなぜ移住したか、叔母はどうなったか、というあなたの説明によって、彼女の経験を理解できたように感じました。 私はあなたが叔母と長い時間話したことが分かりました。「最初に学んだことは……」のようなフレーズを使ったことは、聞いている人があなたの発表を理解していくうえでとても役立っていました。
インタビューからの引用やさまざまな情報を用いて結論を裏づけている。	15	12	あなたはプレゼンテーションのなかで多くの事柄を話しており、これらの事柄は私たちにとってあなたがどのように結論に達するのかについて理解をするうえで有効に働いていました。 叔母から聞いたことを言っているのか、それとも以前から知っていたことを言っているのか分からないところもありました。どこで情報を知ったかを明確にする必要があるでしょう。

れています。コメント欄は、評価のチェックリストには欠かせない機能です。それは、生徒のパフォーマンスのどの部分がよくできていて、どの部分に改善の必要があるのかについて、教師が正確に示すためのスペースだからです。第4章で述べたように、このような効果的なフィードバック（つまり生徒に、何がうまくできたのか、何を改善する必要があるのかを知らせること）は「足場かけ」の重要な方法となります。［参考文献214］

もし、何のコメントもなく、単に数字や文字で評価されたり、「よくやったね！」や「次はもっとうまくやってね」といった漠然とした言葉だけで生徒が評価されてしまうと、何を継続して、何を変えるべきかについて理解することができません。「よくやったね」という意味の言い方を、教師は「素晴らしいね」とか「すごいね」などのように何百通りにも言い換えることができるでしょうが、どれもパフォーマンスを向上させるものではありません。なぜなら、それらの言葉は教師が生徒を認めるという意味以外、生徒にとっては重要な情報を含んでいないからです。

フィードバックが効果的であるためには、達成度に関連する情報を特定しなければなりません。ヴァルブエナ先生が生徒に対して、「『最初に学んだことは……』のようなフレーズを使ったことは、聞いている人があなたの発表を把握することを助けるよい方法でした」というようなコメントを書くことは、「すごい！」といった曖昧な表現を一〇〇〇回使うよりも、多くの生徒の学習改善につながる可能性があります。

また、これらのチェックリストをポートフォリオに含めることで、教師や生徒、保護者が生徒の成績や成長について、互いに話し合って理解することができるようにもなります。

表5－2のチェックリストが、文章やプレゼンテーションの一般的な側面だけを評価するのではなく、具体的な歴史スキルの評価を生徒に示していることにも注目してください。ヴァルブエナ先生とレイノルズ先生は、生徒がプロジェクトのなかで一般的な結論を導きだすために、さまざまな証拠をまとめあげることを重視しました。それに加えて、結論の証拠がどこから来たのかを明確に示すことの重要性にも注目しました。これらは、歴史的な思考と理解にとっては重要な要素であると言えます。

時代とともに学問は変化してきましたが、今日の歴史家であれば、大きなテーマや結論もないまま孤立した証拠の断片を単純に列挙するような発表はしないでしょう。異なった証拠の断片を統合して解釈することは、歴史の説明に意味を与えることになります。同様に、今日の歴史家は、出典を示すことなく証拠を使用することはありません。明確な引用は、プレゼンテーションを聞いている人が結論の妥当性を判断するために必要です。しかし、このような生徒の歴史的思考の側面を評価できるだけの小中高の教師はほとんどいません。

ほとんどの教師は、読解力や数学的推論、文章構成力といった重要な要素に関する生徒の理解度を評価することについては非常に敏感ですが、歴史や社会科を評価する際、もっとも大切な歴史的な思考については評価をせず、情報の記憶力か読解力に限定して評価をしています。

言うまでもなく、それだけでは十分とは言えません。もし教師が、生徒が「歴史をする」ことを助けるのであれば、単に記憶力や読解的な質問に答える能力だけではなく、生徒が歴史スキルの中心である歴史的な思考を使いこなすことに注意を向けなければなりません。生徒がうまく結論を導き、結論の裏づけをするためにどのように証拠を使ったのかということに関するヴァルブエナ先生の評価は、こうした問題に対処する最初の試みとなりました。

生徒をより大きな物語と結びつける

なぜ、これらのテーマを生徒に紹介するために家族の歴史を使うのでしょうか？　過去を個人的な問題として捉える方法を生徒に提供し、歴史情報の収集の仕方を簡単に学べる機会を生徒に与えることができるからでしょうか？　確かに、それらも重要な理由ですが、家族史にはもっと大きな目的があります。

私たちは、「社会における歴史の中心的な役割は、過去が現在をどのように生みだしているのかを説明する力にある」と主張してきました。第４章で触れた個人史は、生徒自身にも歴史があるということを理解するために役立つかもしれません。しかし、生徒の歴史がほかの物語と結びついたとき、つまり生徒が自分自身を人生よりも大きな物語の当事者として見はじめたとき、生徒にとって歴史はより意味のあるものになるのです。

家族が過去について話す物語は、生徒に歴史を教えるうえにおいてもっとも重要な方法の一つとなります。多くの家族は、過去に関する物語を子どもたちに話します。人種、民族、階級、地理的領域を超えて子どもたちは、「家族のなかで過去に何があったのか」、そして「自分がそのなかにどのように当てはまるのか」といったことを学んでいます。

レイノルズ先生の生徒が過去について学んだことを熱心に説明し、ヴァルブエナ先生の生徒が自分たちの家族が移住してきた理由を紹介しようと準備していたことについて考えてみましょう。生徒は、以前から家族とこのような話をしていたのです。家族の歴史を伝えることは、多くの文化的伝統のなかでも基本的な事柄となっています。したがって、歴史を教える一環として家族の歴史を使用することは非常に信頼性の高い方法となります。それは、まさに、学校外にある歴史的な理解に生徒を引き込んでいるということです。［参考文献341、491］

大半のテーマと同じく、同じ教室にいる生徒は、この目的に関して理解と意識をそれぞれ異なったレベルで扱うでしょう。たとえば、レイノルズ先生の生徒は、祖父母のころよりも暮らしがだいぶ楽になっていたので、自分が置かれている状況に感謝していました。しかし、ほかの生徒は、自分の生活のあり方が歴史的な事柄に直接かかわっていることを認識していました。一例を挙げると、ある生徒は歴史の面白さについて、「私は常に好奇心があり、歴史は『どのようにして私たちはここに来たのか？』というような多くの問いに答えている」と説明していました。

同じようにヴァルブエナ先生は、移民が形づくる国のなかで自分たちが置かれている立場を生徒が理解し、自分たちがほかのアメリカ人とどのように似ているのかを理解する際、移民に関するユニットが役立つことに気づきました。ただし、それは、生徒たちにとっては必ずしも明白なことではありませんでした。

多様性を称えることが少ない文化のなかでは、生徒たちはアメリカ人の理想とかけ離れた存在であると考えるかもしれません。そのうえ生徒は、自分の居場所はほかの人たちの居場所とは似ていないと考えるかもしれません。事実、ヴァルブエナ先生は、移民に対する一般的な偏見を取り上げ、ほかの生徒が数年前に使われていたような差別的な用語で呼んでいることが多いと指摘しています。

基本的に不寛容な文化のなかでは、このような偏見による個人的な影響や政治的な影響を生徒が理解することは期待できません。しかしヴァルブエナ先生は、移民について学び、歴史のなかの人々の経験を比較したあと、自分とクラスメイトがどのように似ているのかについて理解する可能性が高くなることを発見しました。歴史を学ぶことで、社会における自分の居場所や、ほかの人の居場所について視野が広がったということです。

家族の歴史と多様性

第4章で述べた多様性に関する推奨事項は、ここにも当てはまります。一般的に、家族の歴史の目的は、生徒が歴史的背景を学ぶことであり、自分自身や家族の情報発信するために紹介することではないと心に留めておくことが重要です。たとえば、レイノルズ先生は、生徒が希望すれば、祖父母と同じ年齢の人にインタビューをすることを許可しました。同じくヴァルブエナ先生の実践では、「移民の人にインタビューをするように」と生徒に求めただけです。ほとんどの生徒が両親を選びましたが、親戚や近所の人にインタビューをする生徒もいました。

これらと同じくらい重要なことは、ヴァルブエナ先生とレイノルズ先生がともに多様性を受け入れ、尊重する姿勢をもって課題に取り組んでいたことです。たとえば、「何が『世代』を形づくるのか」という議論のなかでレイノルズ先生の生徒は、自分がどのように家族と関係しているのかについて正確に知りたいと思うようになりました。そして、多くの生徒が、ある人がどのようにして叔父や従兄弟になったのかということを理解しはじめました。この議論は自然に、「その人たちがどのような人か?」とか「その人たちをどう呼んだらいいのか?」などの生物学的な関係や婚姻関係に関する問いに変わっていきました。

レイノルズ先生は、さまざまな家族が存在するというのは普通のことであると強調しました。彼女は、生物学上の両親と一緒に住んでいない人がたくさんいることや、過去の人がそれを恥ずべきこととしばしば考えていたことについて説明しました。レイノルズ先生が使った「家系図」（二〇〇ページの**表５－３**参照）のワークシートは、その好例と言えるものです。

伝統的な家系図は、一人の人間に対して二人の親までしか書き込むことができませんが、レイノルズ先生の「家系図」は家族が世代別に分けられており、希望すれば片方の親だけ、あるいは二～四人の親を含めることができるようになっています。

レイノルズ先生は、私たちの社会を特徴づける家族関係の多様性を尊重しているため、生徒たちは恥や嘲笑を恐れることなく、自分の家族について自由に話し合うことができました。もちろん、一部の生徒はまだそのようなテーマを公然と話し合うことに抵抗を感じていましたので、レイノルズ先生も「無理に話し合いに加わる必要はない」と言っています。

同じように、ヴァルブエナ先生も生徒の家庭の背景を尊重していました。約半数の生徒の家族が不法移民でしたが、ヴァルブエナ先生はそのような人々の経験と、公的な移民許可を得ている家族の経験を区別することはありませんでした。確かに、どの生徒も自分自身の背景を恥ずかしく思うような扱いをされていませんでした。

その結果、車の荷台の毛布の下に隠れたり、友人のパスポートを使ったり、「国境」を走って

表5－3　家系図

世代

あなたの世代 **（あなた、兄弟姉妹、従兄弟）**	**両親の世代** **（両親、叔父、叔母）**	**祖父母の世代** **（祖父母、大叔父、大叔母）**
名前	名前	名前
生まれた場所	生まれた場所	生まれた場所
生まれた日付	生まれた日付	生まれた日付
結婚した日付	結婚した日付	結婚した日付
名前	名前	名前
生まれた場所	生まれた場所	生まれた場所
生まれた日付	生まれた日付	生まれた日付
結婚した日付	結婚した日付	結婚した日付
名前	名前	名前
生まれた場所	生まれた場所	生まれた場所
生まれた日付	生まれた日付	生まれた日付
結婚した日付	結婚した日付	結婚した日付
名前	名前	名前
生まれた場所	生まれた場所	生まれた場所
生まれた日付	生まれた日付	生まれた日付
結婚した日付	結婚した日付	結婚した日付

越えたり、密入国の仲介者に三〇〇ドル払ったり、捕まってしまったり、といった経験を率直に話すことができたり、書き留めたりしていました。レイノルズ先生のクラスと同じく、誰もそのようなプライベートな情報を紹介することは求められていなかったにもかかわらずです。

さらに授業を拡げるために

人の移動は歴史の重要なテーマであるため、(4) さらに発展させる余地があります。たとえば、生徒はアメリカへの自発的な移住に関する事柄だけでなく、強制的に行われた移住に関しても研究することができます。分かりやすい例としては、アフリカとの奴隷貿易や第二次世界大戦中の日系人強制収容、そして涙の道(5) などがあるでしょう。また、生徒は、「地下鉄道」(6) という結社のことや政治的・経済的な難民など、困難なことから逃れるための手段となった移住についても学ぶことができます。

---

(4)　一五ページの**表1－1**を参照してください。
(5)　一八八三年にアメリカのチェロキー族インディアンを、のちにオクラホマ州となる地域（インディアン居留地）に強制移動させたことを指します。
(6)　九三ページを参照してください。

さらに、ヴァルブエナ先生の授業で行われたように、アイルランド人と中国人という同時期の移民だけでなく、ドイツ、日本、イタリア、ロシア、ポーランド、その他多くの国からの移民の経験を比較することもできます。このような調査は、地域の歴史と意味のあるつながりを生徒に提供することになります。

たとえば、オハイオ州のシンシナティ近郊に住む生徒が第一次世界大戦中にドイツ系移民が直面した暴力や差別について調べたり、カリフォルニア州の生徒が大恐慌時代のメキシコ系移民の強制送還や一九世紀の日本人や中国人労働者に対する偏見について学んだり、南部の生徒が二〇世紀初頭のアフリカ系移民の強制連行について調べることができます。

これらは、ほんの一例でしかありません。家族の歴史は、地域の状況にあわせて当てはめることができる方法です。ほとんどの生徒には、自分が住んでいる州の歴史を勉強する必要がありますが（多くの場合、四年生で）、残念ながらこのテーマは、初期の政治的な指導者やその他の「英雄」の名前を暗記する程度のものとなっています（アメリカ先住民から見た立場のように、これら指導者は見方によっては英雄ではないことが多いものです）。さらに州の歴史授業では、「過去は合意と繁栄の増大によって特徴づけられてきた」といった「歴史は進歩と同義」という誤解を与えてしまいます。

州の歴史を通して生徒が今日まで続いている論争について学ぶことはほとんどありません。(7) 移民とその結果など、現在の状況を理解するのに役立つテーマに焦点を当てることができれば、そうしたテーマはより重要で、興味深く、意味のあるものとなるでしょう。

同様に、三年生の「コミュニティー」のようなテーマでは、アメリカのいくつかの街について学習するより、生徒自身が住んでいるコミュニティーの移民について調査することができれば、より意味のあるものとなるでしょう。(8)

ヴァルブエナ先生のクラスのように、最近移住してきた移民の割合が高いコミュニティーがあるとはかぎりませんが、どこであっても人の移動はあります。生徒は、自分や両親や祖父母が経験した移住に関する情報を収集し、そのデータから生まれるさまざまな問い、つまり「多くの人が同じ場所に住んだことがあるのだろうか?」、「ある街から別の街へ、ある州から別の州へ、あるいはある国から別の国へ、どれだけの人が移動したのだろうか?」、「なぜ、人々は移動するの

(7)　ここは、「日本の歴史を通して」にも置き換えられるでしょうか?

(8)　移民に限定していませんが、訳者の一人である吉田は、一九八〇年代の初頭に山梨県甲府市の世界とのつながりをインタビュー調査したことがあります。住民の多くが「閉鎖的な土地柄の極にある」と思い込んでいる街で、人はもちろん、宝石、印伝、煮貝などを通じた世界とのつながりがあること明らかにしました。この調査は、『地域からの国際化』（チャドウィック・アルジャー／吉田新一郎ほか訳、日本評論社、一九八七年）をベースにして行われました。人の移動ということに関しては、一五ページの**表1-1**で紹介した『テーマワーク』（前掲、国際理解教育センター）も参考になります。

だろうか？」などの疑問に答えることができるでしょう。

その後、生徒はインターネットを使って、ほかの地域の人々の移動にも応用できるような情報を収集するでしょう。地図上で郵便局を探す練習とは違って、コミュニティーの学習はアメリカ全土の地域社会がどのように似ていて、どのように違うのかについて生徒が理解するうえにおいて役立ちます。

レイノルズ先生の生徒が行ったように、家族に協力してもらって歴史を学ぶことは、授業をより拡げていくうえにおいて無限の可能性を秘めています。レイノルズ先生の生徒たちは日常生活の側面に焦点を当てており、政治的・経済的問題との関連性はほとんどありませんでしたが、中学校の教師なら、驚くほど豊かな資料となる親族の経験を通して、生徒が国や世界の出来事について学ぶことを支援できるでしょう。

たとえば、二〇世紀の労働観の変化について学ぶ八年生のある生徒は、自分の家族はこのテーマについてほとんど知識がないだろうと思っていました。しかし、驚いたことに、家族はこのテーマについて素晴らしい知識をもっていました。生徒の祖父は、「国際たばこ労働組合」の組合員証を持っていましたが、それは家族用の聖書のなかにあったのです。[9]また、生徒の祖母は、第二次世界大戦の間、化学工場で働くために農場を離れたのですが、切り抜き帳のなかに、一九四〇年の組合賛成派と組合反対派のパンフレットを大叔母が保存していました。こうした親族に関する発見や、彼らが実施したさらなる調査（ないし研究）は、教科書ではとうてい刺激を与えることのできないレベルの歴史参加につながりました。

同様に、あるクラスで生徒が「人種隔離解除の年表」を作成するために、全国的に重要な出来事と自分の学校や地域社会での出来事を比較する研究を行いましたが、後者に関する情報は、主に地域住民へのインタビューによって得られたものでした。このような情報を収集することは、生徒が歴史の証拠と解釈をより確かに理解するうえで役立ちます。［参考文献119］

前章では、生徒が親に問うことを通して、過去についての意見には相違があったと述べました。本当に重要な問題を調べようとした生徒は、さらに根本的な意見の相違に遭遇することになるでしょう。中学生になると、ベトナム戦争や公民権運動、女性における役割の変化などに関する家族の視点を比較し、教科書やメディアに掲載されている内容と対比することができるようになるでしょう。

テレビや映画で歴史の解釈を目にしたとき、生徒はそれを無批判に受け入れるか、無批判に拒否するかのどちらかになるでしょうが、家族の解釈と比較する機会があれば、歴史がいかに複雑

（9）アメリカでは使用者が労働者を雇い入れる際、組合員から雇用しなければならないとするクローズド・ショップ制を敷くところが多かったため、組合員であるという証が大切にされていたということです。

なものであるかをより理解することができるでしょう。生徒たちは、より多くの歴史を知ることができるだけでなく、歴史がどのように解釈され、示されるのかについて理解することができるようになるのです。

中学生であれば、人が物語る歴史以外の歴史的証拠というものを学ぶために家族の情報を利用することができます。たとえば、八年生のある生徒は、祖父母が保存していた徴兵通知書、転勤命令書、新聞の切り抜き、政治運動のバッジやポスターなどを使って、家族がベトナム戦争のなかで生きていたことを記録していました。これらの資料とインタビューを組み合わせることで、歴史的な証拠を幅広く収集することができました。

ほかにも、成績表や年鑑、新聞の切り抜きなどを使って両親の学校生活に関する歴史を作成した生徒もいました。いずれの場合も生徒たちは、歴史的な説明の根拠となるさまざまな資料について学んでいました。

もちろん、家族にかかわるあらゆるテーマと同じく、教師は選択肢を提供しなければなりません。すべての家庭に戦争や労働組合などの経験があることを期待するのではなく、それぞれの家庭で経験が異なる可能性があると教師は認識する必要があります。教科書に載っている政治的な出来事と親族との関連を調べることができる生徒がいるかもしれませんが、多くの生徒にとっては、社会史に関連したテーマを見つけるほうがより有益となるでしょう。

　家族を巻き込むことの重要な点は、単に教科書の内容をより深く学ぶための仕掛けを提供することだけではなく、過去がどのように現在を生み出してきたのかについて学ぶため、そして歴史がどのように書かれ、どのように解釈されてきたのかを理解させることにあるのです。

まとめ

　一見すると、国語や算数・数学、理科などの教科に比べて歴史は、生徒の経験とはかけ離れているように思われます。幼い子どもでさえ、現実社会で普通に話したり、数を数えたり、自然に慣れ親しんでいるのに、過去の世界となると、本質的に非常に抽象的で遠いもののように見えてしまうのです。

　教育者のなかには、歴史は生徒の経験からあまりにもかけ離れているので、「高校生になるまで歴史を学ぶ準備ができていない」と主張する人もいます。しかし、家族の歴史は、教科書の読み物でしか紹介されないようなテーマとの具体的なつながりをつくるうえで役立ちます。移住や、祖父母が子どものころに暮らしていたさまざまな方法に関する家族の経験を学ぶことによって、生徒はすでにもっているスキーマ[10]を拡張することができ、さらに時間と場所を超えた人々に対して目を向けるようになるのです。

レイノルズ先生はこのことについて、「生徒は自分の友だちや服、風船ガムなど、自分以外の何かに興味をもちはじめるのです」と、本章で紹介されている活動のもっとも重要となる利点の一つであると指摘しています。

第1章で述べたように、歴史が民主主義的な参加に貢献する方法の一つは、生徒に自分たちの人生以外の人生を考えるように促すことです。ヴァルブエナ先生の生徒は、移民を研究することが、異なる国から来た人々の生活、自分たちとは異なる境遇、異なる考え、態度、信念をもった人々の生活を考える機会となりました。生徒は過去と現在の類似点に気づくことからはじめましたが、次第にその相違点を探っていきました。

同じくレイノルズ先生の生徒は、親族が多くの点で自分たちと似ていることを知っていましたが、「家族の歴史」プロジェクトは、身につけているものや遊び、テクノロジーなどを通して、どのように違うのかということを理解するうえで有効なものとなりました。

ここで紹介した活動は、歴史理解と民主主義的な参加への基本的な要素、すなわち私たちはほかの人と似ていると同時に違ってもいるという認識と、お互いを理解するためにはその両方を知ることが重要であるという認識を生徒たちに紹介したことになります。

家族に焦点を当てることは、生徒と保護者が自分たちの歴史を介して歴史全体を知ることの動機づけにもなります。レイノルズ先生の生徒が、「おばあちゃんが当たり前のようにしていたことで、私が知らなかったことを学びました。私は今あるものを知っていますが、それ以前のものは知りません」と言ったことからも分かるように、祖父母にインタビューをしたり、クラスでその話をしたりすることに興奮していました。また、ヴァルブエナ先生の教室でも、生徒は家族の歴史を構成するたくさんのものを紹介し、保護者はプレゼンテーションや作文に載せるための写真を探しだして生徒を支援していました。

成功する学校は、生徒の家族の重要性を認識しており、保護者も生徒が学校で快適に過ごせると同時に、より良く学べるようにするための努力を惜しみません。「家族の歴史」プロジェクトは、家族の経験を授業に含めることによって学校と家族の関係をさらに深めます。

ローダ・コールマン(11)が次のように指摘しています。

「保護者は、学校と家庭の交流が大好きです。一〇歳の生徒が『お母さんのことを教えて』と、私の生い立ちについて尋ねてくるのです」

---

(10)　四一ページの注（２）を参照してください。

(11)　(Rhoda Coleman) 南カリフォルニア大学非常勤講師で、リーディングやライティング教育の専門家です。

第6章

ラクダが死んで三マス戻る

——世界史探究への足場かけ

リンダ・カーギル先生の教室を見分けるのは簡単です。なぜなら、音楽が廊下に漏れ聞こえてくるからです。それらの音楽は、ヨーヨー・マ（Yo-Yo Ma）やモーツァルト（Wolfgang Amadeus Mozart, 1756〜1791）のような知的なものではなく、スティーブ・マーティンの『ツタンカーメン王（King Tut）[1]』のような騒がしい類のものです。

教室の中へ入っていくと訪問者は、三七人の六年生が、カントリー系ミュージックバンドの「スティーブ・マーティン＆ザ・トゥート・アンコモンズ」が演奏する、一九七八年につくられ

（1）（Steve Martin）一九四五年、アメリカ・テキサス州生まれのコメディアン・俳優・ミュージシャンです。『ツタンカーメン王』は一九七八年にシングルとしてリリースされ、一〇〇万枚以上販売されました。以下のＱＲコードで聞くことができます。

たノベルティー・ソング(2)のユーチューブ・ビデオに集中している姿を見るでしょう。その年にツタンカーメン王がアメリカ中で展示されていたため、マーティンがつくった少年王ツタンカーメンを題材とした歌がチャートの一七位にまで達したのです。確かに、古代エジプトを題材にした歌が、これほどまで人気を博したことはありませんでした。

その動画が終わったあと、カーギル先生は昨年の六年生が制作した似たような曲を流しました(3)。

これは、生徒が歴史に関するオリジナル曲をつくるプロジェクトのはじまりの様子です。生徒は、個人で、二人組で、もしくは小グループで作業をしながら、勉強した古代文明の一つのなかから神を選び、その神を称える曲をつくって録音することになります。

次の数日間で生徒は、選択した神に関する一〇個の情報を調べて、歌詞を書きはじめます。カーギル先生が指摘するように、彼らのつくった曲は面白く、熱狂的なものとなっています。ただ、スティーブ・マーティンが「ツタンカーメン王はバビロニアに移る前にアリゾナで生まれた!」と歌うのとは違って、歴史的に正確な歌詞でなければなりません。

歌詞を書きあげたあと、生徒はコンピューター室に移って「ガレージバンド」(4)を使って一週間にわたって曲づくりに励みました。プロジェクトの終わりには、クラス内で(5)互いに曲を演奏し、それらを録音して「神々のための音楽」と題するコンパイレーションCDをつくります。これには、「ハデスは寝ている間にあなたを殺した」、「バスト[6]、過去の女神」、「ラクシュミ、ラクシュミ、ラクシュミ、ラクシュミ、ラクシュミ」[7]、そして「全知全能の神ゼウス[8]があなたを傷つける可能性がある」などの名作が含まれます。

このプロジェクトは、「iムービー」[9]でつくった「世界史のなかのキーパーソン」と同じく、常に生徒のお気に入りとなっているプロジェクトの一つであり、昨年それに取り組んだ生徒がしばしばカーギル先生のところにやって来て、「新しい六年生に自分たちのつくった曲を聴かせたか？」と尋ねるほどとなっています。

教師志望である生徒の一人が、将来教師になったときに必要なことをカーギル先生に尋ねたと

---

(2) コミカルな効果のためのパロディー、もしくはユーモアの歌です。
(3) 日本にも、「エグスプロージョン」（吉本興業所属）という人たちがいます。QRコードを参照してください。
(4) アップル社の初心者向け音楽作成ソフトウェアです。
(5) 一定の意図に基づいて編集されたCDのことです。
(6) バストとは、猫もしくはライオンの頭をもつエジプトの女神のことです。
(7) ラクシュミとは、ヒンドゥー教の幸運と繁栄の女神です。
(8) ギリシア神話で全宇宙や雲・雨・雪・雷などの気象を支配していた神々と人間の父と考えられた主神です。
(9) アップル社の動画編集ソフトウェアです。

き彼女は、「生徒が何をしたいか考えてください。そして、『自分が学校にいたときにこのプロジェクトをやりたかったのだろうか？』と、生徒の立場に立って考えてみてください」と助言したあと、「課題は常に創造的である必要があり、多様性と選択肢を含むものであるべきです」と答えました。

世界史は、中学生に教えるのが難しい教科であるかもしれません。貿易の国際的なパターン、文明の比較、世界における宗教の発展などは、その魅力が明白であるとは言えない抽象的なテーマだからです。

さらに、アメリカの生徒はアメリカ史を学ぶことが必須となっていますが、ほかの世界のことについてはほとんど学んでいません。その結果、彼らは世界の歴史に対して無関心であり、敵意さえもっている可能性があります。したがって、世界史のテーマを紹介するには、教師は生徒にやる気を起こさせ、授業に参加させる方法を慎重に検討する必要があります。

本章で私たちは、創造的で、選択肢や多様性を含む、生徒が興味を示す活動に焦点を当てていきます。また、私たちは、教師がさまざまなメディアを使ったり、生徒が何かをつくりだしたりする際の「足場かけ」を通して、彼らの学習をどのように支援できるのかということについても検討したいと思っています。

創造性と意味の構築

　創造的な教師は多くの注目を集めます。刺激的な活動に生徒を熱中して取り組ませる方法を知っており、その結果、継続的に生徒が関心を示し続ける授業を行っている教師には誰しもが感銘を受けてしまいます。教師が教科書やワークシートを使うのをやめ、芸術作品やドラマ、デジタル機器などを使いはじめると、生徒や保護者、管理職や同僚の教師なども注目するようになります。また、教師が生徒に創造性を発揮させるようにすると、さらにその印象が強まります。

　私たちの誰もが、生徒が無表情に板書を写す姿を見るより、独創的な芸術作品があふれていたり、歴史に関する歌がつくられたり、自分のドキュメンタリーをつくっていたり、手の込んだ展示をつくっている教室に足を踏み入れたいと思っています。創造性が学習にもたらす輝きを見たあとに、そうでないものを見ることほどつまらないことはありません。黒板に書かれた質問に対して生徒が淡々と答えるという静かな教室は、もはや価値がないように思われます。

　カーギル先生は、確かにみんなが会いたくなるような創造的な教師です。洞窟に似た彼女の教室は、生徒がつくった作品でいっぱいです。儒教や仏教、そして道教のモビール[10]、ローマ時代の人々の生活を描いたモザイク画、ヒンドゥー教の特徴を示すマンダラ、「文明のパラドックス」[11]

に関するポスター、古代エジプトに関する博物館の展示（元々は、保護者参観において、生徒と教師がその時代の衣装を着て展示されていました）などがあります。

さらに、前述したガレージバンドやｉムービーを使った作品づくりに加えて、年間を通して行っている創造的な活動として、古代文明の人々に関するパワーポイントのスライドづくり、自作の歴史用語のワードサーチ[12]やクロスワードパズルの作成、世界の宗教に関するパンフレットや初期の人類についての「サイバー雑誌」の制作、そして「シュールな歴史芸術の爆発」[13]が含まれています。とりわけ、最後のプロジェクトでは、生徒は「アドビ・フレームワーク」[14]を使って、古代エジプトの調査結果を表すシュールリアリズム[15]作品を作成しました。そのテーマは、カーギル先生が提案した「古代からポストモダニズムまで」でした。

同僚のレニー・シップマン先生が教える世界史の教室も、カーギル先生の教室ほど派手ではありませんがとても創造的なものとなっています。「日刊ヨーロッパ」、「週刊ルネサンス」、「宗教改革情報」などと称する一連の「宗教改革新聞」が壁に飾られています。生徒は、それぞれの新聞に宗教とその改革者、カトリック教会の紛争、そして反宗教改革に関する記事に加えて、メディアなどの新しい技術について、広告を含めたものをグループで作成しなければなりませんでした。さらに生徒は、それぞれのグループが異なる世紀を選択し、芸術、倫理、政治体制の変化、技術的な貢献、およびその世紀の重要な人々や出来事をまとめた「世紀のプロジェクト」を、屏風式の掲示板を使って作成しました。

もちろん、これらのプロジェクトはすべて時間がかかります。カーギル先生が「タイム・イーター（時間を喰うもの）」とさえ名づけるほどです。それにもかかわらず彼女は、それらには「価値がある」と言っています。彼女が指摘するように、何人かの生徒は芸術以外に何の興味もなく、創造的な何かに取り組みはじめるまで歴史への興味や関心を示さないのです。ところが、彼らの多くは彼女のところに毎年やって来て、「今も同じプロジェクトを授業で続けているのか？」と尋ねています。

---

(10)「動く彫刻」と言われ、紙やプラスチック、金属板、薄い木の板のような軽い素材を糸や棒で吊るし、特定の位置でバランスをとって安定するようにしたものです。
(11) 人間がつくりだしたとされる文明は、多くの人に豊かで文化的な恩恵をもたらしましたが、その恩恵に預かることができず、不平等や貧困な状態に置かれている人も大勢います。文明のパラドックスとは、繁栄と貧困、安心安全と暴力戦争など、相反する二つのものを提供することを指します。
(12) たくさん並んだ文字のなかから隠れている単語を探し当てるゲームのことです。
(13) ピカソなどの歴史的な題材を扱った作品を集めて鑑賞するイベントです。
(14) アドビ社が提供している、インターネット上で動画や音声、画像などを組み合わせたり、アニメーションなどを再生したりすることができるアプリケーションです。
(15) 一九二〇年代にフランスからはじまった、無意識の探究と表出による人間の全体性の回復を目指した文学・芸術運動です。

カーギル先生にとっては、この輝きを生みだし、「歴史への関心」、「歴史への愛」とでもいうようなものを育むことが重要なのです。彼女は、生徒が特定のテーマに取り組む前、「その教科とつながる必要があります」と言います。さらに彼女は、彼らが出合うすべての事実を学ぶつもりがないことを知っています。世界史という幅広いテーマについては、とくにそうでしょう。

しかし、カーギル先生は、退屈な歴史の授業に参加していると彼らが思ったとしても、いつかそれに耐えられるだけの熱意を生みだすことができると信じています。彼らは、歴史が退屈なものでないことをいずれ知るからです。

「これが私という人間なのです。もし、私がそれを面白いと感じなかったり、楽しめなかったりすれば、彼らも楽しむことができませんから」と、非常に多くの魅力的なプロジェクトを行う理由について彼女は述べています。

しかし、歴史の授業において、創造性を発揮する唯一の理由は熱意を育てることでしょうか？新人教師のなかには、楽しむこと自体が目的だと考える人もいます。生徒が創造的な活動に従事していることが明らかであるため、彼らは楽しむことが重要であると誤って結論づけ、当然のこととして、楽しい活動が「よいものである」と考えてしまうのです。

このような見方に関して問題となるのは、経験豊富な教師が教えてくれるように、楽しいからといって必ずしも生徒が何かを学んでいるとは言えないことです。そして教師は、生徒がカリキュラムの内容を理解する必要性も認識しているため、残念ながら、彼らの多くは楽しさと創造性に焦点をあわせることを放棄して、教科書中心の指導に戻ってしまいます。言うまでもなく、それは楽しくないだけでなく、資料を意味のある形で生徒が理解する際に役立つ方法ではありません。残念なことですが、有意義な学びを保障する創造的な活動に生徒を熱中させるというカーギル先生の刺激的な教え方に挑戦しようとする教師はまだまだ少ないと言えます。

この挑戦に立ち向かうには、まず、このような創造的な活動の目的を理解することが大切となります。創造的な活動とは、生徒が知識を構築するための手段を提供する授業を組み立てる際に不可欠となる要素のことです。［参考文献511］

どんな授業でも、本、ディジタルメディア、講義、芸術作品、ゲスト・スピーカー、そして生徒自身の経験など、情報をどこからか取り入れる必要があります。教師の仕事の大部分は、生徒がそれらの情報に意味のある形でアクセスできるようにすることです。そのため、情報源を慎重に選択して、それらを理解できるように「足場かけ」をします。とはいえ、生徒が適切に選択された情報源から情報を読んだり、聞いたり、見たり、体験したりしたあとには、それを理解し、記憶するために、その内容を使って「何かをする」必要があります。それが、創造的な活動の最後に向かう場所です。

創造的な活動では、生徒は情報をつかみとって、頭の中で処理をする必要があります。具体的には、情報の向きを変えたり、操作したり、理解したりするといったことです。活動の間、生徒は内容についてより深く考える必要があります。そうすることで、彼らはその情報や理解したことを活用したり、応用したりすることができるようになります。

私たちは、講義を聞いたり、ドキュメンタリーを観たりして、その内容を完全に理解できたと思うことがありますが、ほかの人にそれについて説明しようとしたときにまごついてしまうといった経験があります。私たちが受け入れた情報を意味あるものとして理解するためには、創造的な活動が必要です。創造的な活動は、内容を通して考え、意味をつくりだし、知識を生徒自身のものにする機会を与えるのです。(16)

したがって、最高とされる活動では、生徒が真に熱中する必要があり、その結果、知識を単に再生するのではなく、内容をよく理解する必要があります。そこには、出合った情報を一つの形式で取得し、それを別の形式に変換することも含まれます。一般書や参考資料の内容を、歌、映画、芸術作品、または創造的な文章に変えることがその一例と言えます。この変換のなかで意味の組み立てが行われます。[参考文献380、511]

ワークシートや教科書の質問に答えることが効果的ではないと言える理由の一つとして、このような変換作業がないことが挙げられます。それは、面白くないだけでなく、情報の変換も最小限なものとなっています。たいていの場合、生徒はほかの本か文章で答えを見つけて書き写します。そのとき、多くがそのまま写されるので、頭の中での整理は必要とせず、理解する必要もほとんどありません。

一方、カーギル先生やシップマン先生のような創造的なプロジェクトでは、はるかに高い思考レベルで取り組むことが必要となります。ルネサンス期における発明の効果的な記事を生徒が書いたり、ホームページを作成したりするためには、当時の社会におけるテクノロジーの位置づけを理解する必要があります。このような課題に対しては、単に本や文章から「答えを見つけだす」といったようなことはできません。

ただし、これには、生徒が「歴史的な正確さ」という基準に従う必要があります。たとえば、カーギル先生は、生徒がつくる歌詞は面白くて創造的である必要があるとはいえ、歴史的に正確でなければならないことを強調しています。要するに生徒は、自分が書いている人物や時代の「事実」を勝手に歪曲してはダメだということです。

あるグループが、シルクロードを旅する人の経験について学んだことを示すためのボードゲームをつくるとき、当時の人々が直面していた気候、地形、泥棒などといった課題がゲームに反映

(16)　これが、文部科学省がだいぶ前から言っている「思考力、判断力、表現力」の中身です。具体的な方法が示されたことはないので、イメージできた教師は少なかったと思います。

されているかどうかを確認する必要があります。たとえば、「ラクダが死んで三マス戻る」というカードをプレイヤーが引いたときには、リズミカルに聞こえただけでなく、シルクロードの移動手段としてラクダの重要性について生徒が学んだということを意味します。

創造性にかかわる最後のポイントは、教師には授業ごとの多様性が必要になるということです。これは、毎日が新しくて予測不可能なものでなければならないという意味ではなく、数週間から数か月にわたる授業のなかで、生徒が複数の活動にかかわる必要があることを意味します。どんなに魅力的なプロジェクトであっても、その繰り返しであれば退屈に感じてしまいます。それに生徒は、学習するすべてのテーマについて歌詞を書きたいとは思っていないでしょう。

指導の仕方を多様なものにする理由には、認知面でのこともあります。研究によると、生徒が授業から得た情報を思い出そうとするとき、その内容自体だけではなく、それを学んだ方法からも思い出しているということです［参考文献2］。つまり、ローマ政府がどのように機能していたのかについて思い出そうとするとき、少なくとも部分的には、自分が行った活動を思い出すことによってその情報に至るということです。彼らは、「ローマ政府＝そのとき自分たちは議会のロールプレイをした」というように考えるでしょう。

指導の多様性は、学んだことの内容から思い出すというルートだけではなく、学ぶときに使用した方法から思い出すという別のルートを生徒に提供するのです。もし、すべての授業が同じように単調なものだとすると、生徒にこのような機会が与えられることはありません。

しかし、新任教師の場合は、創造的な活動をたくさん開発することに悩んでしまいます。彼らがカーギル先生のような授業を見ると、「私には、そんな素晴らしいアイディアは思いつかない！」と考えます。彼らが気づいていないのは、そのような教師と、そうでない教師を区別するための秘訣です。創造性について高い評価を得ている教師であっても、実際はたいして豊かな想像力をもちあわせていないかもしれません。生徒のやる気を保ち、知的に熱中させたいという意欲を除けば、彼らを特徴づけているのは、創造性ではなくレパートリー(17)の広さです。そう、授業におけるレパートリーの数なのです。

シップマン先生やカーギル先生のような教師は、頭の中に、あるいはメモのような形で二〇余りの活動レパートリーをもっています。それらは、さまざまなテーマに応用することができ、彼女たちは毎年、どのようなテーマにどの活動を結びつけるのかを決めているだけなのです。

昨年、カーギル先生の生徒は「皇帝」についての歌をつくりました。今年は「神々」についてです。シップマン先生の生徒は、マキャヴェッリ、シェイクスピア、グーテンベルクなどルネサ

(17)　劇団・演奏家・コックなどが、いつでも対応できるように準備をしてある演目、曲目、メニューのことです。要するに、いつでもできるように準備してある方法のことです。

表６－１　知識を自分のものにするための創造的な活動

宣伝広告 ボードゲーム 片面広告（ブロードサイド） キャラクター相関図 比較表 ディベート 意思決定図 対話	注目の的（ホットシート） ディジタル・ドキュメンタリー 一次資料アーカイブ（ジャック・ドー）(*１) 手紙 伝記 博物館展示 ニュース放送 新聞記事	詩 パワーポイント ロールプレイ 台本 論文集（疑似学術誌）(*２) 歌 ベン図

（＊１）ジャック・ドーとは、歴史の一次史料を販売する出版社です。https://www.jackdaw.com/
（＊２）歴史の論文集ではありませんが、理科の論文集を小学５年生でも書けてしまう事例が『だれもが科学者になれる！』（C・ピアス／門倉正美ほか訳、新評論、2020年）228～233ページで紹介されています。この本によっても、私たちが単に教え方の「ボタンの掛け違い」をやってしまっていることに気づかされます。https://business.nikkei.com/atcl/NBD/19/culture/00060/

ンス期の文化人のホームページを作成しましたが、来年のホームページには探検家が登場するかもしれません。もし、彼女たちが世界史ではなくアメリカ史を教えることになったら、内容は異なりますが、同じ活動をすることでしょう。

　ひょっとしたら彼女たちは、自分では**表６－１**に含まれているようなアイディア（活動）を思いつかなかったかもしれません。優秀な教師は、ワークショップ、専門誌、大学の授業、そして何よりも、同僚たちなどがもっているさまざまな情報源からアイディアを収集することに長けています。可能性のあるアイディアを耳にするたびに自分のレパートリーに追加し、ほかの人にも紹介しています。したがって、あなたがまだレパートリーを増やせていないなら、今がそれをはじめる時期だと言えます。本書で紹介した活動を整理した表6－1を参考にしてください。

選択、つながり、比較

カーギル先生とシップマン先生の活動の多くには選択が伴います。場合によっては、レイノルズ先生が行ったときと同じく、メディアについての選択肢もあります（第4章参照）。たとえば、ローマの芸術と建築に関するレポートでは、カーギル先生の生徒はパワーポイント、モザイク画、ポスター、またはその他の形式で発表する選択肢が与えられました。この選択は、それぞれの長所を発揮する機会を生徒に提供しました。使ったことがほとんどないメディアや形式を使うというハンディは生じなかったのです。

また、それぞれの選択肢から生まれた制作物は、ほかの形式での成果を生徒に確認させるといった機会も与えました。パワーポイントを使ったことがない生徒は、クラスメイトの制作物からそのスキルを学び、次のプロジェクトではパワーポイントを使うという選択をする可能性があります。学習方法に関するレパートリーを広げることは、教師の仕事の重要な一部なのです。

カーギル先生とシップマン先生の授業を受けている生徒も、プロジェクトの具体的な内容を頻繁に選択することができます。カーギル先生が教えているすべての生徒は、いずれかの神を一つ選んで歌を書かなければなりませんでしたが、彼らはその年に学んだ文明のなかから選ぶことができました。同じくシップマン先生の生徒は、広告の材料としてルネサンス期から技術を一つ選択することができました。いずれも、生徒にオウナーシップ(18)の感覚を与えています。

シップマン先生は、「自分の哲学として、生徒は自分の学習に責任をもつ必要がある」と述べています。したがって彼らは、自分が勉強したいことが選択できる、独自の多くのプロジェクトを行っています。彼女が目標としていることは、生徒が学び方を学び、自分にとってベストな方法で学ぶことです。

生徒に選択肢を与えることは、彼らがすでにもっている独自の背景や興味関心と結びつけることに役立ちます。カーギル先生とシップマン先生のクラスにも、自分をラテン系、太平洋諸島系、アジア系、アフリカ系アメリカ人、および白人系(または、これらの組み合わせ)と表明する生徒がいます。もちろん、それぞれにより詳細な背景があります。たとえば「アジア系」といっても、インド人、日本人、モン族(19)、その他多くの背景をもつ生徒がいます。「中国系」でさえ、台湾、新疆《しんきょう》ウイグル自治区(20)、シンガポール、サンペドロ(21)などといった出身地の生徒がいます。

教師がカリキュラムの内容と生徒の興味関心、経験、背景を結びつけられるようになると、生徒はより熱中して学習します［参考文献2］。たとえば、シップマン先生が教える生徒の一人は、「祖先のほとんどがアステカ人もしくはマヤ人だったので、中央アメリカを勉強するのが好きだ」と述べました。生徒にプロジェクトのテーマに関して選択肢を与えることで、生徒には
つ
な
が
りを見つけられる可能性が高まるのです。

しかし、多くの教師は、生徒に多くの選択肢を与えたり、カリキュラムを彼らの背景に無理やり結びつけたりすることで、かえって彼らがもっている知識を超えて、学びを深めることができなくなってしまうのではないかと心配しています。よく考えてみてください。すでに知っていることだけで勉強する場合、彼らは新しいことについて学ぶことができるでしょうか？

そこで、「比較」ということが非常に重要な要素となります。生徒は可能なかぎり、選択したテーマをほかのものと比較することが必要になってきます。たとえば、マンダラを説明する場合、カーギル先生の生徒は勉強したほかの宗教と比較をしなければなりません。テーマを比較すると

(18)「自分ごと」して主体性をもって取り組むことで、エイジェンシーの重要な要素の一つです。「選択」の機会を与えることがその育成につながります。
(19) 東南アジアのベトナムからタイといった山岳地帯に住む民族です。
(20) 中国西部の中央アジアに接する地域です。
(21) 中国からの移民が多く到着したロス・アンジェルス郊外の港町です。

き、生徒はすでによく知っている、もしくは自分に最適であると思っているものを超えなければならないと確信することになります。

このような比較は、生徒自身が選択したテーマだけでなく、歴史のカリキュラム全体にとっても重要です。過去と現在、ローカルな問題とグローバルな問題を結びつけることの重要性を私たちは本書を通じて強調しています（たとえば第8章）が、世界史（訳者補記・日本史も）は比較の対象が豊富であり、実際、近年の歴史家が研究する際にはそれが中心となっています［参考文献522］。生徒は、さまざまな宗教の信念、さまざまな文明の社会構造、さまざまな貿易ルートを通して交換された財や、さまざまな文明の変化の原因などを比較することができるのです。

この比較において、問題を引き起こす可能性があるのは世界の宗教に関するものです。［参考文献35］。カーギル先生は、宗教をテーマにするときはいつも、「生徒がほかの宗教について学ぶ理由を知りたい」といった親からの質問があると言っています（最悪の場合、「教師が教室で宗教について言及する必要はない」と文句を言ってきます）。論争の可能性のあるテーマを扱う際、カーギル先生はそのような質問に対して実践における明確な理論的根拠で答えています。それは、宗教をカリキュラムに含める理由とその方法について、法的、市民的、そして歴史的な根拠に関する彼女の知識に基づいたものとなっています。

もちろん、アメリカの公立学校の教師は授業で宗教をすすめることはできませんが、社会科の教師は宗教について教えることはできます（また、教えなければなりません）。このことは、主要な専門家や宗教団体だけでなく最高裁判所の決定によっても支持されています。［参考文献239、400］

「宗教をすすめることはできない」と私たちが言うとき、それは「教師が生徒に教え込むことはできない」ということを意味します。教師は、ある宗教的信念が真実または正しいものであるとして提示することはできません。また実際、特定の宗教を支持すること以上に、公的機関は一般的に宗教行為を支持することができないため、教師はある宗教的信念が無信仰よりも優れていると示唆することもできないのです。

宗教団体と国家の分離は合衆国憲法修正第一条において確立されたものであり、国家が宗教を後援することによって生じたヨーロッパの悲惨な歴史に対する反省を反映したものとなっています。建国者によって、長年にわたって与えられた宗教の多様性、信教自由の原則は、変わることなく私たちの役に立っているのです。

歴史や社会科の教室で、宗教について教えることは絶対に必要なことです(22)。なぜなら、宗教を

(22)　同じレベルで、政治について教えることも絶対に必要です！　現状は、それを意識しないで社会科＝政治教育をやり続けています（扱っている内容はもちろん、隠れたカリキュラムとしての「従順・服従・忖度」という二重の形で）。自分たちの行っていることをしっかりと認識したうえで教えてほしいものです。

理解しなければ人間社会のさまざまな側面、たとえば過去と現在のつながりを理解することが不可能だからです。宗教は、古今東西、自分たちを取り囲む世界を理解し、意味づけた主要な手段です。たとえば、宇宙の起源、生きる理由、そして自分自身を導く適切な方法などを提供してくれます。しばしば宗教は、戦争、紛争、暴力は言うまでもなく、芸術、建築、文学、政治、社会運動などに大きな影響を与えてきました。これらはすべて、宗教の違いに根ざす（または、それによって正当化されている）ものです。

仮に、古代や中世の歴史を学習する場合、現在において主要な宗教だけでなく、もはや廃れてしまった過去の宗教と社会通念を理解する必要があります。シップマン先生が指摘するように、生徒は通常、自分の信じている教会の信条を理解しています。それも重要なことですが、生徒は必ずしも自身の宗教の複雑さやほかの宗教に関する信仰の理念についてはほとんど理解していないため、自身の宗教理念を過度に一般化するといった傾向があります。そのため、学校で宗教を比較することは、人間社会の非常に重要な側面についての理解を深めることになり、豊かなものにしてくれます(23)。

このように比較は、生徒が内容を理解する際に役立つ最良の方法であり、世界の宗教に関する学習は、比較することに「とくに適している」と言えます。

多くの時代において、同じ地域で二つ以上の宗教が同時に信仰されてきたため、それぞれを学習し、類似点と相違点に注目するのは自然なことです。たとえば、今「西暦ゼロ年」前後の数世紀にわたって中国を学習する場合、当時、そこに見られた三つの組織的な信仰（儒教、道教、仏教）の主要な特徴を生徒は知ることができます［参考文献469］。そして、「比較表」を使って、起源、開祖、世界の本質についての見方、生きる目的、他者との適切な関係などについて情報を記録していきます。次に、それぞれの信仰に関連する名言を収集して、宗教ごとに分類し、それらがその宗教の重要な信条を反映している理由を説明します。

同じく、紀元後一〇〇〇年間のシルクロード交易の場においては、ユダヤ教徒、キリスト教徒、イスラム教徒、仏教徒、ヒンズー教徒、道教徒などさまざまな宗教的背景をもつ商人がかかわってきたわけですが［参考文献359］、シルクロードを学習する生徒は、それぞれの宗教的な伝統を基本的な経典から引用し、それらが祈りと崇拝に対する態度、善悪、倫理的関係、思いやりと寛容、創造、あるいは生と死に反映しているかどうかなどに基づいて分類することができます。このように信仰に関する多くの側面をグループ化することで、生徒は宗教の似ている点だけではなく、対立につながる可能性のある違いについても知ることができます。

このような活動は、主要な宗教の性質、その起源と広がり、社会への影響など、歴史における

(23)　このあたりのことは政治にも言えるでしょう。

宗教の役割を生徒が理解するのを助けるといったことが意図されたものです。しかし、さまざまな宗教を学ぶ理由には、学びにかかわる動機づけに加えて市民の一員としての理由もあります。動機づけの観点から多くの生徒は、自らがもっている信仰の役割について学ぶことを楽しんでいます。カーギル先生が指摘するように、仏教徒の生徒は、仏教が授業に出てくるたびに幸せを感じるようです。それは、彼らが宗教を検証するのに役立つからです。そして彼らは、カリキュラムの一部であるにもかかわらず、自分の背景が大切にされていることを感じるようになります。

キリスト教世界のなかのユダヤ人として育ったカーギル先生は、「学校のなかにおいてマイノリティーであることがどのような存在を意味するのかについてよく知っている」と言っています。世界の宗教について学ぶことは、生徒がさまざまな背景に属しているということが感じられる一つの方法なのです。

一方、自分が信仰している宗教以外について教えることを避けている教師のなかには、生徒は均質なコミュニティーに住んでいるので、そのような違いについてわざわざ学ぶ必要はない、と指摘している人もいます。大げさかもしれませんが、たとえ小さな町でもさまざまなキリスト教の宗派があり、無信仰者もいます。そして、一つの教室のなかに同じ宗教の生徒ばかりが集まるという、幸運な教師ばかりがいないことも事実です。

それに、生徒のコミュニティーは学校や町に限定されません。生徒は国やグローバルなコミュニティーの一員であり、ほかの人々に対して責任があります。将来、大きく異なる背景をもつ人々に出会うことがないかもしれませんが、生徒の社会的、政治的、経済的判断は、彼らが属する宗教コミュニティーのメンバーに何らかの影響を与えるため、異なる信仰をもつ人々の見方や考え方を理解しておくことは大切なのです。

カーギル先生が指摘するように、私たちは多文化社会に住んでおり、仲間がどこに住んでいても敬意を払わなければならないのです。

歴史の授業における複数のメディア

カーギル先生とシップマン先生の教室における印象的な特徴は、教室にあるさまざまなメディアです。二人の教師は、生徒が頭のなかに知識を築きあげる方法として芸術やテクノロジーを使うだけでなく、印刷物以外の媒体を介しても必ず授業内容にアクセスできるようにしています。

教師が直面している主な課題の一つは、生徒全員が同じように文書資料を読み取れるとはかぎらないということです。学年が上がると読解力の差が広がります。もちろん、英語を話すことなく育った生徒が多い地域では、その差がさらに大きくなります。この事実は、歴史を教えるうえにおいては大きな課題となります。そうした地域の学校では、一番優秀な生徒でさえ、一次資料に書かれている古い英語を理解することが難しいからです。さらに世界史に関して言えば、主要な情報源の多くが英語ですらありません。

しかしながら、このことは、教師が世界史を教えるとき、そしてあまり熟練した読み手ではない生徒を教えるとき、教科書をカバーするような授業に戻る必要があるという意味ではありません。視覚的・触覚的な情報源を使えば、過去について学習するための代替手段を提供することができるということです。

カーギル先生が指摘するように芸術は、私たちが人々の考え方を理解する際に役立ちます。たとえば、一つの芸術作品は、人々がどのように物事を見て、どのように崇拝し、どのような考えに価値を見いだし、そして何を美しいと見なしたかを私たちに示す、時と場所における社会の「スナップ写真」と捉えることができます。［参考文献606］

また私たちは、その時代の衣服、テクノロジー、社会的役割、その他の日常生活についても学ぶことができます。年間を通じて彼女の生徒は、エジプトの墓の絵やパピルスの画像、インドの紋章、中国の絵などといった芸術的な表現を使って古代文明を勉強しています。たとえば、古代ローマについて教える際、カーギル先生は一週間かけてローマの芸術と建築の分析に取り組みます。ローマ社会のユニットは数週間にわたって続きますが、カーギル先生は生徒がもっている事前知識を呼び起こすために、生徒にいくつかの質問をすることからはじめています。

・芸術とは何ですか？
・建築とは何ですか？
・なぜ、人は芸術を創作すると思いますか？
・歴史家は芸術を調べることによって、異なる社会について何を学ぶことができますか？
・古代の芸術について、あなたが知っていることは何ですか？

これらの質問は、芸術を見つけることができる場所や、芸術が使われている目的について考える際に役立ちます。そして、ローマ時代のガラス製品や硬貨、肖像画の学習を準備するための投げかけとして、美術館の絵画だけが芸術と見なされるのか、音楽ビデオ、劇画（漫画・グラフィック・ノベル）(24)、さらに落書きなどを芸術と見なすことができるのか、といったことについて話し合います。

また、カーギル先生は、古代の芸術に関する生徒の具体的な知識はかぎられているので、エジプト芸術に見られる様式化された横向き姿勢や、トガ(25)を着た古代ローマ人といったイメージが支

(24)　子ども向けに限定しない、長く複雑なストーリーを備えたアメリカン・コミックのことです。
(25)　古代ローマで着用された一枚布の上着です。

配的なものであろうと推測しました。そこで、「古代エジプト人が本当にそのように歩いたと思うのか」と生徒に尋ねることで、伝統的な芸術の表現法からどのように「読み取る」必要があるのかということについて考える機会を生徒に提供しています。

この話し合いに続いて、ギリシア、エトルリア[26]、エジプトのローマ芸術への影響、ポンペイと古代都市の重要性、そしてローマの芸術と建築の歴史的な重要性について簡単な読み聞かせを行います。これらの読み物には多くの情報が含まれていますが、その目的は、生徒が内容を記憶することではなく、ユニットで遭遇する考えに触れさせることと、水道橋やパトロヌス[27]、ガラス製品など古代ローマに関する専門用語を自分の知識にすることです。

ただし、生徒はこれらの単語（定義）を書き写しません。定義を書き写すことは、生徒が不慣れな考え方の理解を深める際にはほとんど役に立ちません。その代わり、話すことで定義が提供され、生徒はそれを自分の言葉で要約し、それぞれの用語に関する絵を描くことになります。これらは、生徒が情報をある形から別の形に変換し、その過程で自分自身の理解を構築していくという活動の例です。

次の二日間、生徒はグループで作業をして、写実的な肖像画、カメオ[28]、貨幣、ガラス製品、モザイク画、ミイラの絵画、コロシアム、パンテオン、公衆浴場などについて具体的な学習活動で学びます。さまざまな印刷物や視覚情報を使って、各グループはグラフィック・オーガナイザーを完成させるのです。その作業には、芸術様式の絵を描くこと、様式が作成された社会的背景、その歴史的な重要性、および生徒が見いだした興味深い細部をまとめることも含まれます。

社会的背景と重要性に焦点を与えることは、単に過去について学ぶだけが歴史ではないということを示しています。情報を記憶することは、歴史に極めて悪い評価を与えてしまいます。カーギル先生の読むことを通した学習では、そもそも私たちがなぜ歴史を学ぶのかという中核部分、つまり社会の仕組みはどのようなものか、ほかの時代や場所の人々が自分たちの世界をどのように見ているのか、そして、過去が現在にどのような影響を与えたのかということへの深い理解につながるものに注意が向けられます。たとえば、このユニットでは、生徒はしばしばプロパガンダ（政治的な宣伝）の手段として、または権力を示すものとして芸術が使われている例に出合います。芸術と政治の関連性は、ほかの時代を学習する際にも重要なのです。

最後の活動はより広く、ユニットの評価に関する主要な手段を提供します。生徒はグループで

---

(26)　エトルリア人は、イタリア半島中部の先住民族です。初期のローマ人は、エトルリアの高度な文化を模倣したとされています。ローマ建築に特徴的なアーチは、エトルリア文化の特徴であったと言われています。

(27)　「パトロン」の語源となった、古代ローマ時代の私的な相互扶助関係における保護者のことです。経済的に苦しく、社会的に力のないクリエンテス（被保護者）に対して、法的、財政的、政治的援助を与えました。

(28)　浮き彫りされた装身具で、貝や瑪瑙に細工をしたアクセサリーのことです。

作業を行い、次のいずれかを作成してユニットでの主な考えをまとめます。

・ローマ芸術に関する小冊子、パンフレット、ポスター、もしくはパワーポイント。
・ローマ建築に関する小冊子、パンフレット、ポスター、もしくはパワーポイント。
・ローマの芸術と建築に関するボードゲーム。
・古代ローマをテーマとしたオリジナルのモザイク画。
・地域において、ローマの影響を受けているものが撮影された写真を使ってのパワーポイント。

モノが主要な情報源である場合

明らかに芸術と建築は生徒の興味と探究を刺激することになるわけですが、物質文化を生徒が分析して解釈するのを助けるもう一つの重要な理由があります。往々にして、モノは過去の文化を学習するために利用できる証拠となります。[29] たとえば、古代エジプト史では、象形文字を読むことを可能にしたロゼッタ・ストーンが発見される前は、芸術、建築、その他の日常生活の遺物が古代エジプトを理解するための主要な証拠品でした。それより古い人類社会では、人々は書面による記録を残していなかったため、ロゼッタ・ストーンは存在しません。［参考文献313］

私たちが彼らの生活を理解できる唯一の方法は、埋葬地で見つかった儀式用のモノ、廃棄された家庭用品、または作業場に残された道具など、人々が置き去りにしたモノや物質文化を通してのものとなります。戦争、飢饉、移住、流行の変化の結果として放棄された建物の遺構を考古学者が発掘したり、ゴミ箱に入れられたままの種子や動物を回収することができた場合、それらは人間の移動と貿易のパターン、狩猟・採集の社会から定住農業への移行、または芸術的・技術的革新の普及と経済発展のパターンを説明する場合に役立ちます［参考文献250］。また、物質文化を読み取って解釈することは、もっとも遠い過去を研究するための基礎となると同時に、私たちの時代も含めて、時間と場所がそれほど遠くない文化を学習するときにも役立ちます。

五年生を教えるジェニー・シュラーブ先生は、ここ数年間、歴史の情報源としてのモノに注目してきました。考古学について教えるための活動や情報を教師に紹介するプログラム「考古学プロジェクト」でトレーニングを受けたあと、彼女は「ケンタッキー考古学調査所（ＫＡＳ）」[30]に助けを求めることにしました。ＫＡＳでは、幼稚園から一二年生を対象とした考古学フィールドワークを継続的に実施しています。

---

(29)　エジプトのロゼッタで一七九九年に発見された石版のことで、紀元前一九六年にプトレマイオス五世によってメンフィスで出された勅令が刻まれた石碑の一部です。縦一一四・四センチ、横七二・三センチ、厚さ二七・九センチ、重量は七六〇キロとなっています。

(30)　一九九五年、ウエスタンケンタッキー大学に設置された考古学の教育機関です。

シュラーブ先生は、生徒たちがこの体験を気に入ってくれると確信していました。カーギル先生とシップマン先生がそうであったように、シュラーブ先生も試行錯誤した活動のレパートリーを授業に組み入れながら絶えず新しいアイディアを模索しています。考古学プロジェクトの提案に基づいてシュラーブ先生は、自らの人生を代表する写真、おもちゃ、お気に入りの朝食用シリアルの空き箱、ＤＶＤまたはＣＤなどのほか、古い日用品を持ってくるよう生徒に求めました。

彼女はまた、未来の考古学的発掘のユーモラスな話を集めた本であるデビッド・マコーリー(31)の『謎のモーテル』［参考文献357・未邦訳］を紹介しました。生徒は、本に登場する考古学者がトイレを「神聖な壺」としたような、誤ったモノの解釈をするといった話が大好きでした。マコーリーが描く考古学のパロディーは生徒を大笑いさせましたが、モノの解釈に関するいくつかの落とし穴も指摘していました。

シュラーブ先生の生徒は、古生物学と考古学を区別し、層序《そうじょ》(32)と考古学の人工埋蔵物を定義して考古学の概念を説明するために模型も作成しました。

何と言っても、生徒の考古学学習でもっとも刺激的だったのは「発掘」でした。発掘現場は年によって変わりましたが、生徒の熱意が衰えることはありませんでした。あるクラスは、ヘンリー・クレイ(33)が所有していた一九世紀の大農園跡地にあった奴隷小屋と思われる場所の発掘に参加しました。三年後のインタビューにおいて彼らは、この経験を、過去について学ぶもっとも興味深い方法の一つとして思い出深く語ってくれました。

生徒の各グループは、異なる掘削チームに加わるといった形で作業を行いました。一連の遺構が、復元された農園主の豪邸から数ヤード離れたところを掘っているときに出てきました。生徒は、発掘を手助けしたチームの堆積物の層を調べ、遺物を探して篩《ふるい》にかけ、古い瓶とボタン、釘、陶器の破片を洗浄して分類し、特定しました。

考古学者は、発見したモノの製造技術に関する変化の証拠や状況を踏まえながら、層序における発掘物の場所から時間の手掛かりについて考えることを生徒にすすめました。それぞれの場所で、生徒は授業で練習したスキルを使いました。ある作業から次の作業へと移ったとき、男子生徒の一人が泥だらけの姿でニヤリと笑い、「僕の人生で最高の日だ」と叫びました。

一日の終わり、生徒たちが芝生に集まって自分たちの体験について話し合ったときまでに、一部のモノはほかのモノよりも簡単にその時代の社会を解釈できるということが明らかになりました。彼らは、鉄の道具は工芸品につながることを示し、おもちゃは子どもの存在を、鍛冶道具は馬の存在を示したと簡単に結論づけることができたのです。

（31）（David Macaulay）一九四六年生まれのアメリカ人イラストレーターで作家です。
（32）下位の古い地層から上位の新しい地層へと、それらが重なっている状態のことです。
（33）（Henry Clay, Sr., 1777～1852）一九世紀に活躍したケンタッキー選出の政治家です。

一方、発掘現場の側面から突き出ている、長くて薄い金属製のレールを見て、地下鉄の一部という発見に通じると結論づけた生徒もいました。さらに、一日の大半を奴隷小屋で発掘していたにもかかわらず、ガイドが見学の途中で話をしていたことから、ヘンリー・クレイは奴隷制度に反対した、と宣言した生徒も現れました。

生徒がこうした矛盾を認識するのに議論を必要としませんが、彼らがガイドの解釈を受け入れることの容易さは、いかに「振り返り」をすることが重要であるかを示唆していると言えます。振り返りは、生徒が学んだことを評価し、誤解に素早く対処する機会を教師に提供します。たとえば、シュラーブ先生は、地下鉄道は地下鉄ではなく、秘密の脱出ルートであることを明確にしておかなかったことに気づきました。彼女はまた、一つの活動（奴隷小屋の発掘）で学んだことを別の活動（再建された家の見学）でも使うことができるという知識の転移がほとんどされていないことに驚きました。

これは、現地調査においてよく起こる問題です。生徒が、私たちが意図していることを見たり聞いたりしていると思い込むのは簡単です。しかし、教育におけるほかの多くの場合と同じく、注意深い観察と迅速に認識を確認することによって大きな恩恵がもたらされるのです。

ご覧のとおり、シュラーブ先生（およびカーギル先生）の多くの活動では、生徒はグループで作業することになります。実際、本書に出てくるほとんどの活動には、何らかの協力が必要とされています。教師は、秩序だったグループワーク（多くの場合、協同学習）と、単に生徒が「一緒に作業をする」ことの違いを理解しておかなければなりません。グループで課題を効果的に行うためには、秩序と手順を用意する必要があるのです。〔参考文献2、95、270〕

もっとも重要なことの一つは、一緒に作業することは選択肢ではなく、課題の性質上必要であるということです。時にこれは、グループメンバーに役割を割り当てることも含まれます（そのため、課題を完了するには各生徒の貢献が必要となります）〔参考文献246〕。しかし、協力を必要とする別の教え方では、一つの課題に対して主体的に取り組ませることとなります。

たとえば、それぞれの生徒がグラフィック・オーガナイザーを完成させることを目的として、単に「一緒に作業をするように」と指示するのではなく（その場合、いつも一緒に作業をする生徒もいれば、バラバラに作業をする生徒もいます）、カーギル先生はグループ全体に対して、記入するための用紙を一枚だけ与えています。もちろん、一部の生徒が参加を拒否したり、クラスメイトのすることを邪魔するといったこともありますので、効果的なグループワークには次の二つの要素が必要となります。

❶結果への責任（各生徒が学習内容に責任をもつという責任）
❷協力しあうスキル（効果的な共同作業の規範、目的の学びと実践をサポートするもの）に関する指導

生徒が効果的な議論を行うための方法を学ぶ必要がある場合と同じく、生徒が効果的な協力をするためにはその方法を学ぶことが求められます。

協同学習と情報コミュニケーション技術（ICT）

本書に登場する教師の多くは、歴史学習をサポートするためにさまざまなICTを使用しています。彼らは「アメリカの記憶[34]」や「文書で教える[35]」から「世界史資料館[36]」までのディジタルアーカイブ[37]を使用しています。同様に、電子黒板（インタラクティブ・ホワイトボード）上のパワーポイント、会報用ソフトウェア、アドビ・ファイアーワーク[38]を使用したモザイク画、アドビ・ドリームウェーバー[39]を使用したサイバーマガジンをつくることもできます。

さまざまな情報機器を使用して他校と協力したり、生徒と一緒にディジタル・ドキュメンタリーを作成したりする教師もいます。自称「ICTオタク」であるカーギル先生のようにすべての教師が「ICTに精通している」わけではありませんが、生徒のやる気を引き出し、歴史学習を発展させることに合意が得られたなら、ほとんど生徒が新しいことに挑戦しようとします。

カーギル先生は、とくに音、写真、そして動画を組み合わせるプロジェクトが好きです。たとえば、「世界史のキーパーソン」プロジェクトでは、生徒がオリジナルのディジタル・ドキュメンタリーを作成し、古代世界に重要な貢献をした人物の人生を調べます。いくつかのソフトウェア・プログラムを使うと、ディジタル・ドキュメンタリーを比較的簡単に作成することができます。すでに、「iムービー」もしくは「ムービーメーカー」(40)がコンピューターにインストールされているかもしれませんが、これらのプログラムを使うと、静止画だけでなく、画像や文字データに音楽トラック(41)をつけた動画を作成したり、アップロードしたりすることができます。

通常、生徒はドキュメンタリーを作成するという技術的な課題に対して非常にやる気を示しますが、一方では、当初考えていた歴史の目標から生徒の気を逸らしてしまう可能性のあることに教師はすぐに気づきます。カーギル先生が発見したように、ディジタル・ドキュメンタリーをつ

---

(34)　アメリカ議会図書館が所蔵する画像、音楽、映像といった歴史資料を提供するウェブサイトです。http://www.loc.gov/collections/
(35)　国立公文書館の同様のサイトです。http://www.archives.gov/education/lessons
(36)　世界史ソースのポータルサイトです。http://worldhistorymatters.org/
(37)　インターネット空間にあるディジタル情報の保管庫のことです。
(38)　アドビ社のホームページ制作用のソフトウェアです。
(39)　これもアドビ社のホームページ・デザイン用のソフトウェアです。
(40)　かつて、マイクロソフト社が開発したビデオ制作・編集のための Windows 用ソフトウェアのことです。
(41)　音楽データの読みだし、もしくは記録をする領域のことです。

くるための技術面に目を奪われてしまい、それに熱中してしまう前に、「世界史のキーパーソン」について学ぶことで多くの場合は防げます。

まず彼女は、生徒に対して、古代世界に重要な貢献をした歴史上の人物を選ぶように、と指示しました。何が人を歴史的に重要な存在とするのでしょうか？　歴史的な重要性を決定づける根拠は何でしょうか？　彼女は生徒に、年度の初めに紹介した「深さ」と「複雑さ」のツールを参照することを思い出させます（**表6－2**を参照）。

次に、カーギル先生は、生徒の探究を助けるためのさまざまな情報源、一般書や参考資料から教科書、選択したインターネット・サイト、生徒向けに複製した配布資料までを紹介していきます。作業中、生徒は自分の言葉で見つけた結果を要約します。

カーギル先生は、少なくとも二〇の重要な細目を要約に含めることを彼らに促しています。生徒は、すでに「深さ」と「複雑さ」のツールに慣れているため、カーギル先生がどのように詳細な記述を求めているのかについては理解しています。よい教師が多様な活動のレパートリーをもっているのと同じく、生徒もまた活動の整理に役立つツールを得ようとします。それらをまず一年の初めに紹介し、理想的には数年にわたって使えば、生徒はこれらのツールをさまざまな状況に応用することに自信をもつようになります。

同じく重要なこととして、教師はより自信をもって、共通の言語を使って学業に取り組むこと

表６－２　歴史の「深さ」と「複雑さ」［参考文献282］

	要素	カリキュラムのなかで
深さ	歴史の専門用語	生徒は、学習している人物が置かれている状況のなかでのエイジェンシーについて検討し、彼らを時代に位置づけ、彼らの行動に影響を与えたものを考えます。
	重要な考え（概念）	この人物の生涯で広まっていた「考え」は何でしたか？　それらの考えは、古代のほかの世界のさまざまな人々とどのように比較できますか？
	重要な細目	この人物を歴史的に重要なものにしている点は何ですか？
	ルール	この人物の生涯において、人々が社会的、法的、文化的に期待されていたものはどのようなものでしょうか？　それらはルールのなかで、あるいはそれに反してどのように機能しましたか？
	行動パターン	人間の行動のパターンについて、歴史的に重要な人物に共通するものは何でしょうか？
	時代の流れ	この人物は、彼もしくは彼女の時代の流れに沿っていたのでしょうか？　あるいは、抵抗していたのでしょうか？　それはどうやって？
	未回答の質問	この人物についてもっと知りたいですか？　どの情報が欠けていますか？
	倫理的な質問／問題	この人物はどのような倫理的問題に直面し、どのように対応しましたか？
複雑さ	移り変わり	この人物は時間とともにどのように変化しましたか？　それらの変化の原因は何ですか？
	複数の視点	生徒は関連する視点を特定し、グループもしくは個人間で比較します。
	分野を超えて	この人物は、人生のどの分野に影響を与えましたか（すなわち数学、科学、文学、経済、政治、芸術など）？

ができます。たとえば、カーギル先生の生徒は、この時代にはこういう出来事が重なっていて、どういう考えが共存・対立していたのかということについて探すことを提案したり、複数の視点を検討する際、先生の意図だけでなく、先生の提案に対してどのように対処すればいいのかを知っています。先生が生徒に説明するように、生徒は深さと複雑さのツールの使い方を学ぶことで「学者のように探究」する方法が学べるのです。

カーギル先生の生徒が「学者のように探究」し、古代世界の「キーパーソン」の重要性を評価し終えたら、ディジタル・ドキュメンタリーの脚本を作成するための準備が整ったことになります。カーギル先生は、生徒が映画制作の技術的な側面に没頭すると自らの探究を簡単に無視することを知っていますので、生徒がコンピューターに移行する前にすべての話をチェックします。台本がチェックされたら、生徒はそれらに関係する映像を見つけ、ナレーションを書いて録音し、音楽トラックを追加するなどして視覚効果を高めていきます。

一部の教師は、この時点で「絵コンテ」(42)を使って、生徒が台本に基づいて物語の流れが視覚化できるようにしています。「プライマリーアクセス」(43)は絵コンテを描くのに役立ちます。生徒はドキュメンタリーの各画面を構想し、画像を描いて、ナレーションの背後に流れる音響に注意します。

八年生を担当する教師の一人が、絵コンテの活動に「編集室」という相互評価の要素を追加しました。生徒同士で絵コンテの確認を行い、「深さ」と「複雑さ」のツールである「未回答の質問」をして、内容と企画の提案を行いました［参考文献485］。活動の場をコンピューターに移すまで生徒は内容面に一生懸命取り組んでいるため、目の前にある技術的な課題に夢中になる可能性は低いと教師の一人は考えました。

そして最後、自分たちの研究をディジタル・ドキュメンタリーに変えるステップでは、生徒は非常にやる気を示します。私たちは、教師と生徒がこの作業に夢中になり、ベルが鳴ってワークショップが終わっていることにほとんど気づかない様子を見てきました。彼らは、誇らしげに自分の作品を上映し、内容や彼らが行った技術的な選択について議論をし、仲間の協力に対して感謝するのです。

カーギル先生の場合は、もっともよかったドキュメンタリーをＤＶＤに書き込み、年末の学校公開時に上映をして生徒たちの努力を称えています。彼女はまた、ドキュメンタリー作品部門、画編集部門、ナレーション部門、特殊効果部門、そして音楽トラック部門に対して独自の「オスカー」[44]を発表しています。しかし、おそらく彼女が行うもっとも興味深いものは、独自のドキュ

---

(42) 一一九ページの注(21)を参照してください。

(43) 一次資料を使って、短いドキュメンタリー映像をつくるためのソフトウェアです。https://www.viseyes.org/primaryaccess/

メンタリー「iムービー制作の舞台裏」の制作でしょう。

　生徒が作業をしている間、カーギル先生は作業台の周りにビデオカメラを持っていき、生徒にインタビューをし、彼らが好きなことと彼らが直面した課題を録画していきます。彼女のドキュメンタリーが、この重要な経験の歴史的記録を提供するとともに、翌年の生徒にとってはよい紹介として役立つだけでなく、優れた評価ツールになることは明らかです。

　たとえば、生徒は編集の技術面に夢中になり、過去の情報伝達やテーマ分析について「あまりうまくいかなかった」と報告することがあります。ほかにも、この作品からは、生徒が特定の種類の情報を解釈したり、適切な映像を見つけたり、元の研究がもつ「深さ」と「複雑さ」を失うことなく、ディジタル形式に凝縮することに苦労している様子がうかがえます。

　カーギル先生は、生徒の作品を評価する際には将来の計画を立て、ディジタル・ドキュメンタリー固有の問題に対処する方法を検討します。もっとも分かりやすい問題は時間です。ディジタル・ドキュメンタリーの制作には時間がかかります。カーギル先生は、時間に見合うだけの知的な見返りを見いだしていますが、彼女はドキュメンタリーを、ほかのより短くてインパクトのある活動と組み合わせることによってこの時間を「つくりだして」います。また彼女は、ほとんどの時間を生徒が利用できるようにお膳立てをしています。カーギル先生と同じ方法をとる教師が直面する最大の問題は、コンピューター教室を長時間予約することとなります。

カーギル先生には、少なくとも一週間の教室利用が必要とされています。そのためには、ほかのクラスとの調整と、彼女の柔軟性が重要となります。たとえば、生徒が古代世界のあらゆる時代や場所の文字を識別できるようにするためには、このプロジェクトをコンピューター教室のスケジュールにあわせることが必要となります。活動のレパートリーを保持し、学びの足場かけをするためのツールを開発する場合と同じく、柔軟性は効果的な教育の鍵となる要素です。

柔軟な教師は、学校環境のうち、時間と空間の制約内で資源を最大限に活用するための対処方法を知っています。彼女たちの足場かけを提供する活動のおかげで、生徒は遠く離れた時間や場所を探究するにつれてますます自立できるようになるのです。

マルチメディア環境における評価

一部の教師は、生徒が非常に多くの創造的な活動に熱中し、しかもそれらに多くの選択肢がある場合、評価という仕事が悪夢になることを心配しています。しかし、本書に登場する教師であれば、「まったく正反対のことがよくある」とすぐに言うでしょう。また、評価にかかる時間が

---

(44) アカデミー賞の別名。授与されるオスカー像から単にそのように呼ばれることもあります。

少なくなるわけではありませんが、より確かな根拠に基づいているために信頼性が高くなります。とはいえ、評価については、教師は常に把握している必要があります。そうしないと、ユニットの最後にデータから溺れてしまう可能性があります。

本書では、教師が評価を管理するためのいくつかの方法を紹介しています［参考文献282］。本章に登場する教師の何人かは、先に説明した「深さと複雑さのガイドライン」（**表7-2**）がとくに有用であると考えています。このようなガイドラインは、生徒が歴史学習をどのように行うかについて考え、質の高い作業のための基準を確立する際に役立ちますし、生徒のパフォーマンスについて検討するための土台を提供します。

教師は、生徒がガイドラインに慣れるにつれて自己評価に対しても熟練するようになると考えています。教師と生徒はずっと同じガイドラインに沿って取り組んできたわけですから、生徒が教師の評価に驚くことはめったにありません。そして、作業が面白くてやりがいがあり、ガイドラインに記載されている行動を生徒が示し、教師が励ますとき、評価はより興味深いものになります。また「深さと複雑さのガイドライン」は、歴史探究をするたびに個別のガイドラインが必要になるといった事態を取り除くことによって時間も節約してくれます。

教師は、新しい課題の初めに特定の期待や指示を行う場合もありますが、全体的な基準は同じであり、生徒はこれらの授業に特徴的な、創造的で知的な面における挑戦的な作業に熱中することができます。生徒は知的な成長についての明確な情報が得られますし、同時に自分が学ぶことができ、そして学んだことを紹介する複数の機会も得られますので、多くの恩恵を受けることができます。一方、教師は、作業に対する評価が生徒のパフォーマンスを正確に反映し、さらなる成長に向かっているという確かな手応えが得られるという恩恵を受けます。

このように「深さと複雑さのガイドライン」は役に立つわけですが、生徒が行う作業における技術的な側面のいくつかには焦点が当てられていません。一部の学校では、技術リテラシーを別の評価で行っていますが、私たちは、ほかのスキルと同じく、状況に応じての観察や評価のほうがもっともよいと考えています。そして、メディア資料が豊富な歴史教室が、まさにそのような環境を提供しています。

たとえば、カーギル先生のようなクラスでは、技術リテラシーは歴史理解の基本となっています。生徒はデジタルリポジトリー(45)を使用し、その歴史解釈は、おそらくデジタル・ドキュメンタリーや動画で表現されます。デジタル情報にアクセスしたり、ドキュメンタリーの画像、テキスト、音声、そして動きを組み合わせたりする生徒の能力が歴史解釈を伝えるうえにおいて重要な要素となる場合は、それらを評価する必要があります。

(45)　デジタル情報や知的財産の貯蔵所のことです。デジタルアーカイブと機能は同じです。

ルーブリックを使うことが、歴史学習の技術的側面に役立つかもしれません。たとえば、ディジタル・ドキュメンタリーは、音や画像の配置から、切り替えやタイミングの選択までさまざまな過程を組み合わせてつくられています。**表6‐3**として示したルーブリックがその一例です。このルーブリックを作成した教師は、グループで自己評価をするためにこれを生徒に与えました。ドキュメンタリーの上映をする前に、生徒はルーブリックを使用して、自分たちの作品の技術的側面を点検し、修正したのです。そして教師は、のちに彼らの作品を評価する際に同じルーブリックを使用しました。

生徒が制作した歴史上の人物が死から復活したり、臨終の証言をしたりして自分たちの歴史的意義を説明しようとするディジタル・ドキュメンタリー作品をあまりにもたくさん観すぎたので、この教師はより歴史的に根拠のある（そして、不気味な音響効果を起こしにくい）技術を採用したドキュメンタリーの一部を生徒に観せることに決めました。［参考文献360］

カーギル先生と同じく、この教師は最終的に台本の点検も追加しました。そして、カーギル先生が撮影した生徒の作業中のビデオは、作業がどの程度うまくいったのか、生徒がどのような問題に遭遇したのか、どこで課題を調整する必要があるのかなど、評価するのに役立ちました。また、ビデオは、時間の経過による成長記録を提供することによって、生徒の自己評価を支援することにもなります。

表6－3　ディジタル・ドキュメンタリーの技術的側面についてのルーブリック

ディジタル・ドキュメンタリーの技術的側面	うまく機能していること（下にコメントを記入）	改善の余地があること（下にコメントを記入）
音響 音楽は適切で、視聴者の注意をそらすことなく付け加えられている。		
ナレーション ナレーションが明確で、適切に強調して話されている。		
文字 文字は明確で、画面が乱雑になることはない。音とイメージのインパクトを広げている。		
画像 静止画と動画は鮮明で、いいタイミングで使われており、学校の基準に準拠している。画像は解釈を強化し、音とテキストをうまく組み合わせている。		

最後に、一部の教師は、プライマリーアクセスなどのプログラムがさまざまなドキュメンタリーに対する生徒の進捗状況を追跡するのに非常に役立つと感じています。このプログラムを使うと教師は、要件や期限の念押し、ほかの情報源の提案、場合によっては難しい情報源や技術に取り組む際のちょっとした励ましなど、彼らの作業に関するメモを生徒に送信することができます。そうしたメモは、生徒との面談や歴史的・技術的な作品を評価する際に使用するコミュニケーションの記録となります。

まとめ

教師が、現在と生徒自身の生活とつなげたり、創造的な選択肢を提供したり、さまざまな電子メディアを使ったりすることは、何か圧倒されるように感じるかもしれません。確かに、教科書のなかからいくつかの考えを説明し、生徒にいくつかの問いを調べさせ、それで終わらせるほうが簡単です。事実、私たちはそういう教師を知っていますし、私たちが生徒だったときにそのような教師がいました。そして、そうした教師がまだ学校にいます（ほんの少しであると私たちは願っていますが）。

しかし、創造力に欠け、何の変哲もない、単に教科書をなぞる教え方は、生徒、社会、そして教師自身にも恩恵を与えることはありません。本書で紹介しているプロジェクトは、民主的な市民生活に参加する生徒のためには不可欠です。その主な理由は、それらが生徒の学びを助けるからです。

ここで説明した「足場かけ」を含む「選択」、「つながり」、「比較」などといったアプローチは、生徒が過去をより良く理解するのを助け、それによって現在と将来に関する合理的な判断を下す能力を向上させるために重要なのです。創造的なマルチメディア・プロジェクトは楽しくて視覚的に印象深いものですが、私たちはそれを楽しくて派手な教育活動として選択しているのではなく、生徒が内容を理解するのに役立つから選択しているのです。

これらのプロジェクトは、生徒だけでなく教師にも時間と労力を費やすことを要求しますが、思うほど疲れないものです。本章で述べたように、教師はすべての活動をゼロから開発する必要はありません。生徒の調査とプレゼンテーションのために、電子メディアとほかの形式のメディアを使うというようないくつかの基本的な形式に慣れることによって、教師はそれぞれのテーマを異なる活動と一致させることができるほか、これらの組み合わせを年ごとに変えることができるのです。

個々のプロジェクトは非常に異なって見えるかもしれませんが、教師はすぐに基本的な形に慣れますので、新しいアイディアを継続的に作成する必要がなくなります。同様に、さまざまな形式で生徒の理解を評価するという要求は難しいように思えるかもしれませんが、一貫した基本構造と明確なルーブリックを使えば教師は評価に費やす時間を削減することができ、生徒への期待を明確にすることができます。

そして最後、教師は大がかりなプロジェクトを通じて生徒を指導したあとには疲れを感じるかもしれませんが、それは文字どおり「心地よい疲れ」となるはずです。生徒が重要なことを学ぶための手助けをし、それを確認することから得られる達成感と成功はとても価値があり、有意義であると気づきます。そもそも、それが、私たちが教師である理由なのです。

第7章　病院にいるネズミ
——歴史展示館をつくりだす

エイミー・リー先生は、四年生の生徒が家族の歴史プロジェクトを終えたあと、「過去一〇〇年間で私たちの生活がどのように変化してきたのか」ということをテーマにした展示物をつくるユニットの研究プロジェクトを生徒に示しました。その初日、リー先生は生徒に、約一〇〇年前に使われていた道具を見せました。ほとんどの生徒は、それが小型携帯ドリルだとすぐに分かり、何人かの生徒がどのように使われていたかを実演してくれました。

このドリルが現代のドリルとどのように違うのかについて議論をしたあと、リー先生は『大恐慌時代に生まれて育つ』［参考文献604・未邦訳］という絵本を読み、これがほぼ一〇〇年前の話だという説明をしました。先生は生徒に、「この本のなかで、現代とは違うと思うことがあれば指摘してほしい」と尋ね、壁に貼った模造紙にそれを記録していきました。

生徒がこの本について話し合ったあと、一〇〇年前と現在の変化をさらに観察するために写真を用いたペアワークを行いました。一日の終わりにはそれをクラス全体に報告し、新しい項目を模造紙に追加しました。

その数日後、生徒はリー先生が持ってきた昔の時計や財布、道具、衣類、電化製品などの実物を調べました。そして、今使われているモノとの違いについて、「過去の日用品を考えるシート」に記録しました。生徒がすべてのモノを調べたあと、気づいたことをまとめ、技術や衣服、交通機関といった変化した事柄のカテゴリー表をつくるために生徒は再び集まりました。その後、生徒はそれぞれ二つから三つのカテゴリーを選び、さらに詳しく調べました。

数日かけて図書館の資料やインターネットを使って調べたあと、生徒はグループをつくり、変化した事柄についてさらに深く調査していくために一つのテーマを選択しました。各グループは、調査したい具体的な質問を作成し、印刷物や電子資料だけでなく過去の日用品やインタビュー、写真などを使って情報を収集しました。

リー先生は、プロジェクトの調査段階では、生徒がレポートや展示物を準備するために必要となる情報を見つけ、それを活用できるようにするために各グループと協力して作業を行いました。その後、生徒は教室で開かれる「歴史展示館」に設置するための展示物を作成しました。最後となる成績評価の期間中、生徒は歴史展示館を見学するほかのクラスの生徒や両親、そして祖父母に自分たちの展示物について説明を行いました。

どの学年であっても、社会科を教えるうえでもっとも一般的なアドバイスとなるのは生徒に「研究させる」ことです。しかし、これまで述べてきたように、ただ漠然と生徒に活動をさせるだけでは、よい結果や生産的な結果が得られることはほとんどありません。年少の生徒は何をすればいいのか分からないでしょうし、年長の生徒であれば、私たちの大半が生徒だったころにやっていたこと、つまり図書館に行って百科事典から何かを書き写すだけでしょう(1)。

情報社会の現在なら、多くの生徒はインターネットの検索エンジンに疑問とされることを入力し、自分のニーズを満たしてくれるサイトが出てくることを期待します。これらの方法は、生徒が過去について学んだり、探究の仕方を学んだりすることには役立ちません。これらとは対照的に、リー先生の生徒たちはその両方を学びました。物事が時間の経過とともにどのように変化してきたかを調べるだけでなく、質問をし、情報を集め、結論を出し、その結果を発表することを学んだのです(2)。［参考文献305］

時には、課題が難しく、課題に取り組むことを嫌がる生徒も出てきます。また、楽しんでいた

---

(1)　日本でも、探究する／考えることのない単なる「調べ学習」になってしまうという問題は起きています。

(2)　教科は違いますが、探究のサイクルを回し続けるという意味で『だれもが科学者になれる！』（前掲、新評論）がとても参考になりますので、ぜひ参照してください。

としても、課題が簡単すぎて実際にはあまり学べていないこともあります。しかし、簡単にはできない課題を楽しんでやっているときには、生徒が何かをつかんだことに教師は気づきます。リー先生の教室で行われた「歴史展示館」プロジェクトは、そのような課題の優れた例と言えます。「歴史展示館」プロジェクトをとても楽しんでいた生徒ですが、実は簡単にはできませんでした。生徒は一か月近くかけて課題に取り組んできました。リー先生は、生徒が資料を使って情報を見つけ、観察結果に基づいて結論を出し、記録をレポートやプレゼンテーションにつくり替えるための援助に多大な努力を惜しみませんでした。このプロセスを経験したことのない生徒は、途中でたくさんの壁にぶつかりました。そのため、リー先生は「研究しなさい」と簡単に言うことができず、生徒たちに多くのことを教えなければなりませんでした。

本章では、歴史的な質問をしたり、答えたりすることを生徒に教えるという課題にリー先生がどのように取り組んだのかということについて紹介していきます。

授業の導入は独創的に

リー先生の仕事のなかでもっとも簡単だったことは、生徒に時間の経過による変化というテーマに興味をもたせることでした。第5章で紹介したレイノルズ先生と同じく、リー先生のクラスでも、祖父母に「自分たちが子どものころの生活が今の生活とどのように違っているのか」を尋ねる「家族の歴史」プロジェクトを終えていました。その結果、時間の経過とともに変化していくというテーマは生徒にとっては新しく、学校で出合った情報と比較するための具体的な例として、家族の経験を用いることができました。

また、具体的な物質文化の変化は、生徒がよく知っている歴史的なテーマの一つです。たとえば、私たちが行った幼稚園から小学六年生までを対象にしたインタビューでは、一般的に最年少の生徒であっても、昔は衣服や交通機関が異なっていたことを知っており、高学年の生徒は時間の経過による変化について、正確な情報を完全に把握していることが分かりました。たとえば、地元の床屋で古い髭剃りせっけん用のマグカップやブラシを見せてもらったことや、本のなかでソッドハウス(3)の写真を見たことで、生徒は学校外における歴史的な変化を学んでいることが何度も指摘されています。

第2章で述べたように、教えることは生徒がすでに知っている事柄からはじめなければなりません。したがって、リー先生は、政治や経済、社会などの抽象的な話題よりも、ドリルや髭剃り

(3)　芝生または日干しレンガを水平に並べてできた家のことです。アメリカやカナダの開拓時代に丸太小屋の代わりに建てられた建物です。通常、大草原地帯では建物の資材となる木や石が不足しており、その代わりに豊富な芝生が用いられたという背景があります。

せっけん用のマグカップ、財布などといった日常生活の細部から授業をはじめました（しかし、リー先生の指導は、最終的には政治や経済などのテーマにたどり着きます）。［参考文献341］

歴史の視覚的な側面は、過去がどのようなものであったか、とくに自分が生まれる前の時代がどのようなものであったのかについて生徒が理解するうえにおいて重要となります。リー先生は、このユニット（ユニット全体のほかのいくつかの授業と同様に）を『大恐慌時代に生まれて育つ』［参考文献604・未邦訳］、『ラグタイム・タンピー』［参考文献482・未邦訳］、『鉄の街』［参考文献603・未邦訳］などの絵本を読むことからはじめました。

ほとんどの場合、先生は本に書かれている言葉やテーマといった内容ではなく、絵が提供する歴史的な変化に関する情報に関心をもっていました。また先生は、絵の曖昧な部分や不明瞭な部分にも注意を払い、写真とどのように違うのかについて考えるようにと生徒に求めました。

私たちは、視覚的なイメージ（とくに写真）を使うことの重要性を軽んじることはできません。これは、生徒が生まれる前の時代を扱うときに言えます。視覚的な情報は、印刷された文章や口頭での議論よりも、はるかに広範囲に生徒がもっている知識に触れることができます［参考文献33］。リー先生のクラスでは、写真を使うことがこのユニットにおいて人気のある部分でした。

生徒は興味をもって熱心に写真を見ており、頻繁に友だちを呼び、珍しいものや驚くような情報を見つけていました。写真を使って一〇〇年前と現在の違いに関する項目リストを作成するのに苦労することはなく、自分たちが発見した事柄を熱心にクラスの生徒たちに紹介していました。ちなみに、写真のセットは、社会科教材の出版社やインターネット、アメリカ議会図書館や国立公文書館などのサイトで入手することができます。(4) ［参考文献210］

写真と同じくらいに重要なものは、リー先生が持ち込んだ歴史的な日用品です。最初の授業で古い小型携帯ドリルを見た生徒たちは興奮し、その日の授業が終わる前、それに触れたり、遊んだりしていました。また、生徒が「過去の日用品を考えるシート」（次ページの**表7－1**）に取り組んでいる間、生徒たちはシェービングクリームのブラシを肌に擦りつけたり、チェリーピッター(5)の柄を前後に回したり、古いカメラをいじって動作を確認したり、カフメーカー(6)を使って紙に折り目をつくったりと、歴史的な日用品を使って（何度も）遊んでいました。

学校の課題は文字だけに頼ることが多いので、生徒が身体を動かして遊びに夢中になっている様子は、外から見ている人からすれば「課題から外れている」と思うことでしょう。しかし、学

（４）日本でも国会図書館の「ジャパンサーチ」というデータベースができつつあります。教科書以外の多様な資料を使うことに関して、本書では写真と絵本が紹介されていますが、ほかにも多様な情報源があります。『教科書をハックする』（前掲、新評論）の「第7章　テキスト・セット」が参考になります。

（５）サクランボの種取り機です。

（６）製本する際に用いられていた折ベラのことです。

表７−１　過去の日用品を考えるシート

部屋のあちこちにたくさんの過去の日用品が展示されています。五つの日用品について説明を書いてください。

ア．日用品に、目的にあった名前をつけましょう。もし日用品の機能をより良く説明したい場合は、名前だけでなくほかの情報も書いてよいです。

イ．日用品のどの部分が、開発された目的を判断する手がかりとなったのかを説明しなさい。

ウ．日用品が使用されたと思った年代（1800～1849、1850～1899、1900～1949、1950～現在）はいつですか？　また、年代を決定した理由は何ですか？

エ．この日用品に代わって、現在使われているものの名前は何でしょうか？

あなたが書いた説明の横に日用品の名前を書いてください。グループ一つにつき、一つの『過去の日用品を考えるシート』を記入してください。

校外で、子どもが何時間もじっとしていることを望んでいる親は一人もいないでしょう。私たちは、「学校での生徒の振る舞いが頻繁に『管理』を必要としているように見えてしまうのは、生徒がもつ活動に向かう自然な衝動に携わる機会があまりにも少⑦ないからである」という点で、デューイに同意します。［参考文献129］

リー先生は、生徒に歴史的な日用品に触れたり使ったりするように促すことで、彼らの衝動を抑え込もうとするのではなく、その衝動に基づいて行動するようにしたわけです。その結果、生徒は何日もその日用品に興味をもち続け、それをどのように使うことができたのかについて明確な考えをもつようになりました。

もちろん、多くの教師には、生徒がどれだけ静かに勉強しているかで評価されていることに気づき、八歳の生徒がカフメーカーで遊ぶほうが静かに文字を書くことよりも適切であるという理由について説明ができるように準備しておく必要があるでしょう。

幸いなことに、リー先生の上司であるダン・ケリー校長は、彼女の教室で見られるような体験を通じた学習を奨励しており、期待もしていました。ケリー校長はプロジェクトの期間中にクラスに入っていって、ジョークとして次のように話しました。

「やぁ、これでは勉強になることはないね。生徒たちは楽しみすぎているんだから!!」

リー先生は「歴史展示館」プロジェクトの導入で、生徒の関心を高めるための基本的な原則をいくつか取り入れました。先生はまず、日常生活に焦点を当て、そのテーマを過去の「家族の歴史」プロジェクトに結びつけることで生徒がすでに知っていることと関連づけました。それぞれのユニットがバラバラになっており、「型にはまった」計画ではなく、生徒の事前知識とこれま

---

(7)　(John Dewey, 1859～1952) アメリカで一九世紀末から二〇世紀前半に活躍した哲学者であり、心理学者、教育学者です。

で一年にわたって彼らが調べてきた問題から導かれるようにしたのです。

次にリー先生は、生徒が話し言葉や書き言葉だけに頼るのではなく、ほかのさまざまな方法でこのテーマに触れることができるようにしました。文学や写真、古い日用品は、生徒に過去の生活をより具体的に理解させ、テーマに対する興味を刺激しました。おそらく、もっとも重要なことは、このプロジェクトには「手に取ることができる確かさ」という要素があったことです。

学校外では、多くの人が時間の経過とともに物事がどのように変化してきたのかということについて関心をもっています。私たちは日用品や写真を保存したり、子どもや孫に昔の様子を伝えたりしています［参考文献341］。歴史の変化を理解することは、人が生きていくうえにおいて基本的なことであり、その理解はしばしば家族のなかでも受け継がれていきます。

このプロジェクトに対する生徒の興奮は、歴史が私たちの社会にもつ意味や目的について、リー先生がどれだけ理解しているかを示しています。数週間にわたって生徒は、自分たちの家や屋根裏部屋（そして、祖父母の家）を探し回り、教室に持ち込んで、ヴィジュアルな年表（文字だけでなくイラストや写真も含む）に加えることができる歴史的な日用品を探し求めました。生徒の関心は高く、ある女子生徒は両親と協力して、ヴィクトリア朝時代の家をビデオで観察し、祖母が家宝を写真に収めることを手伝ったりしていました。リー先生自身の祖父母でさえ、彼女が生徒のために持ち込んださまざまな日用品の使い方を生徒に説明することに興奮していました。

世代間のコミュニケーションを刺激するこのようなプロジェクトには、教師を喜ばせることや成績を上げることだけではない目的が明らかにあります。

興味を研究可能な問いに変える

リー先生がこのユニットを教えた最初の年は、ユニットの概要説明から生徒が問いたいと思った質問リストの作成まで、直接進みました。一見すると、あるテーマについてすでに何かを知っていて、さらに学びたいと思っている生徒の場合、学びたいことを決めるのに何の問題もないように思えます。しかし、実際には、この課題は非常に難しいものでした。

リー先生は生徒に、自分たちが選んだテーマについて「ＫＷＬ表」(8)を作成させましたが、ほとんどの生徒は「知りたい」の部分に取りかかるときに壁にぶつかっています。多くの生徒は、何を書けばいいのか見当もつかなかったのです。そして、なかには勘違いをして、鉛筆を削ったり、机の配置を変えたりするための時間だと思ってしまった生徒もいました。そのほかにも、表をできるだけ魅力的なものにすることにエネルギーを注いでいる生徒もいました。

(8)　五九ページの注（16）を参照してください。

ほとんどの生徒は、リー先生の助けと励ましを受けたにもかかわらず、自分たちが知りたいことが何であるのか分かりませんでした。何かを書いた生徒も、年号に関する簡単な質問にとどまっていました。それは、「車が発明されたのはいつですか？」、「いつからフープシャツ[9]を着なくなりましたか？」、「瓶に入った牛乳がなくなったのはいつですか？」などの質問でした。

ほとんどの生徒は、質問の目的を理解していないようでした。彼らは、ただ図書館に行って、何かを書き写して終わりにしたいといった様子でした[10]。

質問づくりの活動からあまり学びを得られていないことが明らかになったとき、リー先生はクラスに呼びかけ、生徒たちに何らかの方向性を与えようとしました。リー先生は、「どこで」、「何を」、「なぜ」、「誰が」、「どのように」という言葉を黒板に書き、それぞれの言葉からはじまる二つの質問を考えだすように伝えました。

リー先生は、「学校」というテーマを例に挙げて、質問のつくり方をモデルで示そうとしました。このテーマは生徒たちが話し合いをしたことのあるものでしたが、このプロジェクトでは、調べるテーマとして誰も選んでいなかったからです。これは一種の即興による問題解決でしたが、生徒たちには研究をはじめるのに十分となる枠組みを与えました。

しかし、生徒が研究を行ううえでの質問に関する役割を十分に理解していないことは明らかでした。たとえば、いくつかのキーワードを変えるだけでリー先生の質問をプリントに書き写そうとした生徒がいたのです。これではうまくいかないと分かったとき、リー先生は嘆き、質問はテーマごとに異なると説明したときにはショックさえ受けました。

ある生徒は、調査をする前になぜ質問をつくるのか理解できませんでした。また、別の生徒は、「私たちが、その質問に自分で答えるのですか？」と信じられない様子で尋ねました。調査をするための質問を自分でつくりだした経験がほとんどないため、この活動は生徒にとって意味のあるものとはなりませんでした。

そこで次の年、リー先生は調査を支援するためにより多くの準備を行いました。本章の冒頭で説明したように、興味を掻き立てられることから生徒が具体的な質問をすることを期待していたわけではありません。その代わりにリー先生は、数日間、生徒に古い日用品を調査することをすすめました。

生徒は観察の過程で、「このアイロンを使うとき、服の汚れをどのように防いでいたのだろうか？」、「どうやって熱を保つのだろうか？」、「みんながこれを使っていたのだろうか、それともお金持ちだけが使っていたのだろうか？」などという疑問を感じました。日用品を観察し、それ

(9)　原書には「Hoop Shirts」と書かれていましたが、おそらく誤りでしょう。「Hoop skirts」とは、プラスチックなどでできた張り骨を用いて傘のように裾を広げたスカートのことです。中世の欧州で使われていました。

(10)　「調べ学習」の名のもとに行われている日本の学習に似ていないでしょうか？

について話し合うという経験は、生徒がもっと知りたいと思った具体的な質問が自然に思いつくという機会を生みだしました。

さらにリー先生は、テーマや質問のリストを決めるようにと求める前に、数日かけて図書館にある情報を探索するための時間を生徒に与えました。興味の湧いたことを二つか三つに絞るようにと生徒に指示しましたが（そうすることで、生徒の集中力が完全に途切れないようにしたのです）、それは、利用できる情報源を使って自分たちが質問したいことを見つける機会をもたせたいと先生が考えたからです。

これは、生徒にとって非常に人気のある活動となりました。彼らは興奮して自分たちが学んでいることについて、リー先生や生徒同士で話し合っていました。そして、生徒は、今と昔の違いに関して見つけた事柄について驚いていました。たとえば、医療の変化を調査したグループは、昔の病院は今ほど衛生的ではなかったということを知り、とても興味をそそられていました。「一〇〇年前、もしあなたが病院に入院していたら、目が覚めたら部屋にネズミがいたかもしれないことを知っていますか？　今なら、目が覚めた部屋にネズミはいません。せいぜい、クモを見るぐらいでしょう」と、話した生徒がいたことからもうかがえます。

二年目は、調べたいと思う質問には事欠きませんでした。理科や算数では、教材を使う場合、生徒は作業をはじめる前に教師の指示に従って探究する必要があります。そうしないと、特定の目的のために使う教材を前にして生徒が遊びたがるからです。同様に、生徒は歴史的な調査の最初の段階でも探究する時間が必要です。古い日用品を調べるために数日間、そして図書館の資料を調べるためにさらに数日間という時間をリー先生が与えたことで、生徒は知りたいことが何であるかについて余裕をもって知ることができる機会が得られたのです。

調査したい質問リストを作成するように指示してしまえば、以前のように生徒が行き詰まることはありませんでした。この探究の時間にも、生徒は歴史について多くのことを学んでいます。それは、過去の情報だけでなく、日用品を詳しく観察したり、歴史的な情報源から結論を導きだしたりするプロセスから生まれたものです。

それでもまだ、質問づくりに関するリー先生の助けが不要になったというわけではありません。探究から具体的な質問づくりに移っていくと、リー先生はクラスに呼びかけて、調査で何を学びたいのかについて探りました。

生徒が調査すべき質問を提案すると、リー先生は時間の経過とともに変化する「大きなアイディア」（「概念」を意味します）に焦点を当てられるように、質問を言い換えるための手助けをしました。たとえば、「家」というテーマについて調査していた生徒に、「どのような質問を考えていますか?」と尋ねました。

生徒は、「当時の人は、土、木の床、カーペット、何の上を歩いていたのだろうか?」という質問を提案しました。この質問は、単純な答えしか生まない、おそらくその場しのぎのものでしかありません。そこで先生は、「では、この一〇〇年で床材はどのように変わったのでしょうか?」と、少し言い換えるように提案しました。この質問なら、生徒が知りたそうな事柄を含んでいるだけでなく、調べる範囲が非常に広がります。

同じような例をいくつか挙げましょう。

「鉄道」を選択した生徒の一人が、「ジェームズ・ワット(James Watt, 1736~1819)に何が起こったのか?」という質問を提案しました。リー先生はそれに対して、(大きなアイディアを得るための)「大きな質問だと思いますか?」と尋ねると、彼のパートナーは、「いや、『なぜ、列車は電気で走らなかったのか?』とか『なぜ、電車を造るのをやめたのか?』ということじゃない?」と答えました。そこで先生は、「鉄道に使われる動力はどのように変わったのか?」というように質問を換えることを提案し、「ジェームズ・ワットについての情報も、その質問に対する答えの一部になるでしょう」と指摘しました。

人々は、教育を二律背反的《にりつはいはんてき》に考えがちです。たとえば、生徒は教師に言われたことをやるべきか、それとも生徒自身がやりたいようにやるべきか、のどちらかであるといった具合です。第2章で述べたように、どちらの方法とも支持することはできません。どちらの方法でも、生徒は重要なことを学ぶ可能性が低いのです。それに対して、リー先生が問題解決のために提供した支援方法は「足場かけ」のよい例と言えます。

リー先生は、生徒に何をすべきかを教えたり、最初の努力を無批判に受け入れたりすることはしませんでした。先生は、生徒のプロジェクトが興味や関心から発展しなければならないことを理解しており、彼らが何をしたいのかについてアイディアを練るために数日間という時間を与えました。

しかし、生徒が立てる質問がすべて重要なものではないことも認識していました。リー先生はより多くのことが学べる質問があることを知っていたので、生徒がより大きな問題のなかで知りたいことに対応できるように、質問のつくり方を変えるように仕向けたのです。つまり、生徒たちだけで学習するよりも多くのことが学べるようにしたわけです(11)。

問いの答えを探す

最初に落とし穴がありましたが、質問を生徒が導きだす様子を手伝うことは、その質問に対す

---

(11)　質問づくりおよびそのサポートの仕方については、『たった一つを変えるだけ』（前掲、新評論）および『質問・発問をハックする（仮題）』（新評論、二〇二一年予定）を参照してください。

る答えを見つけることを手伝う場合に比べれば簡単なことでした。リー先生が最初に直面した課題の一つは、生徒にとって役に立つ情報を生徒自身が見つけるための手助けをすることでした。もっとも簡単なレベルでは、生徒が利用できる情報源の種類を確認することを意味しました。

生徒はインターネットが主な情報源であると認識していましたが、先生は、印刷された参考文献や市販されている一般書、学校外の情報源（家族、地域の人々、ビデオなど）も利用できることを強調しました。さらに重要な課題は、そのような資料から情報を探す方法を生徒に理解させることでした。

たとえば、多くの生徒が最初に図書館へ行ったとき、「何も載っていなかった！」と不満をもらしていました。この不満の理由はすぐに明らかになりました。大半の生徒が、「交通機関が時代とともにどのように変化してきたか？」とか「床材が時代とともにどのように変化してきたか？」という知りたいテーマの本やインターネットの資料がすぐに見つかることを期待していたのです。そのような本がなかったり、インターネットのサイトが分かりにくかったりすると、生徒は自分のテーマに適した情報がないと判断していたわけです。

このような問題は、参考文献で情報を探す経験が不足していたことに原因があります。小学校低学年の生徒に「参考文献を利用する」という課題が課せられ、テストでその能力が評価されることがありますが、そのような実践には授業設計が不十分であることが多いものです。たとえば、生徒は百科事典の一部（または年鑑の目次）を見て、馬や火山、カエルなどの情報を探すためにはどの巻（またはページ）を参照すればよいだろうかと考えます。残念ながら、このような課題は参考文献を使う能力とはほとんど関係がなく、実際に役立つものではありません。

その一方で、インターネット検索の方法を学ぶことなしに、生徒はインターネット検索ができるようになることが期待されています。その結果、リー先生の努力の大半は、「資料を実際にどのように使うか」ということについて教えるために割かれました。

そのためには、クラス全体や各グループと協力して、情報を見つける際に使う可能性のある単語やフレーズのリスト作成が必要でした。たとえば、あるグループが「エンターテイメント」について調べていることを知った先生は、『あなたが子どもだったころ、何をしていましたか？　昔の娯楽』［参考文献530・未邦訳］という本を持ってきました。しかし、生徒たちは、索引や目次を見ても「エンターテイメント」という言葉が見つからず、その本には関連する情報がないと判断しました。

リー先生は少し驚きましたが、「この本全体がエンターテイメントについてのものです」と説明しました。つまり、娯楽はエンターテイメントであり、エンターテイメントという単語だけを探すのではなく、具体的なエンターテイメント（映画、テレビ、音楽、ダンスなど）について調べれば、テーマに関する情報を見つけることができる可能性が高くなると説明したのです。

生徒が探している事柄を言い換えるための支援を、先生はグループごとに行わなければなりませんでした。たとえば、交通機関に関するグループに対しては「自動車」や「鉄道」、「船」、「飛行機」などを、ファッションに関するグループでは「衣類」や「宝石」、「ヘアスタイル」などを生徒が思いつけるように支援しました。

また、生徒がテーマと関連する本やサイトを見つけたら、リー先生はそれらを効率的に利用できるように手助けする必要もありました。ほとんどの生徒が最初から資料を読みはじめ、それこそ飽きるまで（たいていの場合はすぐ飽きてしまいますが）一字一句を読み続けました。たとえば、あるグループがウィキペディアで医学について調べていましたが、すぐに現代の医学について書かれてある資料のところで行き詰っていました。リー先生はこれをクラス全体に対する例として挙げ、「見出し」として挙げられている「歴史」のセクションまで飛べば、特定した重要な記事（医学の年表と医療技術）を探すことができると説明しました。

この考え方はクラス全体で明確になったようですが、個人やグループが具体的な作業に応用できるようにするためにはやはり支援が必要でした。とくに調査の初期段階では、先生はほとんどの時間を、資料の有用性を評価するプロセスに生徒の注意を向けるために割きました。たとえば、生徒と一緒に資料を見て、「『初期の病院』という言葉には、時間の経過とともに医学がどのように変化してきたのかに関する情報があるように思えますか？」、「鉄道についての情報があるかどうかを知りたい場合、資料に目を通すとき、どんな言葉を探せばいいでしょうか?」などの質問をしました。印刷された文献やインターネット上の資料を読む際、このような助けがなければ生徒は自分の調査を前進させることはできなかったでしょう。

興味深いことに、ウィキペディアのようなウェブサイトは、最終的には最小限の情報しか生徒に提供しませんでした。調査の初期段階では多くの生徒がこれらのサイトに頼っていましたが、ほとんどの生徒は、すぐにほかの著作物のほうがよりアクセスしやすい形で情報をもっていることに気づきました。最終的には、ほとんどの生徒が児童向けの市販書籍に頼っており、もっとも有用だと感じた書籍の種類も似たようなものでした。

生徒たちは、数ページにわたって文章が続いているような資料は敬遠しました。そのような本にどれだけ多くの情報が含まれていたとしても、ほとんどの生徒はそうした本に目を通すことはありませんでした。その代わり、ほぼすべての生徒が、各ページに豊富なイラストとそれに付随する短い説明文が書かれている本に頼りました。

生徒がもっとも使っていた本は『ビジュアル博物館シリーズ』(12)で、たとえば「お金」、「戦い」、

(12)　DK社が発行しているシリーズで、非常に多様なテーマが取り上げられています。邦訳書は、同朋舎などから出版されています。

「発明」などのテーマで出版されていますが、他社でも似たようなシリーズが刊行されています［参考文献107、394、44］。こうした本の利点は、明らかに視覚的な魅力があること、そして生徒が必要とする情報が簡単に見つけられるという点にあります。ある女子生徒が、「要点がよく分かる」と言っていました。

家族や親戚、地域社会の人々も、重要な情報を提供してくれる情報源でした。何人かの生徒が、プロジェクトの最初からインタビューをしようと決めていました。たとえば、住宅の変化を調査している女子生徒は、隣に住んでいるインテリアデザイナーに話を聞くことを計画しましたし、交通機関に関するプロジェクトを行っている男子生徒は地元にいる蒸気船の船長と面識があったので話を聞いています。彼らはすでに「家族史」プロジェクトで親戚にインタビューを行った経験があったので、リー先生は生徒と一緒にインタビューの仕方を振り返りました。

質問のなかには非常に具体的なものが含まれていたので、先生はインタビューされた人々が答えを知らない場合に備えるための支援もしなければなりませんでした。たとえば、あるグループでは地元の銀行に電話をして古いお金について質問することを計画していましたが、「分からない」という答えが返ってきたときにどうすればよいか、と先生は生徒に尋ねています。

一方、ほとんどの生徒は、身の周りの人が重要な情報源になるとは当初考えていませんでしたが（「家族史」プロジェクトをやっていたにもかかわらず！）、テーマについて計画を立てはじめると身の周りの人々への関心が高まりました。

生徒の多くは、服や家電製品、お金などの実物を展示したいと考えていたわけですが、それらを収集するようになると新たな情報が得られ、それがプロジェクトや発表を左右する重要なものになっていきました。

結論に達する

歴史探究を行ううえでの基本原則として、結論が根拠に基づいている必要があります［参考文献341、36］。実際、この単純な原則は、ほかの教科領域では言うまでもないことですが、社会科の全分野、さらには民主的な市民としての基盤にかかわるものとなります。生徒が何かを知るということがどういうことかを理解するためには、知識とは、信仰や単なる決めつけとは根本的に異なるものであるということを理解しておかなければなりません。歴史は何もないところからつくられたものではありませんし、私たちが信じたいことや私たちが自明と思い込んでいることに基づいているわけでもありません。歴史は、証拠に基づいたものなのです。

ほとんどの場合、一つの証拠から異なる結論を導きだすことが可能なのですが、証拠に基づいていない結論は、歴史や社会研究、公開討論には適していません。しかし、リー先生の生徒にとっては、根拠に基づいて結論を出すことは、質問をしたりデータを収集したりすることよりも難しいことでした。

リー先生が最初に直面した課題は、質問の答えはどこか一つの場所にあるはずという生徒の思い込みと、その答えの出典先を突き止めることができれば、丸写しをして展示できるという確信に直面したことでした。どうやら彼女の生徒は、教科書の最後に掲載されている質問に答えようとしてきた、何百万人もの生徒と同じ考え方を示したように思われます。［参考文献17、341］

そうした質問の大半は、答えが含まれている文章を該当する章のなかから見つけることで解決できるということを誰もが知っています。実際、多くの人たちが、その章をすべて読まなくても答えを見つけることができると気づいています。しかし、教科書の外に存在する不確実な世界では、このような単純な解決法をもつものはほとんどありません。**表1-1**（一五ページ）にあるような問いや、プロジェクトで開発されたような歴史的に鍵となる問いに対しては、多くの情報を統合する必要があるのです。

しかし、いろいろな場所から情報を収集し、それらを自分なりの方法でまとめることを、生徒は当初から予期していたわけではありません。自分たちが出した問いに対して簡単な答えを出すのにつまずくことはありませんでしたが、見つけた情報から答えをつくらなければならないことに気づくまでにはしばらく時間がかかりました（教科書の課題に対する影響は、答えの順番が決まっていないことを知ったときの生徒の表情に表れていました。すべての事柄には決まり切った方法がある、と思い込んでいたのです！）。

リー先生がこの問題に対してとった方法は、研究中、ずっと自分のテーマに関するベン図[13]を生徒につくらせることでした。まず先生は、学校というテーマを材料に、その方法を実演することからはじめました。

彼女はボードに図を描き、一方の円には「一〇〇年前」、もう一方の円には「現在」と書き込み、生徒に「それぞれの円にはどのような情報が入るでしょうか？」と尋ねました。生徒は、自分たちで調べながら、新しい要素をその図に記録していきました。この作業は、さまざまな資料から情報を収集し、ベン図を使って一か所にまとめることができるので、展示を作成したり、レポートを書いたりする際に役立ちました（ベン図を使用するうえでの欠点は、前世紀における実際の変化の過程ではなく、二つの期間の差異にのみ注意が向けられたことでした）。

生徒が異なる資料から情報をまとめることに慣れていなかったため、先生はベン図を役立てる方法をやってみせました。学校についてのベン図に、「一〇〇年前は学校の長机の前に座ってい

(13)　複数の集合の関係や、集合の範囲を視覚的に図式化したもので、イギリスの数学者ジョン・ベンによって考えだされました。

た生徒が、今はテーブルの周りに数人で座るようになった」とか「一〇〇年前は学校に来るときに正装していたが、今は普段着になった」などを書いたあと、どのような結論が得られるかと先生が尋ねました。そして、クラスでの話し合いのあとに生徒をグループに分け、ベン図の使い方を指導しました。先生はとくに、時間の経過に伴う変化をどのように表現するのか、複合文（二つの文を接続詞でつないだ文）を構成したり、「今世紀」などの言葉を使ったりすることに重点を置きました。

おそらく、生徒が結論に達するためにリー先生が直面したもっとも重要な課題は、展示やレポートなどの成果物と調査との関係を生徒に理解させることでした。生徒たちは最初、一〇分か一五分の作業後に先生のところへ行き、「もう終わったよ」と言っていたのです。

生徒は結論を出すために役立つ情報を収集するといったことに慣れておらず、自分たちが十分な情報をもっているのかどうかについてもほとんど理解していませんでした。たとえば、仕事に関して調査していたグループが、「自分たちに必要な調査はすべて終わりました」と言ったので、先生は質問リストに目を通しました。そのリストの一つに、「靴のつくり方はどのように変わったのだろうか？」という質問がありました。生徒はその答えとして「靴職人」と記しており、このテーマに関してさらなる情報は必要ないと確信している様子でした。

リー先生は生徒に、「展示物をつくったり、文章を書いたりするために必要な情報はありますか？」と尋ねました。先生の声色から、これだけでは十分ではないと生徒は判断したようですが、ほかに何が必要なのかについては分かっていませんでした。

リー先生は、プロジェクトの評価シート（次ページの**表7－2**参照）にある、とくに「詳細な情報を使う」のセクションに生徒の注意を促し、「靴職人」という言葉からレポートやプレゼンテーションで使用できそうな情報があるかどうかと尋ねました。集めた情報だけでは、レポートを書いたり、プレゼンには十分でないことを生徒は理解しました。そこで先生は、窮地から抜けだす方法を次のように教えました。

「これは研究ですか？　それともまだブレインストーミングの段階ですか？　私はこれをブレインストーミングだと思いますが、あなたたちが使う情報を見つけるためにはもっと調査する必要があります」

生徒は、まだ展示の作業をはじめる準備ができていないことに気づいてがっかりしていましたが、少なくとも課題を完了させるためには、より多くの情報が必要であることを理解しました。

同様に、生徒が調査を終えてプロジェクトの次の段階に移ったとき、ほとんどの生徒がせっかく書きためた情報を無視していました。調査中に学んだことに対して何の言及もせず、ただ単にレポートの作成に取りかかっていたのです。

たとえば、仕事の変化を調査しているグループの生徒は、テーマについて話し合ったあと、「よ

表7－2　歴史展示会の展示物とレポートの評価表

名前＿＿＿＿＿＿＿＿＿＿	点数＿＿＿＿＿＿		
	最高点数	あなたの点数	コメント
展示物を準備している 魅力的な展示や明確な分類と説明には、いくつかの歴史的な日用品や写真が含まれている。	25		
証拠に基づいている 展示とレポートは少なくとも四つの情報源の引用元が記載されている。	25		
詳細な情報を使用する 歴史的なものとその使用方法に関して、明確で焦点が絞られた説明ができている。	25		
口頭での発表 展示に関して分かりやすい説明がなされている。聞いている人を引き込み、質問に答えることができている。	25		

い仕事をしている人は一日に一ドル稼げるが、よい仕事をしていない人は一日に一セントしか稼げない」と書いていました。自分たちが気づいたこととはまったく関係のない話し合いをしている間に勝手に結論をつくりあげてしまい、気づいたこととはまったく関係のない内容にしてしまっていたのです。

ほぼすべてのグループが、似たようなプロセスを繰り返しました。物事がどのように変化したかについて、「そのほうがみんなに受けるから」とか「そのほうが人びとが好きだから」などと生徒は書いていましたが、自分自身が気づいたことについては何の言及もありませんでした。ここでもリー先生は、ノートを使って結論を導きだす方法や、レポートのなかで結論を整理する方法を生徒に教えました。

英語学習者とともに調査する

第４章と第５章で紹介したレイノルズ先生と同じく、リー先生のクラスにも英語学習者はいませんでしたが、彼女は英語が苦手な生徒でも多くのニーズに対応できるような方法で教えていました。たとえば、「歴史展示館」プロジェクトの準備では、日常生活に焦点を当てたり、家からモノを持ち込んだり、知人と話したりすることで、生徒たちが自分の経験や事前知識を引き出せるようにしました。このようなプロジェクトの特徴は、とくに英語学習者にとっては心情的にも認知的にも有益となります。［参考文献111、144］

第一に、学校では生徒の生活やアイデンティティーが大切にされていることを明確に示すことができます。学習は家庭生活から切り離されたものではなく、生活の延長線上にあるものです。本書で紹介している多くの活動と同じく、「歴史展示館」プロジェクトは、生徒やその家族、そして地域社会が、学力向上に貢献する専門的な知識をもっているという明確なメッセージを発信しています。これは、単に自分たちの伝統に誇りをもってもらいたいということではなく、これまで何度も述べてきたように、背景知識をうまく活用することが学習には欠かせないからです。

すべての生徒は、自分自身の意味のある人生を通した理解を深めるために、新しい情報とすでに知っていることを結びつける機会を必要としています。そうでなければ、情報は表面的に学んだだけで、すぐに忘れ去られてしまうでしょう。このことは、学校における歴史の授業と自分の考えを結びつけるのに苦労している英語学習者にとってはとくに重要となります。日常生活に関連したテーマに焦点を当てることで、その関連性がより明確になるのです。

リー先生の教室では、英語学習者がうまくやっていくうえにおいて欠かせない二つの要素が特徴としてありました。第一に、歴史は文章だけではないということです。生徒たちは、先生がユニットをはじめたときだけでなく、自分たちの調査の一部として、いつも日用品と視覚的なイメージ（とくに写真など）を調べました。英語学習者にとっては、常に新しい語句に触れることは負担が大きくなります。しかし、画像を観察したり、モノに触れたりする機会があれば、生徒は言葉一辺倒という圧迫感から解放され、明らかにさまざまな資料から多くのことが学べるのです。［参考文献111、475］

多くの場合、歴史は読んだり聞いたりするのと同じくらい、観察したり触れたりすることで学ぶことができます。古いアイロンの重さやクリノリン(14)の感触、古い建物の外観などは、観察したり触れたりして学ぶほうがはるかに理解することができます。これらは、モノやイメージと同じく、言葉ではうまく伝えることができません。

これらの資料を使って作業をすることで、生徒は本や文章を通して得られると思われている学術的な内容やスキル、つまり時間の経過による変化についての学習、観察や推論、結論の導き方などを得ることができます。資料そのものを変えることで教師は、生徒が歴史を理解する際において障害にならないようにすることができるのです。

リー先生は、歴史固有の内容に関する分野においてうまくやっていくために欠かすことができ

(14)　一八五〇年代後半に発明されたもので、スカートを膨らませるためにクジラの髭や針金を輪状にして重ねた骨組みをもつ下着のことです。

ない専門用語をモデルで示すことも行っていました。専門用語を使うことは、単に特定のテーマに関する語彙を学ぶということだけを意味しません。また、日常的ではない、教科書に載っているような硬い言葉を使うという意味でもありません。専門用語とは、特定の内容に関する情報を伝達するのに役立つ言葉や言葉遣いのことを指します。「歴史展示館」のようなプロジェクトでは、以下の事柄が必要となります。〔参考文献505〕

①**歴史的な変化を説明するための語彙**――これには、「当時」「現在」「世紀」「一〇年」「世代」「時代」などの時間を表す言葉のほか、「発展」「進歩」「変容」「進化」「出現」「発明」など変化の過程そのものを表す言葉も含まれます。

②**関係性を表現する文章の構造**――時間や因果関係を表現する文のことを指します。また、過去の生活を表現する単純な文や複合文（このモノは……に使われていた）や、生活が現在とどのように異なっていたかを表現する文（一〇〇年前は……しかし今は……）も含まれています。

③**歴史での一般的な修辞形式**――これには、複数の文を長い口頭発表や作文につなげるスピーチやライティングの形式が含まれます。歴史でもっとも一般的な文章形式は物語ですが、リー先生の教室における活動の多くは、ある時代の生活がどのようなものであったかを説明するときのように、主なアイディアとそれを裏づける細目を含む文章を書くこととなっていました。

専門用語のこれらについて、生徒がうまくやるためには教師がモデルを示すことが重要となります。時間を表す言葉を使うように教えたり、過去の生活がどのように違っていたかを示す文章や段落を書くようにと教えたりするだけでは十分とは言えません。もちろん、方法を説明するだけでも十分ではありません。

教師は、これらのことをどのようにして行うのかについて、頻繁にモデルで示さなければなりません。前述したように、リー先生は学校をテーマにしたベン図を作成し、結論を出すことをモデルとして示しましたが、結論を表現する文章のつくり方もモデルにして見せていました。また、プロジェクトのある時点では、主なアイディアとそれを支える細目をもつ段落の書き方もモデルで示しました。

これらは、生徒にとっては簡単なことではありません。彼女は文章を書き直しただけなのに、何人かが、自分たちの裏づけとなる情報を教えてくれていることに気づいてびっくりしていました（一例を挙げると、「植民地時代の人々は、今の私たちとは違って見えました。彼らは、私たちと同じようには見えませんでした。私たちも、当時の人々からすれば違って見えるでしょう」という発言があります）。

事例を書き、それを先生がホワイトボードに表示することで（さらに、生徒と個別のやり取りを通じて）、生徒自身で結論を出すことができる方法が身につくように手助けをしたわけです。

アセスメントと自立的な学び

これまで述べてきたように、評価の目的の一つは、生徒が達成基準を理解し、それを自分の学習に活かせるようにすることです。実際、教えることの主な目的の一つは、生徒が自身の学びを計画し、自立的な学びを促すことです。何をどうすればよいのかということについて教師に細かく教えられている生徒は、その後の学習や学校外での生活に関する準備はできないでしょう。逆に、学習をうまくやっている生徒や市民であれば、好奇心をもって周囲の世界にアプローチし、自らの学習に責任をもつようになります。(15)

生徒は、やるべきことを聞くのではなく、成功のモデルを得るために教師に注目をするのです。評価(アセスメント)は、自発的な意志をもった、自立した学習者を育成する過程においては不可欠となる方法なのです。課題をはじめる前に明確な基準が設定されていれば、教師と生徒はその目標に到達するために一緒に学習することができますし、その場合の教師の役割は、生徒に学習を指示することではなく、生徒の学習をサポートすることになります。

リー先生の授業で行われた「歴史展示館」プロジェクトでは、このような自主的な学習が重要な役割を果たしていました。生徒が遭遇する落とし穴を強調したことで、このプロジェクトは退屈なものという印象や、面白みのないものという印象を与えたかもしれませんが、それは事実とはかけ離れています。

生徒たちは一貫して課題に取り組み、着実に作業を進めましたし、自分たちが発見したことを、いつでも訪問者や互いに紹介する準備ができていました。生徒にとっては多くの障害があったにもかかわらず、探究の目的や探究をする意味について学ぶ教室の「雰囲気」は一貫して開放的なものであり、リラックスしたものでした。

生徒がこのプロセスを心地よく感じた理由の一つは、リー先生が生徒たちに学習の責任をもたせることに重点を置いていたからです。プロジェクトの開始時、彼女は詳細な評価チェックリストを配布し（二八六ページの**表7－2**参照）、基準をどのように達成するのかについて生徒に学んでもらおうと考えました。たとえば、「靴職人」という言葉を書いただけで調査が終わったと判断した生徒のときのように、基準を満たさないで研究が終わった場合、生徒を批判したり悪い評価を与えたりするのではなく、評価チェックリストに沿った作品になるように改善する方法を先生は教えました。

リー先生は、プロジェクトを通して、生徒自身が学習の責任者であり、教師は生徒を助けるた

---

(15)　詳しくは『「学びの責任」は誰にあるのか？』（前掲、新評論）をご覧ください。

めに存在しているということを態度で示していました。そのため彼女は、プロジェクトのどの段階に取り組んでいるのか、次に何をするのか、計画していたことができなかった場合の代替案は何かと、毎日生徒に尋ねていました。

これまで強調してきたように、生徒が何を達成しようとしているのか（そして、なぜ達成しようとしているのか）を生徒自身が知るためには、達成基準を内面化する必要があります。リー先生は、そのようなメタ認知的な意識を生徒に与えることに成功したわけです(16)。

たとえば、リー先生はプロジェクトの終わりごろ、生徒と一緒に文章の構造を見直し、「段落内の主なアイディアを支持するのに十分な細目がないことに気づいた場合、どうすればよいですか？」と生徒に尋ねました。その結果、生徒たちは「もっと研究する」ことに同意し、二週間前にはまったく知らなかったと思われる概念を理解したのです。

とはいえ、評価シートを理解しただけでは、生徒の学習意欲を高めることはできないと認識しておく必要があります。生徒が基準の意味を明確に理解したとしても、それを達成することに興味が湧かないかもしれません。作業が難しすぎたり、簡単すぎたり、意味のないものだったりすると、生徒は責任をもって学習に取り組まなくなってしまいます。

明確な基準を設定し、生徒がそれを達成できるように支援することは、その基準そのものが課題にとって意味のある場合にのみ意義をもちます。たとえば、本章で生徒が興味をもち、継続して参加した重要な理由の一つは、自分たちの活動が最終目標である「歴史展示館」の展示に向けて授業が設計されていると理解していたことです。

明らかにこの展示は、生徒が調査においてもっとも好きな部分であり、生徒はその制作に細心の注意を払い、視覚的にも魅力的で、分かりやすく、興味深い成果物をたくさんつくれることを確認していました。また生徒は、展示物をほかのクラスや両親、そして祖父母に説明することになるので、プレゼンテーションをしたり、質問に答えたりするために、自分たちのテーマを十分に理解していなければならないことも分かっていました。

教師は、特定の聴衆に向けて文章を書いたり話したりすることを生徒に想像してもらうことがよくあります（多くの場合、それは部分的な成功に終わってしまいます）が、リー先生の生徒たちは本当に来る聴衆のために準備をしました。生徒は、テーマについて何も知らない「誰か」を想像して準備したわけではなく、テーマについて何も知らない「小学生」のために説明を準備していたのです。生徒が期待していたことはまさしく「本物」だったので、会場での実演をはじめとして、「これが何に使われたか知っていますか？」などといった質問をしながら、聴衆をはっきりと想定したプレゼンテーションを計画することができたのです。［参考文献298］

（16）　メタ認知に関しては七二ページを参照してください。

時間と年表への理解を深める

伝統的な歴史の指導では、歴史的な事件の年号を暗記するように、しばしば型にはめられたように行われる場合が多いものです。ここまで読まれて、この点についての私たちの考えが非常に異なっていることを、みなさんが理解されていることを願っています。しかし、時間軸を理解することが、歴史を理解するうえにおいて不可欠な要素であることも否定できません。

いくつかの重要な点で、時間と歴史の関係はスペリングと作文の関係に似ています。(17) 文章を書くうえにおいてスペリングは、目的や「声」(18)、文章構成に並ぶほど重要であるとは考えられていませんし、ほとんどの教師は、作文の指導において、構成内容に時間を割くほどスペリングには時間を割かないでしょう。しかし、彼らは、生徒が最終的にスペリングを学べば、作文がはるかによいものになることは知っています。

同様に、時間の重要性は、歴史的な証拠や解釈、エイジェンシー(19)、意義などの問題に比べれば小さなものですが、物事がいつ起こったのかということについて生徒が知っていれば、歴史的な理解はより完全なものになります。文章を書くうえにおいてスペリングが重要なように、時間も歴史のうえでは重要な部分なのです。

生徒に時間について教えることの問題点は、テーマの異なる面を混同してしまうことです。歴史的な時間を理解することには、少なくとも二つの要素が含まれています。それは、出来事を年代順に並べること（年表として知られていることもあります）と、出来事を特定の時代に一致させることです。これらの要素は、一見すると似ているように思われるかもしれませんが、生徒は前者のほうがずっと得意です。私たちの研究によると、幼稚園児でも、車が写っている写真よりも屋根つきの荷馬車の写真のほうが昔の時代であることを認識しています。

小学校低学年の生徒であれば、さらに複雑な区別が可能となります。学年が上がるにつれて、技術やファッション、社会的な役割などを手がかりにして、年代順に絵を並べることにますます長けていきます［参考文献32、33］。社会生活や物質的な生活の変遷という歴史の時間に関する知識は、事前知識のなかでもとくに重要な部分となります。

年表のもととなる知識をもっているにもかかわらず、生徒は「恐慌」や「植民地時代」など、時間を表す表現を活用する能力に関してはあまり発達していません。小学校の生徒は、時代をどのように感じるか、現在がどのようなものであるかについてはごく普通に知っていますが、歴史

(17)　日本なら、スペリングの代わりに漢字が当てはまります。
(18)　一二一～一二三ページを参照してください。
(19)　一一一ページの注（7）を参照してください。

上の時代と年号を関連づけることがほとんどありません。歴史的な絵を時系列に並べることはできるのですが、年号とあわせることができないということです。

四年生までに、多くの生徒が「一九六〇年代」や「一八〇〇年代」などといった特定の期間を使いはじめます。そして、五、六年生までに、何人かの生徒は写真を年号から一〇年以内の誤差で識別し、一七〇〇年代と一八〇〇年代の写真を適切な世紀に区別することができます。

時折、この年齢の生徒は「ヴィクトリア朝時代」のような言葉を使用します。このような時代の呼び方は、主に物質的・社会的生活から得た手がかりに基づいているわけですが、高学年の生徒でさえ、戦争や政治的な出来事の年号を知ることはほとんどありません。

年号を時間の理解と同一視すると、生徒の能力を過小評価することになります。低学年の生徒は具体的な年号についての知識が非常に少なく、高学年の生徒でさえ、学校で通常重要だと考えられている出来事に関連する年号を容易に特定することができないので、「時間を理解していない」と結論づけたくなってしまいます。

このような意見は、初等教育課程から歴史を省く理由として用いられることもありますが、実際には、ほとんどの生徒が歴史上の時代を十分に理解しているのです。ただ、具体的な年号をまだ学んでいないだけなのです。このような生徒の思考に関する側面には二つの重要な意味合いがあります。

第一に、年号や従来のような時間の表現（「植民地時代」のようなもの）から、小学五年生までの生徒が具体的なことを連想することはないということです（それ以降の多くの生徒も同様です）。「一八世紀」や「一九二〇年」、あるいは「約三〇年前」に何かが起こったと言っても、ほとんどの子どもたちにとっては何の意味もありません。なぜなら、それらの表現だと目に見える形で扱えるものと一致しないからです。一例を挙げてみましょう。

学年の初めにリー先生が、「一九八〇年にテレビがあったと思いますか？」と生徒に尋ねたところ、ほとんどの生徒が「テレビはあった」と思っていました。次に、「一九七〇年にテレビがあったと思いますか？」と尋ねたところ、クラスの意見が分かれました。最後に、「一九六〇年にテレビがあったと思いますか？」と尋ねたところ、全員の生徒が、「そんな昔には現代的なものは存在しなかった」と答えました。

生徒の年代に関する知識がこのように未発達な場合、数字という年代を使うことで何がいつ起こったかを知ることができると教師が期待することはできません。

年代を学ぶことで何がいつ起きたのかが理解できる、と考えるのではなく、生徒が身につけるべき概念としての時代に教師はアプローチするべきです。また教師は、生徒が歴史に関する視覚的なイメージと、それに対応する年代が関連づけられるように助ける必要があります。

リー先生の生徒は一九六〇年にテレビがあったとは思っていませんでしたが、一九六〇年代の写真を、一九五〇年代と一九七〇年代の写真の間に配置することは簡単に行いました。そこで先生が目標としたのは、さまざまな時代に対してもっている生徒のイメージを、年代にあう形で使用する方法を学ぶことでした。具体的に言うと、生徒が勉強しているテーマに関連した年代に絶えず注意を向けさせ、さまざまなものが開発されたと思うのはいつごろかを尋ねることでした（たとえば、二六六ページの**表7－1**の「過去の日用品を考えるシート」を参照）。さらに重要視されたのが、教室の壁に「視覚的な年表」を貼ることでした。

年表は、どのような歴史の教科書にも付いていますし、多くの教室の壁に貼られています。しかし、それらの年表は生徒の知識との関連性がないため、理解を深めることはほとんどできないと私たちは考えています。

一般的に年表は、生徒がよく分からないものである年号と、同じくよく分からないものである戦争や政治といった事柄に結びついています。ほとんどの人が年号を暗記することに否定的な連想をするのは、おそらくこのような欠点に由来しているものと思われます。年号と実際に起こった事柄には具体的なつながりがないからです。

年表が効果的であるためには、生徒の事前知識、つまり社会的・物質的な生活の変化を視覚的に理解してもらうことが必要となります。たとえば、リー先生の教室には、二つの壁に視覚的な年表が貼られていました。それは、一八九五年から現在までを数十年毎に示す目印と、適切な位置に配置された写真で構成されていました。

生徒は、一年を通して、自分たちが持ち込んだ過去に関する日用品や写真を年表に加えていきました。リー先生が年表を設置してから間もなく（しかも、生徒たちに説明する前に）、驚くべき現象が起こりました。どのような時代であれ、先生がある年代の話をするたびに、生徒の顔は年表のほうを向いたのです。

生徒は、年代の意味を知るために、一九一〇年や一九四〇年などの時代に人々がどのような服装をしていたのか、どのような機械をもっていたのかについて、自分の目で確かめるために年表を使っていたのです。それはまるで、自分自身に「ああ、一九四〇年はそうだったのか！」と言っているかのような感じでした。

この視覚的な年表は、まさに私たちが提唱している目的を果たしていると言えます。つまり年表は、生徒がすでに知っていることと年号を一致させるうえにおいて役立っていたのです。このような視覚的な年表は、世界地図や読書コーナーと同じく、小学校の教室には不可欠なものであるべきです。常に年号と視覚的なイメージのつながりに生徒が触れていれば、意味があると思い込んで教師が生徒に言ってしまう「第二次世界大戦は一九四五年に終わった」というような発言に対しても、生徒はその意味を理解することができるようになるでしょう。

歴史的な時間に関する生徒の事前知識には二つの重要な意味があります。教えることの主な目的の一つとして挙げられるのは、生徒が歴史的な時間の概念をより正確に区別し、「今に近い」、「昔」、「本当に昔」などといった大まかな時代表現をより細かく区別できるようにすることです。すでに生徒は社会生活と物質的な生活面においては基本的な理解をしていますので、これは指導のためのよい出発点となります。

本章で紹介した「歴史展示館」プロジェクトは、生徒がすでに知っていることを用いて、よりまとまって意味のある時間についての理解を深めようとする試みの一例です。時間に対する理解を深めるということは、「南北戦争前の時代」、「南北戦争」、「西部開拓時代」をすべて「一八〇〇年代」という大まかなカテゴリーにひと括りにするのではなく、区別できるようにすることを意味しています。

もう一つの目的は、生徒の時代思考のなかでもとくに一般的な側面とされること、つまり単線的な歴史的発展を前提とする考え方に対処することです。生徒は、歴史の発展は最初に一つのことが起こり、その後にその期間が終わってすべてが変化するといったように、厳密な順序に基づいて進行していると思い込む傾向があります。［参考文献33、341］

たとえば、入植者が来たことで都市がつくられた、また移民が来たあとに初代大統領が任命された、などと考えます。生徒は、人々がほかの場所にある開拓地に定住した時期に、国の一部の地域には都市があったことや、ヨーロッパ人によって最初の植民地がアメリカに設置されたあとも移民が何百年にもわたって到着していたことを認識していません。

年表（および、それに付随して教えること）には、その時代の人々の生活がどのようなものであったかについて生徒が理解できるように、比較できるものを含んでいなければなりません。生徒がアメリカ史の年号を見るとき、一つのイメージだけを見るのではなく、いくつかの地理的なイメージが描かれたものや、さまざまな人種や民族、女性や男性、裕福な人々や労働者の経験から描かれたイメージを見られるようにすべきです。[20]教える際、生徒一人ひとりのニーズや興味関心にあった形で取り組めるようにするだけでなく、歴史的な時間に関する知識を多様化させることが重要な目的となっていますが、多くの場合、見落としがちとなっています。

さらに授業を拡げるために

「歴史展示館」プロジェクトを発展させるためのよい方法は、対象となる期間を変えることです。リー先生が過去一〇〇年間を調査することにしたのは、生徒の家族が情報を提供してくれる可能性があるなかで、もっとも長い期間だと考えたからです。

---

(20)　この方法について詳しくは、『ようこそ、一人ひとりをいかす教室へ』（前掲、北大路書房）を参照してください。

多くの家庭では、生徒の曾祖父母の時代までさかのぼることができる日用品が保管されていたり、物語が語られたりしています。小学校の生徒は、自分が生まれる前の生活がどのようなものであったかについて混乱することが多いので、過去五〇年、またはそれ以下の期間で教師はユニットを計画することが多いです。

ある小学校の先生は「歴史のショー・アンド・テル」(21)の時間を設けています。毎日、生徒が「古いもの」を持ってきて、それについて学んだことを説明するというものです。

持ち込まれたものの年代は、一九世紀につくられた刺繍の見本から五年前のソフトボールまでさまざまでした。この活動は、「歴史展示館」プロジェクトのように広範囲で体系的なものではありませんが、歴史的な時間に対する生徒の理解を深めることはできます。

対象物について教室で話し合ったり、日用品の年表に載せたりすることで、生徒は過去の生活について理解を深めることができます(一例として、生徒が最初に気づくのは、ボコボコしたソフトボールのように「古いものに見え」ても、それが古さを直接示すものではないということです)。この教室の生徒は、時間の経過とともに変化することへの理解を深め、過去を「ずっと前」のこととひと括りにして考えることをやめていきました(リー先生の生徒もそうでした)。

中学生の生徒は世界史における古代文明についてたくさん学習していますので、時間の変化に関する表現を発展させるうえでは、このようなテーマがよく当てはまります。もし、生徒がアメリカ史のある時代を区別することができなければ、世界史の区別はさらに難しくなってしまうでしょう。

四年生のある生徒が、植民地時代以前を「神がいた時代」と表現していました。このような印象は、教科書に載っている人物や出来事だけを追いかけるだけで、歴史上の人々の暮らしぶりを知ることなく授業が進められていたことが原因であると考えられます。

古代や中世、近世の日常生活の変化を調べることで、自分たちが学んだ文明についてより深く洗練された理解を得ることができます。このようなプロジェクトは、中国、マリ、ジンバブエ、中央アメリカ、(22)ヨーロッパなどにおける文明の生活様式に関する変化を比較して、年表を作成するのに適しています。同じく、州の歴史を学ぶ生徒であれば、初期の政治指導者の詳細や州旗が採用された経緯を暗記するよりも、州の歴史的な変化についての展示物を作成するほうが有益となります。［参考文献433］

中学校の生徒は、リー先生の生徒がほとんど無視していた、歴史的変化の二つの側面に注意を

(21)　生徒が歴史に関連する珍しいものや自慢の品物を持ってきて、みんなに説明することです。他教科の実践で行われていたものを歴史にアレンジしたものです。

(22)　スペインが植民地をつくる前の時代、メキシコ中部からホンジュラスやニカラグアにわたる「メソアメリカ」と呼ばれる地域のことで、マヤ文明が栄えたことで有名です。

向けることができます。先生のクラスで行われた発表のほとんどは、物質的な文化の側面に焦点を当てました。たとえば、仕事に関するグループでは児童労働について、ファッションに関するグループでは女性の外見に対する期待の変化について話していましたが、主な焦点は、常に写真や日用品に表れる物質的な変化に集まりました（これは驚くべきことではありません。私たちが指摘してきたように、小学校の生徒は時間の経過とともに変化する側面よりも、そうした変化について詳しく知りたくなるという傾向があるからです）。

中学校の生徒であれば、ほかのテーマを選択させることも可能です。物質的な文化の変化ではなく、社会関係がどのように変化してきたのかについて調べることができます。テーマには、女性、マイノリティー、子ども時代、貧困層、戦争、家族構成、宗教、労働、法律、自然環境に関する態度の変化などが含まれます。

リー先生の授業と同じくこれらのテーマであれば、生徒が質問をしたり、印刷された資料だけでなく、人々から情報を収集したり、結論を導きだしたり、プレゼンテーションの形式で自らの解釈を発表したりすることもできるでしょう。

中学校の生徒は、小学校の「歴史展示館」プロジェクトでは無視されていた変化の側面、すなわち変化の理由にも注目することができます。リー先生の生徒は、技術やファッション、仕事などといった何かが時間の経過とともに変化した理由を説明するといったことにはほとんど注意を向けませんでした。先生が生徒に説明を求めても、変化については、改良が行われることを当然と見なしているか――「その人たちは、ただそれを考えはじめただけだ」、あるいは、変化がなぜ起こったのかについて当惑するか――「その人たちは、ただそのやり方に飽きただけだと思う」の、どちらかでした。

しかし、生徒が四、五年生のときにリー先生のような教師に学び、時間の経過による変化の性質を理解していれば、それ以降の学習経験において、それらの変化がどのようにして起こるのか、とくに文化、経済、社会といった広範な変化とそれがどのように関係しているのかについて理解することに焦点が当てられるのです。［参考文献33］

まとめ

本章で説明されているプロジェクトは、第１章と第２章で示した歴史的な方法と教え方の原則に関する重要な要素をもっています。

第一に、日常生活の変化を調査することは、生徒がもっともよく知っている歴史的なテーマに基づいています。幼い子どもであっても、技術やファッション、社会的役割の変化については、家族やメディア、大衆文化からすでに学んでいます。これらのテーマをさらに調査することで、生徒は身近で簡単に取り組める内容を扱いながら、理解に深みと特別な意味合いを加えることができます。

第二に、このようなプロジェクトは、生徒を真の歴史探究へと導くことになります。読解力がまだ発達していない生徒は、文章による一次資料、とくに離れた時代の資料を使うのに苦労するでしょうが、写真や昔の日用品を分析することで重要な歴史資料を正しく扱えるようになります。また、生徒がつくりだす質問は、決して突拍子もないものではなく、調査から自然に導きだされて、さまざまな資料を利用することにつながります。

最後に、このようなプロジェクトを実際にいる視聴者に向けて行うことで、生徒はプレゼンテーションや展示に必要とされる深い理解力を身につけることになります。

もちろん、本章で明らかになったように、このような本格的で専門的な探究は容易ではありません。教師は、生徒の興味を刺激し、質問を展開することを助け、情報収集の手順をモデル化するなど、プロセスのあらゆる段階で生徒を導き、サポートする必要があります。しかし、教師と生徒がこのようなプロジェクトに対して意欲的に取り組めるという事実は、生徒を有意義な歴史学習に引き込むことができる可能性を証明していることになります。また、これらのプロジェクトは、参加型民主主義に対して二つの重要な方法で生徒に準備をさせることになります。

第一に、本章を通して述べてきたように、生徒は単に自らの質問に対する答えを調べるのではなく、関連する情報を見つけ、それを根拠に結論を導きだす必要があります。このことは、民主主義に参加するというもっとも基本的な要件の一つとなります。

市民は、証拠を慎重に検討したうえで自らの考えを展開しなければなりません。他者と一緒に議論するには、権威や伝統、軽率な意見だけに頼っていてはだめなのです。なぜなら、ほかの人もその人なりの権威や伝統、思慮深い意見をもっている可能性が高いからです。また、生徒（大人も！）はこのような行為を好みますので、単純に物事をでっちあげることもできません。

グループのメンバーとして議論するときは、自分たちの立場に理由がなければならず、その理由は証拠に基づいたものでなければなりません。そうでなければ、私たちは何も話す資格がなく、人々の間に生じる意見のギャップを埋めることができないからです。「歴史展示館」プロジェクトでは、生徒は証拠に基づいて自らの主張を説明し、その結論に至った経緯を明らかにするという、まさに民主主義の基本的な要件を学びました。

これらのプロジェクトが民主主義への参加に貢献できる第二の点は、あまり目立たないかもしれませんが、通常の教室で行われている活動をはるかに超える重要な要素です。多くの場合、生徒は授業や小テストなどの問題に答えたり、達成度を確かめるテストを受けたりして歴史の知識を示すように求められますが、通常、このような方法は説明責任を果たすことを目的としたものでしかありません。そこで問われているのは、「生徒はその章を読んだのだろうか？」、「生徒は学んだことを覚えているのだろうか？」、「学校は必要な内容をカバーしているのだろうか？」というようなことだけです。

このような方法は、歴史そのものの教育にとってはほとんどメリットがなく、また民主主義社会に参加する生徒にとってもメリットはありません。しかし、社会全体では、展示館や史跡、歴史的な再現などといった展示が一般的に行われており、多くの人が発信されている情報を楽しんでいます。

本章で紹介したようなプロジェクトは、学校で行われている歴史情報の発信を、学校外のものに近づけるための一つの方法です。「歴史展示館」プロジェクトで生徒は、クラスメイトやほかの教室の生徒、そして家族や親戚など、多くの人に対して意味のある形で情報を示していました。これは、一般社会の人々が歴史に参加する基本的な方法の一つとなります。［参考文献36、341］

要するに、過去についての情報を生徒が知らないであろう人に伝えるということです。これは、歴史知識の発信に意味と目的を与えます。しかもそれは、単に説明責任といった（自分が知っていることを示す）目的のためだけに行われるのではなく、ほかの人々が学ぶことを助けるために行われるのです。このように情報を共有することで、民主主義への参加はより豊かで完全なものとなるでしょう。

第8章

やった、討論するんだ！

——対立を学びのなかに位置づける

オハイオ州で八年生を教えているヴィクター・コマ先生が教員研修に参加したとき、講師が「アメリカの子どもは、公の場で対立に対処するためのスキルをほとんどもっていない」と話していました。コマ先生はこのことをよく覚えており、自分の生徒もまさにそうした問題を抱えていることに気づいていたので、次年度の初めから歴史には論争的な側面があることを強調し、生徒が対立状態に対処できるようにしようと考えました。

そこでコマ先生は、生徒に地域、国、そして世界で今起こっている対立について書かれた新聞記事を持ってくるようにと指示しました。そして彼は、縦軸に「対立」、「視点」、「解決策」、「変化」と書いた模造紙を用意しました。

次の日、生徒が持ってきた対立を分類したあと、記事を読み直して、自分が選んだ対立から少なくとも二つの側面を見つけだすようにと生徒に指示しました。そして、生徒は、読者からの手紙、社説、そして対立について書かれた記事などを切り抜きました。

その後、今起こっているそれぞれの対立について探究するための小グループをつくり、教科書にそれらに関する知識が示されているかどうかについて調べました。たとえば、差別禁止法の改正に関する対立を調べているグループは、教科書の公民権運動に関する部分が役立つことを発見しました。また、芸術分野への助成金を削減することに関する対立を選んだグループは、「全米芸術基金」や「全米人文科学基金」などの政府機関がどのように設立されたのかという情報が役立つと思いました。

しかし、ほとんどのグループにとって教科書は、自分たちが選んだテーマを考えるためには役立ちませんでした。そこで生徒は、新聞やインターネット上の情報に頼るしかないと判断したわけです。

コマ先生は、生徒が多様な情報源をうまく使いこなさなければならないことは分かっていましたし、しなければならないことを把握するための助けが生徒に必要であるとも思っていました。そこでコマ先生は、過去数年間の実践のなかから、生徒が論争を引き起こしている問題をさまざまな視点から整理する方法を提案しました。

表8－1は、近くにある原子力発電所の稼働の是非について調べていたグループがつくったも

表8－1　対立——原発の稼働を継続すべきかどうか？

何が対立の原因か？　——過去から現在に至る「対立」	
原発稼働継続「賛成」	原発稼働継続「反対」
・安くて、クリーンに電力が得られる。 ・新しい職を提供する。 ・採鉱よりは安全。 ・安全機能がついている。 ・天然資源を節約する。	・事故の危険性がある。 ・仕事には危険が伴う。 ・学校や住宅に近すぎる。 ・不動産の価値が下がる。 ・核廃棄物を安全に処理する方法がない。

それにはどういう意味があるのか？　——予想可能な未来像	
原発稼働継続	原発稼働停止
・上記の「賛成」の項目が行われる。 ・シンシナティがチェルノブイリのようになる。 ・核廃棄物が地下水を汚染する。 ・ほかの電力会社が倒産するか、安く売られる。	・既存のエネルギー源がなくなるまで使う。 ・資源が枯渇しはじめて、燃料の値段が上がる。 ・資源がなくなる前に、科学者たちがより安全な動力源を考えだす。

のです。この場合、原発はすでにできているため、建設の是非ではなく、稼働を続けることの是非が焦点となります。

生徒は、過去の新聞記事を調べることで、なぜ建設されることになったのかということや、どのような建設反対の話し合いがなされたのかといったことについて明らかにすることができました。

そのうえで、原発のメリットとして過去に主張されたことと、現時点での状況を比較しました。と同時に、過去に主張されたことについては、世界のほかの地域で起こった原発事故とも比較しました。

コマ先生は、今抱えている対立に関する歴史的な重要性について考えやすくなるように二つの用紙をつくっていました。そして各グループに、その用紙を埋めるようにとも言いました。「何が対立の原因か？」というタイトルが書かれた用紙には生徒が選んだ対立点を書き、その後に自分たちがその原因について、あたかもそのテーマについて研究したかのように書きます。もう一つの「それにはどういう意味があるのか？」というタイトルの用紙では、今抱えている対立の原因が続いた場合となくなった場合の結果、どのように違った未来になるのかについて生徒に書きだすように求めています。

これら二つの用紙は、生徒に歴史的な原因と将来への影響について推測することを求めています。のちに彼らは、実際の結果が分かっているものに関しては、自分たちの仮説と比較することになります。対立が解消されたと思われたときは、生徒は解決策を書きだしたり、妥協策について議論したり、誰の視点が勝《まさ》ったのかなどということについて話し合ったりしました。

模造紙の「変化」の軸には、対立ないしその解決策がどのような変化をもたらしたのかについて生徒は書き込みました。たとえば、賛否の分かれる芸術祭が停止されたとき、差別禁止法が改正されたとき、新しい組合の協約が締結されたときにどのような違いが生みだされたのか、などです。

コマ先生は、完成させた用紙を使って、自分たちの未来を考えるよう生徒に促しました。各グループはあたかも歴史家のごとく、五〇年後の人たちに向けて、自分たちが選んだ対立点について説明する一〇分間のプレゼンテーションをつくりました。

そのプレゼンテーションのなかで生徒は、自分たちの選んだ対立点の重要性を、二つの異なる視点から説明することが求められました。一つは、当事者の視点であり、もう一つは未来の歴史家からの視点です。つまり、「その対立は、それを体験した時代の人たちにはどのように見えていたのか？」と「一定の年数が経過したときの歴史的な重要性とはどのようなものなのか？」という視点です。

多くの教師は、右記のような賛否の分かれるテーマに取り組ませることを恐れています。彼らは、対立についてはうまく扱えない、保護者（や管理職やマスコミなど）が自分を非難するかもしれない、もしくは自分の役割は生徒を対立させることではなく「仲良くさせる」ことだ、と考えているからです［参考文献166、443］。当然のことながら、クラスにおいて調和を求める教師の場合、対立ではなく意見の一致（ある一定の共有された価値観）を強く求めています。

これに対して、コマ先生や本書で紹介しているほかの教師のように、私たちは正反対の立場を主張します。対立は、私たちの公的・私的な生活の一部なのです。民主主義自体が対立のモデルに根差したものです。アメリカの独立宣言では、自分たちの権利を侵すような政府を倒せる根拠を説明していますし、権利章典は言論の自由を保障することからはじまっています。

世界中の民主主義には同様の基盤があります。民主的な政府は、一般的に対立する考え、反対意見、論争、交渉、そして、時には訴訟などに基づいて政治活動を行っています。選挙を行うときも過半数を取ったほうが勝ち、みんなが賛成することを待つことはありません。とはいえ、少数派の権利を守るために、法律によって多数決の原理に制約もかけています。(1)

さらに、争いを裁定するための裁判制度ももっています。加えて、日々の暮らしが世界各地で起こっている対立の現実を気づかせてくれます。そのなかには、国内や国外で起こるテロリズム、ヨーロッパやアフリカの民族紛争、カナダのフランス語系住民やスペインのカタロニア地方、そしてバスク地方などにおける独立の動き、アメリカ国内の学校での宗教論争、あるいは環境問題に関する意見の対立などが含まれます。私たちは論争の多い世界に生きている、ということです。

このように、アメリカの生徒は政治システムのなかでの対立よりも意見が一致するほうが大切であることを理解しているわけですが、実際に対立をどのように対処・解決し、さらに対立が残る場合にはどうしたらいいのかについては知らないということが研究では明らかになっています。

［参考文献166、426、428、429、430］

対立は避けるべきものであると捉えてしまうと、民主主義の根本と世界の本質を誤解し、事実を曲げてしまうことになります。私たちは、対立と意見の一致に関して、生徒により正直になることを提案しています。それは、常によくなっているという単純化された「成長」を強調することから、集団や個人が現在を含むさまざまな時代にどのように「エイジェンシー」ないし「力」を公私両面において発揮したのか、また競合する主張に対して社会はどのように対処したのか、そして、それらの政治的・社会的な意味は個人や集団にどのように伝わっていくのかなどという、より深い考察に焦点を当てた歴史の教え方への転換となります。［参考文献189、208、253、367］

これは、歴史のカリキュラムがより複雑になることを意味しますが、分解や解体をし直すほどのことではありません。主流の考え方を伝えることだけから、異なる集団同士の関係について調べたり、それらがもつ異なる社会的条件を理解したり、そうした学習に基づいた、より支持が得られる解釈をつくりだしていくことへの転換を意味します。

このような視点は、全米社会科教育学会（NCSS）のスタンダードが提示している内容とも一致します。NCSSのスタンダードを作成している人たちは、「生徒の意思決定プロセスを助けるツール」が必要であると主張しています。しかも、その際には「二項対立の単純なディベートのような扱い方をするのではなく、二つ以上となる問題の視点を探ることで、より広い、より

（1）合衆国憲法第4条は、多数決によって取り去ることのできない人々の権利を認める共和体制を保障しています。

筋の通った話し合いが可能になる」としています〔参考文献408〕。私たちはこの主張に同意していますが、筋の通った話し合いが生徒の学習スタイルの日常的なものになるためには、かなりの「足場かけ」が必要となります。〔参考文献218、226、244、245、246、509、535〕

さあ、話しましょう——筋の通った話し合いの準備

生徒にとって必要なことをあなたが考えるとき、話し合いへの支援を思い浮かべるのは最後になると思いますが、もし彼らが賛否の分かれる問題に対して筋の通った話し合いをしたいというのなら、それに対する支援こそが必要となります。

残念なことに、この種の話し合いが学校で行われることはほとんどありません。その代わりに横行しているのが、「ＩＲＥ」と呼ばれる種類のやり取りです〔参考文献86〕。これは、教師が質問し、生徒が答え、そして教師がそれを受け入れるか、それとも答えを修正するといったやり取りで、授業のなかにおいて頻繁に行われています。(2)

ところが、テレビのクイズ番組と裁判所の法廷以外では、現実にそのような話し合いが展開されることはほとんどありません。ＰＴＡのミーティングで服装の規則について話し合うとき、都市利用委員会に土地開発（ないし環境保全）を請願するとき、市議会の会場を禁煙にすることの

メリットを論じるとき、あるいはその他の委員会、理事会、ミーティングなどでＩＲＥタイプの応答がなされることはありませんし、もしそのようなことをされたら、出席者は怒りを露わにすることでしょう。

それに対して、自分の立場を裏づける証拠の使い方を身につけることができたら、自分と異なる意見に対して敬意をもって聞けたら、話し合いの際に個人攻撃を避けられたら、意見の一致を得る方法が身につけられたら、そして意見の相違があってもうまくやれるようになったら、市民としての生活に大きな利益をもたらすことになるでしょう。

本書で紹介している教師は、このような経験ができるように授業を注意深く計画しています。つまり、彼らは話し合いを使って教えるか、話し合いのために（ないしは、話し合いに向けて）教えているかの、いずれかの教え方をしているということです。(3)

話し合いを使って教える教師は、何かの目的を実現するための指導方法として位置づけています。たとえば、日系アメリカ人の強制収容についての話し合いに生徒を取り組ませるのは、いい話し合いをすることが目的というよりも、歴史的な出来事において、異なる立場の参加者の視点

(2)　Ｉは「Initiation 投げかけ／質問」、Ｒは「Response 応答」、そしてＥは「Evaluation 判定」を意味しています。ＩＲＥの話し方から脱する方法が『言葉を選ぶ、授業が変わる！』（前掲、ミネルヴァ書房）に詳しく紹介されていますので、参考にしてください。

を理解することを助けるためです。多くの教師は、生徒に関心をもってもらうにはこのような話し合いが役立つと捉えており、指導法の一部であるべきだとも思っています。

ジョシ・エリオット先生は、四年生で州の歴史カリキュラムを教える際には話し合いを使うことにしました。彼は、話し合いは生徒にとっても楽しく取り組める活動だと思ったわけですが、同時に、個々の生徒の探究学習が、単に生徒が集まっただけの状態をよりまとまりのある「探究するクラス」に変えることにつながるのではないかと思ったからです。

しかし、最初に行った数回の話し合いでは、不幸なことにまったくうまくいきませんでした。その理由は、話し合うのを生徒が嫌がったからではなく、先生が話し合いをリードせずに、すべてのことについて生徒に話し合わせたからです。

そこでエリオット先生は、州の歴史についての質問をして、話し合いをうまくコントロールしようとしました。けれども、生徒はそれに答えることができず、教室には耐えられないほどの静寂が続きました。先生は発言を促しましたが、生徒はボソボソとつぶやき、自分の席でモゾモゾとするだけでした。

しばらくすると、何人かの生徒が取り留めのない発言をしはじめました。そこでエリオット先生は、深刻な学級運営上の問題が起こる前に、歴史についての話し合いをすることを突然やめて、まったく関係のない今日の宿題について説明をしはじめました。そして、いったい何が間違ってしまったのかと、考え続けることになりました。

エリオット先生が経験したようなことはよく起こります。教師が話し合いのために（ないしは、話し合いに向けて）教えられるようになるまでには時間と練習が必要です。本章および本書に登場する教師たちは、質の高い話し合いを多様な方法で行っています。エリオット先生の場合は、次のような形で実施していきました。

①話し合いのテーマを注意深く選択する［参考文献244、245、246、432］

探究をする際、すべての問いが等しく効果的ではないように、賛否が分かれるすべてのテーマに話し合う価値があるとはかぎらないことをエリオット先生は学びました。あるとき、「州の新

（3）訳者の一人が、この「〜について、〜を使って、〜に向けて」教えるに出合ったのは、一九八〇年代後半の人権教育、平和教育、環境教育に携わっていたころです。日本では、当時（今は変わっていることを祈ります！）人権教育や平和教育の多くは、「〜について」の知識偏重ないし過去志向が強いものでした。それに対して、三〇年以上前に欧米で強調されていたのが、後者の二つである「〜を使って」や「〜に向けて（ないし、〜のために）」という未来志向の教え方です。興味のある方は、以下のアドレスを参照してください。https://humanrights.gov.au/sites/default/files/teaching_for_human_rights_5-10.pdf

しい自動車のナンバープレートに関する問題点について話し合いたい」と生徒が言いましたが、エリオット先生は、その話し合いが歴史的な内容を深く掘り下げることにつながるとは思えませんでした。[4] ただし、ナンバープレートに地域（アパラチア山系の一部）がどのように表現されているのかについて話し合うことはカリキュラムの目標を満たすと考えました。［参考文献76、151、572］

エリオット先生は、州レベルのテストには風刺マンガについての問題が出題されることを知っていたので、州の歴史的なルーツや、その地域で近年に起こった出来事からつくりだされているイメージが現在にどのような影響を及ぼしているのかについて生徒に理解してほしかったのです。そこで、地域のステレオタイプ（固定的なイメージ）について話し合うことは生徒のためになると思いました。なぜなら、そのような歴史に根づいた問題は、現在の彼らにも影響を及ぼし、将来的にも続いていくからです。

ナンバープレートに何が描かれているのかについて話し合うのではなく、地域のステレオタイプが歴史的に、そして現在にどのように影響しているのかについて生徒が調べ、それが州と地域にどのような影響を与えたのかについて話し合ったのです。

②テーマに関する一次資料と二次資料を用意する

話し合いの背景となる情報を提供する十分な資料がないなかで、話し合いに参加することほど無駄なことはありません。しかし、地域の固定的なイメージについての話し合いをサポートする一次資料と二次資料がたくさんあることにエリオット先生はすぐに気づきました。

彼は、マンガ、雑誌のイラスト、映画とテレビの場面、広告、大恐慌時代に公共事業促進局と農業経営促進局が撮影した素晴らしい写真などを発見しました。幸いにも、これらの資料の多くは、アメリカ議会図書館の「アメリカの記憶」(5)から入手することができました。

話し合うテーマに関する資料が、教室内にあろうと、教室外の公的な場にあろうと、それが存在することは話し合いの質を決定づける大切な要素となります。多くのテーマは話し合うとかなり熱を帯びますが、知的なやり取りを補うだけの十分な資料がないと、知識、学び、理解は最小限にとどまってしまいます。

③小グループでの事前の準備の機会を提供する

当初、エリオット先生は、生徒の事前知識となるような資料を提供さえしておけば話し合いの

（４）アメリカのナンバープレートは州ごとに独自のデザインで発行されており、非常にカラフルで美しいものがたくさんあります。また、州名だけでなく、その地域を象徴する風景や州の特徴を表現するキャッチフレーズなどが描かれていることもあります。

（５）サイトのＵＲＬは、（https://jiten.com/dicmi/docs/a/822.htm）です。

時間をより長く確保できると期待していました。しかし、うまくいきませんでした。資料の使い方に自信のなかった生徒は、あまり注意して見ないという傾向がうかがえたのです。なかには、まったく見ない子どももいました！

その結果、エリオット先生は、小グループに分けて重要な資料を確認する時間をとりました。彼は生徒に、「地域のステレオタイプは、ほかの地域からの人々に敬意をもつことを難しくしている」という仮説を提示することからはじめました。そして、この仮説に賛同したり反対したりする証拠を各グループに集めさせました。

まず生徒は、地域が描かれている資料を探しました。一つのグループは、ステレオタイプの種類によってマンガを分類しました。別のグループは、絵本に描かれているステレオタイプのイメージについて調べました。三番目のグループは、自分たちが読んだ記事に書かれているステレオタイプの問題をリストアップしました。そして、四番目のグループは、アメリカのいろいろな地域に対して親やほかの生徒がもっているイメージを調査しました。

こうした作業を行ったことで、生徒は話し合いをはじめる前に、たくさんの情報を収集することができました。少なくとも、扱うテーマや仮説に対して、異なる視点があることを理解しはじめたわけです。［参考文献246］

一年間の学びを通してエリオット先生は、注意して実施した小グループの話し合いがクラス全体での話し合いを豊かにしたと思っています。小グループでの話し合いの利点は、クラス全体の場合よりも、多くの生徒が頻繁に話し合いに参加できることです。さらに、小グループでの話し合いで自信をつかんだ生徒は、クラス全体で行う話し合いでも話せるようになりました。

授業で行われる質の高い話し合いは、民主的な討論や交渉に参加できる生徒を育てるだけでなく、歴史的思考の重要な要素を育てるにおいても役立ちます。それは、歴史におけるエイジェンシーの理解です。ここで言う「エイジェンシー」は、行動する力を指しています。［参考文献34、85、125、346］

私たちは、誰もが、継続的に演じられている歴史というドラマへの参加者なのです。私たちは、歴史の影響を受ける者であると同時に、歴史に影響を与えるエイジェント（主体者／行為者）でもあるのです。現代においてもなかなかなくならない問題と一時的に生じる問題への参加を含む、日々の生活の総体として私たちは歴史をつくりだしているのです。

残念なことに、歴史教育においては、しばしばこのエイジェンシーという意識が見失われています。私たちが、歴史を終わったもの、避けられないものとして扱っているかぎり、生徒はエイジェントとして歴史をつくる力、つまりエイジェンシーをもっていると感じることはないでしょう。［参考文献229、289］

歴史的な対立や長く引きずっている問題を探究することは、それらの問題について生徒が話し合うことを助けるだけでなく、自分たちもエイジェンシーをもっているのだと気づかせることにもなります。エイジェンシーの意識を育むには、ほかの立場や行動をとってもいいのだと気づくことが大切です。

あなたの曾孫に、現在のアメリカにおける政治状況を説明すると思ってください。どのような視点を説明しますか？　単に二つの視点しかなかったら、多くの対立を解決することは簡単でしょう。何と言っても投票ですむわけですから。しかし、他国への軍事介入、マイノリティー優遇措置法の改正、選挙のための献金制約などといった問題には二つ以上の見方や選択肢があります。

こうした問題に対しては、市民にとって多様な選択肢や意見が存在しています。歴史を教える教師にとって挑戦となるのは、こうした複雑な問題を扱うことです。そうすることで生徒は市民としての力量を育むことができ、また歴史におけるエイジェンシーをもつことができるのです。

［参考文献38、221、495、496］

今、起こっていること——現在の出来事からはじめる

現在起こっている未解決の問題を探究することは、歴史教育に欠けている即時性を提供してく

れることになります。それらは、未解決かつ現時点で起こっていることなので、結果がどのようになるのかについて生徒に予想させることになります。またそれは、ほかの歴史的な対立を分析する際の枠組みも提供してくれます。

こうすることで生徒は、過去の特定の時間と場所にいた、歴史の参加者が決めることができたであろう選択肢や、それらのなかで選択可能であったものは何かということ、そして、その選択によって生じる結果などについて考えることが学べます。

また生徒は、権力をもっている意思決定者を探すようになり、その権力はどのように行使されたのかについても学びます。今ある危機に対して、離れたところにいる人々は何ができるのか？　彼らは、過ぎ去ってしまった過去に対してどのような反応を示しているのか？　これらの疑問に対して、もし目の前の生徒が歴史はすでに終わったものと捉えてしまうと、長く続いている賛否の分かれる問題について考えるようにと促すことが難しくなります。ましてや、そうした問題が自分たちの生活とどのようにつながっているのかについて考えることは困難となります。［参考文献45、176、341］

歴史の教え方における一つの選択肢は、いまだに解決していない問題からはじめることです。これは、ディリー・スミス先生が行ったことです。彼女は、今起こっていることを使って、対立が自分たちのコミュニティーをどのように変化させたのか、そして集団や個人がその変化によってどのような影響を受けたのかということについて、生徒が理解することを助けました。

私たちが今抱えている森林開発の問題は、容易に観察できますし、歴史的なつながりをもっています。生徒は、森林がかなり少なくなっている状態を「昔」と「今」の形で描くことができます。また、開発が自分たちの地域をどれだけ変えたのかについても見ることができます。そして、開発を止めるべきか、そのスピードを緩めるべきか、もしくは開発されたまま据え置かれるべきかについて討論することもできます。

加えて、この問題に市が過去においてどのように対処してきたのかを示す地図や写真、新聞記事などにアクセスする方法を公立図書館の司書が示してくれました。また、地元の歴史保全協会は、町が最初にできたころの状態に復元するための一次資料や二次資料、地図、写真、絵本、スライド、ビデオディスクなどが入った箱を貸してくれました。この結果、生徒が最初の質問について討論するときまでに、かなりの量の資料を集めることができました。スミス先生は、大きな円を描くように生徒を床に座らせました。

「誰もが互いを見ることができるような大きさの円になってください」と、スミス先生が言いました。

「やった！　討論するんだ」と、何人かの男子生徒が言いました。

「そうです！　私たちは討論をします。でも、これは特別であることを忘れないでください。これは特別な討論です」とスミス先生が言い、そのルールを復唱しました。

「①順番に話す。②反論は丁寧に言う。③全員が参加する」（これらは、教室の壁に掲げられたピンク色の模造紙に書かれている項目です。）

次の二五分間、生徒はレキシントン（マサチューセッツ州）にある最初の入植地にまつわる問題について討論しました。スミス先生は、みんなが互いを見ることができるように、後ろに下がって座るように二度ほど注意しました。また、数人の生徒には自分が読んだもののなかから情報を提供するようにと言い、一人の生徒には、特定の説明文を読み、ビデオの必要な箇所を見直すように言いました。

この話し合いは長く続きそうな雰囲気が漂いましたが、途中でお昼のベルが鳴りました。

スミス先生が教える三年生は「討論が大好き」と断言します。建設的な方法で生徒が討論できるように、スミス先生がかなりの努力をしたからです。

「生徒は、ある考えに反論することができます」と、彼女は言いました。「異なる意見は、私たちが考えることを助ける」ので、多様な意見が常に必要なのです。しかし、生徒は、人に対して攻撃したり、ある考えをからかったりすることはできません。その考えは「馬鹿らしい」と言った生徒に対して、「そんな言い方をすると誰も発言できなくなってしまい、いい考えが集まりませんよ」とスミス先生はたしなめました。［参考文献229、403、418］

通常、討論の時間には二つの言い回しを生徒は使っています。一つは、「私は○○に賛成／反対です。なぜなら、○○だからです」。これは、賛成か反対かの理由をはっきり述べることを強調しています。もう一つの言い回しは、部分的に誰かの考えに賛成し、残りの部分に反対もしくは修正する場合に使います。

「私は、○○について○○さんの考えに賛成しますが、○○については○○の理由で反対です」

これらの言い回しを使うことは、生徒が討論のルールを破ってしまうことを回避する際に役立ちます。また、輪になって座ることでお互いの顔が見えるので、スミス先生が全員の参加を促すことにも役立ちます。ただ、学年が上の生徒になると、時には上記のような決まりきった言い方をからかうようになりますし、賛否の分かれる問題を扱った経験が少ない場合には、興奮してしまって手に負えないこともあります。

コマ先生は、賛否の分かれる問題の歴史的な重要性を強調するのが好みのようです。生徒は討論に参加するのは好きですが、討論では、対立が今の自分たちの時代にどのように見えるのかと、それが将来どのような歴史的な意味をもつのかについて比較することに焦点が当てられます。

「それが、『ピリピリする』テーマと少し距離を置くのに役立ちます」とコマ先生は言います。そして、「この問題を未来の歴史家はどのように説明するのだろうか？　あるいは、ほかの文化から来た人にこの問題はどのように見えているのだろうか？」と生徒に問います。この問いによって、生徒は立ち止まって考えることになります。

「彼らの考えは変わらないかもしれませんが、少なくとも異なる視点からその問題を見るのには役立ちます」

身近に存在する対立を扱うスミス先生とコマ先生の学習は、たくさんの情報が入手しやすいという利点のほか、生徒は遠く離れた時と場所で起きる対立についても学ぶことができます。それを可能にするためには、探究に使える資料を考えだすことが必要となります。

六年生を教えるビリー・デイヴィス先生は、いろいろな時代と場所で起こった民族間の対立のパターンについて生徒に調べさせたいと思いました。彼女は、二〇世紀末のボスニアで起こった対立についての学習をはじめ、それを現在のシリア、スーダン、そしてナイジェリアで起こっている対立と比較することにしました。

彼女の六年生のクラスは、各国の紛争の根底にある宗教的な対立について、ほとんど事前知識をもっていないか、誤解しているという状態でした。そこで彼女は、生徒と同じ年齢の、サラエボに住んでいたズラータを紹介することからはじめました。『アンネの日記』に似た『ズラータの日記　サラエボからのメッセージ』（ズラータ・フィリポヴィッチ／相原真理子訳、二見書房、一九九四年）〔参考文献169、180〕は、歴史的な悲劇の渦中にある人間的な側面をもたらしてくれています。

『アンネの日記』に比べると『ズラータの日記』に出てくる登場人物や場所は馴染みが薄いので、デイヴィス先生は本の一部を読み聞かせることにしました。生徒は、ほかのところは自分たちで黙読したり、リーダーズ・シアター形式⑤で読んだりしました。

リーダーズ・シアターのなかで生徒は、ズラータの人生や戦争についてもっとも特徴的と思われるところを選び、その箇所を最大限ドラマチックに読みました。一人読みを中心としながら、群読《ぐんどく》を間に挟んで読んだところもありました。繰り返し読み、タイミング、強調、発音などに気をつけて読んだことが、書かれてある内容の理解に大きく貢献しました。

それにもかかわらず、少数の生徒がズラータの住む母国の地理をイメージするのに苦労をしていました。そこで、デイヴィス先生は、ズラータの母国である旧ユーゴスラヴィアの地図を壁に掲げました。『ズラータの日記』を読みながら、生徒は関連する場所をその地図で確認することができました。また生徒は、ユーゴスラヴィアでの戦争についての新聞や雑誌の記事も集め、それらについても地図で調べました。

『ズラータの日記』は、エイジェンシーをもてず、歴史の主体者となれないことへの欲求不満を明らかにしています。戦争前のズラータは、音楽のレッスンを受け、学校に行き、音楽番組が大好きで、サラエボの近くにある山までスキーに出掛けていました。しかし、戦争がはじまると彼女の世界は狭まり、恐ろしい場所になりました。

彼女が「ガキ」と呼ぶ政治家たちは、彼女の家の前の通りに爆弾を打ち込み、彼女の友だちを殺したうえ、ネズミが出る地下室で夜を過ごさなければならないようにしました。水と電気・ガスは止められ、セルビア人が学校を爆弾の標的にしたため学校は閉鎖されました。

ほとんどの生徒が、なぜ誰もそのような狂気を止めないのかと理解できないまま、ズラータの物語の力強さに夢中になりました。子どもが、過去の人は頭が悪いと思ってしまうように、このクラスの六年生たちも、セルビア人は愚かだとしか説明できない、と確信していました。

最初から、生徒はズラータ以外のことを考えようとはしませんでした。彼らは、ズラータの幸せな結末を望んでいたのです。［参考文献33、36］

「新聞記者たちは、彼女をそこから救いだすべきだ」と、ある生徒が断言しました。私たちは、

（5）　日本でいう「朗読劇」です。普通の演劇と違って台詞を朗読する形のもので、衣装や舞台装置、動きは基本的にありません。台詞を覚えなくていいので、プレシャーが最低限になるのが最大の特徴です。

このような反応は歴史的思考の大切な要素だと思っています。生徒は、しばしば感情的なことを乗り越え、冷静に分析するように言われます。しかしそれは、生徒の興味関心を鈍らせてしまい、不正に対する健全な怒りを断ち切ってしまうことになります。ズラータが巻き込まれた対立に対する生徒の感情的な反応を見過ごさないよう、デイヴィス先生は彼らの感情のはけ口を提供しました。

年度の初め、彼女は伝記形式の詩を紹介していました。それを生徒に思い出させ、ズラータについての詩を書くように言ったのです。**表8-2-1**は伝記形式の詩の書き方、**表8-2-2**は一人の生徒が書いた詩を紹介しています。

詩を書いたあと、生徒はお互いの詩を見せあいました。デイヴィス先生は、サラエボの子どもたちが書いた詩集『私は平和を夢見ます』[参考文献201・未邦訳]と、第二次世界大戦中にテレジン強制収容所の子どもたちが書いた詩と絵を収めた『私はもう蝶々を見なかった』[参考文献90、521・未邦訳]からいくつかの作品を読みました。(6)

自分で書いた詩を紹介し、ほかの子どもが書いた詩を聴くことで、ズラータと彼女の家族以外のことについて生徒は話し合い、考えるようになりました。彼らは、最初の感情的な反応から一歩離れて見られるようになり、異なる民族間における対立の歴史的な現象と、それが現在に及ぼす影響について学習する準備ができました。

表8－2－1　伝記形式の詩のつくり方

詩のつくり方
対象のファースト・ネーム（名）を書く。
その人を示す適切な形容詞を四つ書く。
○○の息子／娘／きょうだい
好きなことを三つ書く。
恐れていることを三つ書く。
見たいところを3か所書く。
住んでいる町や州や国の名前を書く。
対象のラスト・ネーム（姓）を書く。

表8－2－2　『ズラータの日記』に基づいた伝記形式の詩

ズラータ
「**平和**」
愛情深い、親切、希望に満ちた、落ち込んでいる。
日記に書くこと、平和、手紙が大好き。
常に平和であることを信じている。
自由と、家族といられることと、平和を欲しがっている。
鉛筆と、日記と、ミミー(*)に書ける脳力を使っている。
愛と、ミミーと、世界に向けて自分の言葉を与える。
自分の子ども時代は盗まれてしまった。
フィリポヴィッチ

（＊）ミミーは、ズラータが付けていた日記の名前です。

・なぜ、人々はお互いを嫌いはじめるのか？
・ほかの地域で、これと似たようなことが起こったことはあるのか？
・善良な人たちが暴力をやめようともがくのに、なぜその暴力を終わらせる力がないのか？
・ほかの地域で起こったことと比較することで、なぜ、そしてどのようにそうした暴力がはじまったのかについて説明する助けになるのか？［参考文献18、273］

これらの質問が生徒の方向性を示してくれるので、彼らは教師が事前に集めた背景となる資料に目を通し、理解する準備ができました。残念ながら、それらの資料の多くが中学生には少し複雑すぎました。それらは、異なる派閥のリーダーたちへのインタビュー、雑誌や新聞記事、インターネットのニュースサイトのコピーなどで、ほとんどが中学生向けの本や記事ではありませんでした。それでも、デイヴィス先生の生徒は、それらの出来事について学習するだけではなく、何かをしたいという意志を強くもっていたのです。

彼らは、恐ろしい出来事に巻き込まれた普通の人々に何が起こっていたのかについてほかの人たちに知らせたいと思いました。しかしこれは、多くの学習で慎重に扱うべき点です。必ずしも、すぐにやりたいと思ったことがやれるわけではないのです。

デイヴィス先生は、「校内テレビで毎朝放送する番組をつくってみては」と提案しました。この提案は、ほとんどの生徒から、そしてのちには校長からも熱烈な賛同を得ました。先生はうれしく思いました。なぜなら、このようなニュース番組であれば、短期的には生徒に調査の大切さを気づかせることができますし、長期的には学校への好影響をもたらす可能性があるからです。番組のレポーターとなった生徒は、「調査レポート」と「背景的な情報の説明」を提供しなければなりませんでした。これらには、それぞれの危機について彼らが調べた二ページにわたる要約が含まれました。

デイヴィス先生は、それぞれのレポーターに追加資料のリストを提供しました。それは、どんな生徒でも自分が担当する専門領域で情報が得られるように、リストの内容を生徒に応じて変えられるようにした文字と視覚的なものでつくられた資料でした。また、先生は、各分野を専門としている大学教授たちにも教室を訪問してもらえるように手配しました。生徒は、教授たちへの質問を準備するために、番組制作のために用意した資料一式を使いました。

「子ども時代の終わり――世界の危機」と名づけられたテレビ番組は、インタビューの内容、『ズ

(6)　第二次世界大戦時、ナチス・ドイツの強制収容所があったところです。プラハから北へ一時間のところにある小さな町に約一四万人のユダヤ人が連れてこられ、病気や飢え、ドイツ兵による暴行や拷問などで多くの人が亡くなりました。「アウシュビッツが地獄ならテレジンは地獄の控室」と言われていました。『テレジンの子どもたちから』（林幸子、新評論、二〇〇〇年）も参考にしてください。

ラータの日記』、ほかの国々の子どもたちが語る物語、[7]自分たちが書いた伝記形式の詩、そして、最近誘拐されたナイジェリアの学校に通う女子生徒たちの説明などで構成されていました。

番組の最後、ナイジェリアの女子生徒たちのことを気にしている人がいることを世界に知らせるためと、「国連子どもの権利宣言」[8]に基づいて子どもたちを適切に保護することの支持を伝えるために、国連に葉書や手紙を書くように全校生徒に呼びかけました。彼らは、歴史的な出来事の解釈をつくりあげただけでなく、ナイジェリアの女子生徒たちと世界中の子どもたちの運命について、国際的な討論の場に自分たちの声を届けるという形で歴史的な主体者（エイジェント）として行動したわけです。

仮定として、もしそれが違っていたら……

「歴史におけるエイジェンシー」は、とても重要な概念です。なぜなら、それは歴史的思考における一つの側面として、生徒自らが歴史的な主体者として捉えられるようになるからです。人々の過去の行為が歴史をつくりだしているように、生徒の今日の行動が明日の歴史をつくりだすのです。歴史は、偽りなく、現在進行中のことなのです。

不幸にも、教科書は歴史的な対立を避けられないものとして描きがちです［参考文献34、85、346、

353、509、535〕。南北戦争の三つの原因や、第一次世界大戦のきっかけとなった主な出来事などを思い出してください。教科書のような教え方では、誰かが敷いたレール上を動いている列車のように、歴史は避けられないものでしかありません。しかし、歴史には魅力があるのです。その理由の一つは、いろいろな出来事が容易に違った方向に進む可能性があったことです。〔参考文献22〕

もし、リンカーンが劇場に行かなかったら？　あるいは、ケネディーがダラスに行かなかったら？　もし、アフリカ系アメリカ人が、人種差別をなくすためとはいえ、憎しみと嫌がらせに遭うのを避けて子どもたちを家にとどめて外に出さないでいたら？　もし、ネルソン・マンデラが長い投獄に屈服していたら？　もし、ウラジミール・プーチンがロシアとウクライナの平和的な共存路線をとっていたら？

あなたはすでに気づいているかもしれませんが、列車のメタファーが示しているように、歴史は振り返ることでより意味をもつのです。歴史的な出来事が起こっているときは、あらゆる種類

（7）二〇一四年、ナイジェリアで、中高一貫校の二七六人の女子生徒がイスラム過激派組織ボコ・ハラムによって誘拐拉致された事件です。

（8）一九五九年の国連総会で、一九二四年国際連盟によって承認された「世界児童福祉憲章」を拡張する形で宣言された、子どもの権利に関する声明です。これに続き、一九九〇年、「子どもの権利条約」が発効されることになりました。

の力がそこに働いていることになります。経済が悪化していたり、反移民の熱が高まっていたり、テロ攻撃が平和交渉を脅かしていたり、家庭におけるコンピューター利用、電子メール、ファックスの普及が仕事のあり方を変えたり、喫煙に対する態度の変化が社会的経済的な関係を変えていたりします。[参考文献415]

生徒は、現在の対立問題が時々刻々と変化していることを知る必要があるのと同じくらいに、歴史的な対立も異なる形で起こった可能性があることを認識しなければなりません。対立は、人と人が接するかぎり不可避ですが、その結果は人のエイジェンシーによって左右されるのです。解放黒人局は、(9) 南北戦争後に小作制度を支持する代わりにアメリカ南部の土地を再分配できたかもしれません[参考文献254、255]。また、リベリアの元大統領チャールズ・テーラー（Charles MacArthur Ghankay Taylor、在位一九九七年～二〇〇三年）は、内戦をする代わりに平和と経済の安定を図ることもできたでしょう。

人々は、単独で、あるいは集団で選択をします。時に人間は、圧倒されるような障害に反対の態度をとりますが、基本的な動機に屈服することもあります。さまざまな問題について、何が妥当な解決法なのかは定かではありません。しかし、最終的には、こうした個々の選択をした（時には選択しなかった）ことが歴史をつくりだしているのです。今存在している対立の結果について考えることは、人々に提供されている選択肢が及ぼすであろう影響について理解する際、確実に生徒を助けることになるでしょう。

「もし、〇〇だったら」ということについて探究する活動は、生徒が過去の対立、発見、出来事などの影響についてより注意深く考えるもう一つの方法と言えます。**表8－3**（次ページ）のリストを見て、それぞれの質問に生徒がどのような背景知識を使うかを、あるいは、より確実な解釈をするためにどのような調査をしたらいいのかについて考えてみてください。

「もし、〇〇だったら」という探究活動は、歴史的な問題の重要性を長持ちさせます。ジム・フェラル先生の八年生は、面白いひねりを加えた憲法制定会議のシミュレーションに参加したとき、このことを発見しました。クラスは、すでにこの会議について、憲法が有権者に受け入れられるものにするための討論や妥協について学んでいました。

「次に、私たちが行った討論に含まれていなかった意見は誰のものだったのかについて考えてみてください。そして、その人たちの意見が含まれていたら、結果はどのように変わっていたでしょうか？　もし、女性、先住民、アフリカ系アメリカ人、地主以外の小作農民たちの発言を聞いていたら……」と、フェラル先生は生徒に尋ねました。

（9）　南北戦争によって解放された四〇〇万人の黒人を保護するために設けられたアメリカ連邦政府の部局です。黒人の医療、教育面では貢献しましたが、公民権、土地政策面では成功しませんでした。

表８－３　歴史の異なる結果を推測する探究活動の例

もし、〇〇だったら？

・多くの人が望んでいたように、初代大統領ジョージ・ワシントンが王様になっていたら？
・国連がつくられていなかったら？
・憲法の男女平等修正条項が批准されていたら？
・テレビが発明されていなかったら？
・コンスタンティヌス大帝(＊1)がキリスト教徒になっていなかったら？
・南アフリカで反アパルトヘイトのボイコットが起こらなかったら？
・合衆国憲法修正第一項(＊2)がなかったら？
・アメリカで労働組合が組織されなかったら？
・ヨーロッパ人が南北アメリカを征服していなかったら？

（＊1）312年にキリスト教に改宗し、324年に国教としたローマ皇帝(285頃～337)。330年にビザンチウムに首都を移し、コンスタンチノープルと名づけました。
（＊2）「言論の自由」のことを指します。

このあとの話し合いにおいて生徒にはいくつかの役割が与えられました。元からの会議のメンバーもいましたが、権利をもたない人々の代理人役もいました。ルールを決めて（議事進行の妨害は許されない）、討論がはじまりました。

生徒は、一七八七年の話し合いをするのに苦労しました。一つの理由は、話し合うべき問題のいくつかが、とても今日的なものだったからです。なかでも、男女に関する問題はもっとも激しいテーマとなりました。なぜなら、生徒が毎日学校で遭遇している問題でもあったからです。

憲法には、男女平等憲法修正条項(10)が不必要だったのでしょうか？　もし、一七八七年にそれがあったなら、アメリカの生活はどのように違っていたでしょうか？

討論が進むなかで、生徒はこうした問題が困難を極めたまま、深く自分たちの暮らしのなかに根づいていることに驚きました。［参考文献21、289、335］

実際、何人かの生徒は、この想定が自分たちを困惑させ、時には不安をかき立てる原因となっているとも感じました。性役割について熱い討論を交わしたあと、一人の生徒が次のように発言しました。

「過去について話し合うことに意味はない！　自分はどちらかを選びたくない。それに、みんなが頭に来るだけだ。今はみんな平等でしょう。それでいいじゃない！」

別の生徒は、「この学校にも、そしてこのクラスにも問題がある。それが表面に現れれば対処できるかもしれない」と発言しました。

頻繁に過去と現在を往復することで、似たような議論が人種と社会の階級問題において集中的に起こりました。そんなとき、一人の生徒が、「みんなは基本的に同じだし、誰がのけ者にされ

(10)　性差によって権利の平等が侵害されないことを求めたアメリカ合衆国憲法に対する修正条項で、一九二三年に議会へ提案され、一九七二年に両院を通過したものの、必要な州の批准が得られずに一九八二年に不成立となっています。

ようと関係ありません。情報だけを提供してください。この賛否の分かれる問題を考えることは混乱するだけです」と言い放ちました。

このような生徒の反応と、時に痛烈で、不快さを示す言葉が発せられることは決して珍しくありません。むしろ、歴史の学習がどれほどパワフルなものであるかを示しているとも言えます。このように集中して知的に取り組んだ活動は、とくに今日的で微妙な問題を扱う場合は気まずい思いもしますが、それと同時に、極めて切実なことを扱うために忘れ難いものとなります。

一人の生徒が人種差別と性差別について、「私は、当時の人は単に知らないだけだと思っていました。でも、私たちが知っているように知っていたのです。しかし、私たちも同じように何もしないのです」というようなことを書いていました。

フェラル先生にとっては、賛否の分かれる問題を扱うのをやめて、「情報だけを提供」することはいとも簡単なことです。しかし、もし彼がそうしてしまったら、生徒は過去における歴史的なエイジェンシーの問題に取り組む機会を失うだけでなく、そのような機会を自分たちの人生のなかでも失ってしまうことになります。もちろん、教室での話し合いで現在の社会問題が解決するわけではありませんが、話し合うことで、これまで避けられてきた問題が公になり、生徒がそれに対して説明したり、反応したりするための言葉をもつことができるのです。［参考文献166、209、342、428、571］

加えて、そのような問題は大切ではないとか、なかなか解決しない難問に簡単な正解があるかのように装うことは歴史を誤って伝えることになり、フェラル先生の歴史教育の目標を台無しにしてしまいます。彼の目標は、アメリカ史のなかから消えない難問を目に見えるように準備することなのです。彼の教え方によって生徒はそれらの問題を自分のものとし、一部の生徒は、その過程で自分のエイジェンシーの役割を見いだしたのです。(11)

それは、まだ終わっていない！　あなたが違いを生みだせるのです

繰り返し述べてきましたが、歴史的なエイジェンシーの特徴の一つは、過去に起こったことにはさまざまな可能性があるということです。同じように大切な点は、歴史が確定的なものではないということで、まだ何かをなすことが可能だということです。

確かに、エジプトでのムバラク元大統領（Muhammad Husni Mubārak, 1928～2020）の失脚やシリアでの虐殺は、そうした変化がどれだけ理解し難いものであるかを示している証拠と言え

(11)　話し合いや討論活動に特化した本として『最高の授業』（アレキシス・ウィギンズ／吉田新一郎訳、新評論、二〇一八年）がありますが、二〇二一年には『「学習会話」を育てる（仮題）』（ジェフ・ズウェース／北川雅浩ほか訳、新評論）も出版されます。

ます。また、ほかの例としては、「分離すれども平等」(12)という法律やアパルトヘイトを取り消すことができたということがそれらの証明となります。そして、何より基本的なことですが、女性にとっての「分離された領域」(13)や児童労働の妥当性といった態度や信念もいつかは変わるのです。このように、「選択」が終わることはないと言えます。［参考文献368、406、427］

ジネット・グロス先生が教える八年生のアメリカ史のクラスでは、生徒が「権利章典」(14)について学習をしていました。その評価の方法として先生は、憲法にある最初の一〇項の「権利章典」から一つを選び、それが今も自分たちの暮らしに直接的な影響を及ぼしていることを説明するようにと生徒に求めました。

修正第一項（言論の自由）をテーマに与えられたグループは、ニュース番組を模したビデオを制作しました。総合司会者がニュースを報じている最中に番組が中断され、画面に「大統領が非常事態を宣言し、すべての修正第一項の権利は停止されました」というメッセージが映しだされました。総合司会者がカメラに向かって、「放送中止のようです」と言いました。そして、画面は暗くなりました。

しばらくして、ビデオで「言論の自由」が存在しない時代のいくつかの短い場面が紹介されました。人々が教会に行かなければならないと言われているところ（しかも、教会は指定されている）や、抗議デモに参加した人たちが刑務所に連れていかれるところなどです。それぞれのケースで被害者は抗議しましたが、言論の自由はすでに適用されていないことが思い出されました。

ビデオの最後、アメリカ国旗の前に立った生徒がゆっくりと修正第一項を読みました。彼らのビデオはとてもパワフルなものとなり、今の暮らしのなかで、アメリカ全体であるのが当たり前と思っていた言論の自由が制約された状態についての議論を巻き起こしました。

状況に組み込まれた対立を評価する

時に生徒は、対立について話し合うことに戸惑いを感じますので、彼らが学んでいることについて振り返る機会を提供することがとくに重要となります。しかも、単に異なる視点から見るのではなく、よく考え、互いにサポートしあう話し合いや姿勢に対して敬意を示す形で振り返りの機会を提供することが大切です。

(12)　教育、職業、乗物など、平等の機会・施設が用意されていれば白人と黒人を分離しても合法という一八九六年の最高裁判決を指します。かつてアメリカにおいて、人種差別の正当化のために用いられた標語でもあります。

(13)　つまり、男は外で仕事、女は家事という役割分担です。

(14)　政府が基本的人権を保障したものです。

本書で紹介している教師はみんな、うまく討論や論争ができるように生徒を助けようと真摯に取り組んでいます［参考文献52］。教師は、評価の仕方によっては生徒の知的な探究心を奪ってしまうことを知っています。そうならないように彼らは、生徒が自分の考えや意見が非難されていると思われないですむように、自らの成長を振り返り、そしてそこに評価を提供することができるという方法をいくつか編みだしました。

ジネット・グロス先生は、この点でとくに優れた業績を上げています。実のところ、ある年、彼女が教える中学生は、彼女のテストを「もっとも楽しいテスト」として選出したのです。テスト嫌いな中学生からこのような評価を受けたことは、驚くべき信頼を得たことを意味します。彼女が生徒に出した、二つの課題例をご覧ください。

課題例1　アメリカにおける最初の文化接触（ヨーロッパ人の南北アメリカへの進出）についての八年生の最後のユニットで、生徒は次のような課題に取り組みました。

「あなたは、地元の教育チャンネルＫＥＴが放送する、歴史に関する特別討論番組への参加を依頼されました。その準備として、バルトロメ・デ・ラス・カサス(15)がインディオ（先住アメリカ人）を助けようとして行った行為は、害以上に利益をもたらしたか、それとも利益以上の害をもたらしたのかについて考えるように依頼されました。この問題に対するあなたの見解をパラグラフで書いてください。そして、その歴史があなたの現在の生活において、どのように影響しているのかについて説明をしてください」

課題例２　別のクラスでは、ホロコーストについて学習している生徒が、次のようなシナリオについて考えるように問われました。

「あなたは、統一の日を祝う夕食会のゲスト・スピーカーとして招かれました。あなたは、ホロコーストと反ユダヤ主義に焦点を当てて話すことに決めました。あなたは、スピーチのなかに何を含めますか？　また、私たちが学んだことは、このテーマに対するあなたの考えをどのように広げましたか？」

両方の課題とも、生徒が学んだ歴史について多様な考えが言える形で提供されています。正解が存在するとは思えず、その自由度は極めて高いものとなっています。また、両方とも、過去と現在とのつながりを意識するように問われています。つまり、過去の出来事が今の暮らしにどの

(15)　(Bartolomé de las Casas, 1484~1566)　一五世紀にスペインが国家をあげて植民・征服事業をすすめていた「新大陸」（中南米）における数々の不正行為と先住民（インディオ）に対する残虐行為を告発し、同地におけるスペイン支配の不当性を訴え続けたスペイン出身のカトリック司祭です。

ように影響しているのか、ということです。

グロス先生は、生徒の回答がどのような立場をとったのかということで評価されるのではなく、その立場を選んだ理由をどれだけ整理できているのか、その質で評価されると説明しています。生徒が、歴史的な対立や賛否の分かれる問題について、自分が知ったり理解したことを表現する方法はたくさんありますが、それに対して教師が異なる視点を提示したり、コメントをするためには、相互のやり取りを活かす方法を使うととくに効果的であることを知っておくべきです。歴史的な対立を、特定の立場か、そうではない別の立場かで説明するために、グロス先生はマンガ、ビデオ、イラスト、写真などの媒体を使うように指示することもあります。生徒が何を伝えたいのかを確実に理解するために、先生は使ったマンガや写真の裏に解説を書くようにとも求めています。

生徒のほうも、解説を書くことには自分たちの主張を表すことができるので抵抗を感じることはありません。生徒は、自分たちが知っていることを最善の形で紹介できるので、先生が媒体を選択させてくれることに感謝しています。そして、自分たちが伝えたいことを先生やクラスメイトが完全に理解できるように最善を尽くしています。

グロス先生は、生徒がクラスメイトの関心を引きたいという思いを最大限に活用します。「私のクラスのやり方は、つくりだして、プレゼンして、話し合うという流れになっています」と、説明しています。

自分たちが学んだことを説明する機会を生徒は繰り返し得ることになります。これは、生徒にとっても、自らの考えをより明確にするのに役立ちます。また、生徒がそれを行っている間、グロス先生は彼らの考えを把握するためのデータを収集することができます。

「つくりだす」段階では、生徒が取り組んでいる内容と方法に関して、彼女は観察し、質問をし、提案をします。そうした観察と質問は、どのような「ミニ・レッスン」(16)をすればよいのかを決める助けとなります［参考文献496］。たとえば、もし生徒が何かの情報源の扱いに苦労していたならば、グロス先生はその情報源をより効果的に分析して、使いこなせるようにするための指導計画を立てることができます。同じく、はっきりさせたい内容を含んでいたり、新しい問いを浮かびあがらせたり、さらには異なる視点を提供してくれたりするほかの情報源を生徒に紹介することもできます。

こうした形成的評価(17)は、歴史の探究には欠かせない大切な一部です。こうした点を注意深くモニターし続けないと、つまずいた生徒はイライラしたり、興味を失ったりしてしまいます。注意

---

(16)　一六一ページの注（12）を参照してください。
(17)　七三ページの注（30）および五七ページの注（15）を参照してください。

深い観察が生徒のニーズをさらに予想させ、歴史に熱中して取り組むためのより良い足場を提供するときに役立つのです。[参考文献314]

「プレゼンして、話し合う」段階は、グロス先生の授業では「つくりだす」段階と同じレベルで大切なものとなっています。生徒は、何らかの形の歴史的な解釈や分析を伴った成果物をつくりだしたら、クラスメイトにそれを発表する必要があるためにその質を大切にするようになります。しかしこれは、発表する側が自分たちの作品について内容のあるフィードバックが得られることと、そして聞く側が発表を真剣に受け止める理由がある場合にのみ機能します。グロス先生は、発表を聞く側が最大限に参加の努力をするだけでなく、発表する生徒に対しても有益なフィードバックを提供しています。

「私は、聞く価値があるものを提供するようにといつも努力しています。私たちは、事前に評価のためのガイドを考えることもあります。時には、大切な点をホワイトボードに書きだすだけのこともあります。いずれにしても、私たちはいつも何に焦点を絞るのかについて明確にしています。それは、生徒がクラスメイトに敬意を示すために大切なことです。もちろん、彼らが『つくりだして、プレゼン』したことに対してですが、それよりも重要なことは人に対しての敬意です」

と、彼女は説明してくれました。

クラスメイトのプレゼンを聞きながら、生徒はメモをとります。そのメモが、プレゼン後の話

表８－４　ピア・フィードバックの用紙

プレゼンの評価項目	プレゼンの評価
ユニットで学んだこととの関連	
内容を明快に示している。	
知的に面白く、正確で、関連した詳細を提供している。	
情報源を明らかにしている。	
聴く側の興味を持続的に維持している。	

し合いの土台となります。話し合いの間、発表者は専門家です。彼らは質問に答えたり、不確かな点をはっきりさせたり、より詳しい情報が得られる場所を教えたりすることが期待されています。そのお返しとして、クラスメイトからプレゼンに対する文書によるフィードバックを発表者はもらいます（**表８－４**参照）。

このフィードバックには、プレゼンの内容と形式に対するコメントが含まれています。生徒は、事前にフィードバックを提供したり、受け取ったりする適切な方法について話し合っていますが、グロス先生は継続的にフィードバックの質も見極めようとすると同時に、いいフィードバックのモデルを示し続けています[18]。このような形だと、授業のなかでの評価が中身のある話し合いの一部となるのです。そのなかで、教師と生徒は協力して、過去についての理解をつくりだしていきます。

まとめ

歴史的思考の大切な働きの一つは、個人と社会全体に利益をもたらす公共の利益のために、生徒が情報に基づき、かつ筋の通った決断を下せるようにすることです。個々人がそういう決断をしはじめると、彼らは簡単に操作されてしまうといった対象者ではなくなり、他者への敬意を示しながら、尊厳をもって自分の人生を切り開けるようになります。

個々人の決断は、他者とのかかわりなしに下されるものではありません。現代のアメリカ社会では、対立を解決するための主要な方法として暴力がそのモデルとして使われることがしばしばあるほか、自己中心的な競争が優先されて問題解決が退けられていることもあります。このようなパターンを変えるのは容易ではありませんが、それに挑戦することには価値があると思っています。

もし、第1章で論じたように、歴史が基本的に賛否の分かれるものであるとするなら、私たちには生徒が問題を認識し、理性的に対応できるように助ける義務があります。加えて、もし民主主義が意思決定の対立的なモデルのうえに築かれているのであれば、そして私たちの公的な対立の多くが歴史的な起源をもっているのであれば、そうした対立が歴史的にどのようにはじまり、それらの解決についての話し合いにどのようにすれば参加できるのかについて、理解できるように助けなければなりません。

最後に、歴史的なエイジェンシーを発揮することが、対立と意見の一致にどのように対応するのかということに関係しているのなら、対立を分析するだけでなく、未来をつくりだすために筋の通った、熟考した行動をとるように促す、もう一つの強力な根拠を私たち教師はもつ必要があります。

本章では、歴史的思考の二つに関連する側面に焦点を当てました。それは、対立と意見の一致の影響を認識することと、歴史についてのエイジェンシーを理解することです。ディリー・スミス先生は、地域における対立と意見の一致の影響を生徒に理解してもらうために、公的に使われている対立の管理法を授業に組み込みました。

課題を説明するのにメタファー（別のものに見立てて表現すること）を利用したり、手順をモ

(18)　ピア・フィードバックについては、『ピア・フィードバック――生徒が専門家になれるようにエンパワーする（仮題）』（スター・サックシュタイン／山本佐江ほか訳、新評論、二〇二一年予定）を参考にしてください。

デルで示したり、そしてそれらを分析するように生徒に尋ねたり、「よい討論」の特徴を説明しながら生徒と考え聞かせ[19]をしたりするといった彼女におけるメタ認知の重視は、賛否の分かれる問題の探究を初めて行う生徒に対して認知上の試金石を提供しました。

加えて授業では、関係する人々にインタビューができ、行政職員に問い合わせができ、意思決定に参加した人からアンケート調査ができるといった特徴をもつ、地域における賛否の分かれる問題に焦点を当てたことで、生徒は実際の体験を通して市民参加について学ぶことができました。生徒は、ほかの人たちが歴史的に関するエイジェンシーをもっていることを学んだだけでなく、自分たちも主体者としてエイジェンシーを発揮する練習を行ったわけです。

一方、ジム・ファレル先生の生徒は身近ではない問題からはじまりましたが、そのなかには現在にまで影響を及ぼしているものが含まれていることを発見しました。現在に影響を及ぼしている歴史的な部分に対する不快感によって、何人かの生徒は歴史の主体者になることを拒否しましたが、それを受け入れた生徒もいました。歴史上の人物たちと同じように、生徒はそれらの問題が自分たちの暮らしのなかでどのような役割を果たすのかという選択をしたのです。

また、ジネット・グロス先生の生徒は「権利章典」を取り上げ、それが自分たちの暮らしに日々影響していることを発見しました。これらの先生、およびヴィクター・コマ先生とビリー・デイヴィス先生の授業では、対立に対処する方法として、歴史探究が歴史的な出来事の重要性と個人と集団のエイジェンシーのインパクト（「社会的な参加」とも言えます）を生徒が確立する様子を助けました。

もちろん、すべての今日的および歴史的な問題について、授業でこのような大掛かりな扱いをする必要はありませんが、多くの問題、論争、あるいは問いは、すべて歴史的な探究の対象となります。もし、解決されるべき賛否の分かれる問題や問いがなければ、そして異なる視点を理解することができなければ、歴史は精彩を欠き、ますます相互依存と複雑さ、そして意見の相違が増す世界について語るものがない存在となってしまうでしょう。

(19)　考え聞かせとは、読んでいるものを声に出して読む「読み聞かせ」のバリエーションとして、考えていることを声に出すという方法です。すべての教科領域で使える優れた方法です。詳しくは、『読み聞かせは魔法！』（吉田新一郎、明治図書、二〇一八年）を参照してください。

あとがき

人間であることは、考え、そして感じることである。過去を振り返り、未来を思い描き行動に移すことである。そして、私たちは体験する。私たちはその体験に声を与え、他者がその体験を振り返り、新しい形を与える。さらに、その新しい形が次々にその後の暮らしに影響を与え、形づくっていく。だから、歴史は大切なのだ。［参考文献322］

ゲルダ・ラーナー(1)

ラーナーが言うように、歴史は常に現在から派生していくものです。個々人が、ある時点で過去について振り返り、そして形を与えるところからはじまります。歴史を教えることと学ぶことは、未来を思い描くことでもあり、そのなかにおいて、私たち自身とほかの人をより深く理解します。そして、それこそが本書の主眼点であり、私たちが協力した教師がもっとも真剣に取り組んだことでした。

本書で紹介された小学校と中学校の授業において歴史は、包括的な枠組みをもたない雑多な仕掛けやネタの詰め合わせのようなものではなく、過去を振り返り、未来を思い描く機会でした。

こうした、伝統的な歴史のアプローチに取って代わるやり方を、無教養な人々に門戸を開くものだと批判する人々がいます。彼らは、複数の「正解」があり、そして一つの「間違い」がないことを恐れます。その結果、歴史は完全なるフィクション（でっちあげ）になってしまうか、ある程度の意見の一致を見た集団の意見と、根拠というにはあまりにも偽りに満ちたものによって支えられた見解が、単に年代順に配列されたものになってしまいます。

私たちは、それとまったく逆のスタンスをとっています。歴史的思考とは基本的に判断することだ、という立場です。正当もしくは地に足をつけた解釈を立てたり、評価したりすることです。つまり、歴史は単なる意見ではないのです。それは、しっかりした証拠に基づいた解釈なのです。本書を通じて強調されているのは、過去についての情報を収集し、分析する方法を生徒たちが身につけられるように助けることです。

そのうえで私たちは、歴史的思考と歴史的な知見をつくりだすことはダイナミックなプロセスであるという捉え方をしています。それは、常に他者とのかかわりのなかで行われるものです。私たちは、過去についての理解を個別に図りますが、それは常に、私たちが自由に使える文化

（1）（Gerda Hedwig Lerner, 1920～2013）オーストリア生まれのアメリカの歴史家でフェミニストの作家でした。一九八〇年～一九八一年にアメリカ歴史家協会の会長を務めました。

的な手段によって仲介される形で、それらの手段が使われる目的に応じて、そして私たちが意味づけを行うさまざまな場面で行われます。私たちが自由に使える方法であり、本書のなかで教師たちが実際に使っていたのは、歴史の探究コミュニティーをつくるというものでした。

探究コミュニティーでは、そのメンバーは協力して問題や問いを追究し、情報源と情報を評価する基準も共有し、解釈をつくりあげたり、批評したり、そして自分たちが発見したりしたことを振り返ります。生徒たちの歴史理解は、このコミュニティーのなかでつくりあげられ、形成されていきます。

こうして形成された歴史理解は、従来の講義や教科書をベースにした歴史の教え方から得られるものとは根本的に違ったものとなります。前者では、自分たちが理解したものを何かにまとめる責任をもった状態でつくりだしているからです。興味をもってくれる対象者に向けて自分たちの考えを説明すること、そして自分たちにもクラスメイトにとっても「興味をもった対象」になるように努力する責任があり、新しい証拠や異なる見方に対して常にオープンであることが求められるのです。

このようなエイジェンシー、つまり自分は行動が起こせると信じることは、本書を通じて私たちがもっとも大切にしていることです。歴史におけるエイジェンシーは、私たちが生徒たちに学んでほしいことですが、そうした学びと同じく、彼らは自分の暮らしの主体者（主人公）でもあります。

生徒は、自分たちが学んだことを使って何かをしなければなりません。このことも、本書において強調してきたことですが、歴史を物語として語るだけの方法論がもっている大きな問題でもあります。それは、物語からエイジェンシーがもてるようにする努力を怠っている方法と言えます。ゲルダ・レーナーが言ったように、「過去との意味のあるつながりは、何よりも主体的な取り組みが必要です。それには想像力と共感が必要ですが、自分たちと違う世界や私たちが知っているのとは異なる状況、そして私たちとは相容れない考え方や感じ方が理解できるようになるのです。私たちは、過去の世界に好奇心と敬意をもって踏み込むべきです」。

これは、過去を知るだけでは十分ではないことも意味します。もちろん、過去は大事にしなければならないのですが、私たちが過去から発見したことを使って、より良い未来をつくりだす必要があるのです。

本書で紹介されたような形で「歴史をする」生徒は、歴史をより大切にする準備ができていると信じています。彼らは、自分の暮らしのなかで、歴史を意味のある形で活用する準備もできると思います。このような形で「歴史をする」ことに取り組むのは、生徒にとっても教師にとってもかなり大きな挑戦です。

しかし、このような挑戦は、私たちが知っているたくさんの教師によってすでに行われています。このような教え方と学び方に取り組もうとする動機の背景には、生徒を（そして、自らも）歴史の主体者にしようという共有されたビジョンがあります。歴史的な主体者とは、現在をより賢く行動するために過去を振り返ることができ、未来に向けてより賢明な選択ができ、人間的で人道的であることのビジョンを常に拡張し続ける人のことなのです。

最後にお断りをしておきますが、本書で紹介した多様な教師と生徒の実践は、ほんの一部を切り取ったものでしかありません。彼らにとっても、そして私たちにとっても、歴史はとてもエキサイティングで、常に変化を続ける探究と振り返りのプロセスです。これらのクラスの授業において、来年や再来年にまったく同じことをしているということはないでしょう。彼ら教師は、読み、旅をし、セミナーやワークショップや学会に参加することによって、生徒と一緒に取り組む歴史探究のアプローチは変化を遂げ、彼らの歴史理解は進化を続けることでしょう。

彼らが焦点を当てたテーマはさらに磨きがかかるでしょうし、新しいテーマに挑戦しはじめる人も出てくるでしょうし、教える場所やポジションが変わる人もいるでしょう。こうしたことすべてが、教えることをエキサイティングにするのです。私たちは、これまでのやり方にとらわれる必要はないのです。その代わりに、私たち自身の経験の深さと広がりは増し、その経験の振り返りも進化することで私たちの教え方は成長を続けるのです。

訳者紹介

松澤　剛（まつざわ・たけし）

私にとって本書は、『歴史教育「再」入門』（清水書院、2019年、共著）の続編です。市民を育てるDoing Historyの次は、より良いあり方生き方を探し求めるwell-being Historyを模索しています。札幌市立学校教員。

武内流加（たけうち・るか）

大阪府立大学地域保健学域教育福祉学類卒業（環境学副専攻・地域再生副専攻修了）。玉川大学大学院教育学研究科教育学専攻IBコース在学。「学習は、自分に出会いなおしたときに起こります！」

吉田新一郎（よしだ・しんいちろう）

『社会科ワークショップ』とセットでおすすめします。生徒が「本物になる／本物をする」アプローチは、国語、算数・数学、理科等ですでに証明済みなので、ぜひ試してみてください。問い合わせは、pro.workshop@gmail.comにお願いします。

歴史をする

――生徒をいかす教え方・学び方とその評価――

2021年3月25日　初版第1刷発行

訳者　松澤剛　武内流加　吉田新一郎

発行者　武市一幸

発行所　株式会社　新評論

〒169-0051
東京都新宿区西早稲田3-16-28
http://www.shinhyoron.co.jp

電話　03(3202)7391
FAX　03(3202)5832
振替・00160-1-113487

落丁・乱丁はお取り替えします。
定価はカバーに表示してあります。

印刷　フォレスト
装丁　山田英春
製本　中永製本所

ISBN978-4-7948-1177-6

新評論　好評既刊　　あたらしい教育を考える本

S・サックシュタイン+C・ハミルトン／高瀬裕人・吉田新一郎 訳

宿題をハックする

学校外でも学びを促進する 10 の方法

シュクダイと聞いただけで落ち込む…そんな思い出にさよなら！
教師も子どもも笑顔になる宿題で、学びの意味をとりもどそう。

四六並製　304 頁　2400 円　　ISBN978-4-7948-1122-6

S・サックシュタイン／高瀬裕人・吉田新一郎 訳

成績をハックする

評価を学びにいかす 10 の方法

成績なんて、百害あって一利なし!?「評価」や「教育」の概念を
根底から見直し、「自立した学び手」を育てるための実践ガイド。

四六並製　240 頁　2000 円　　ISBN978-4-7948-1095-3

リリア・コセット・レント／白鳥信義・吉田新一郎 訳

教科書をハックする

21 世紀の学びを実現する授業のつくり方

教科書、それは「退屈で面白くない」授業の象徴…
生徒たちを「教科書疲労」から解放し、魅力的な授業をつくるヒント満載！
大切な質問づくりのスキルが容易に身につけられる方法を紹介！

四六並製　344 頁　2400 円　　ISBN978-4-7948-1147-9

マーク・バーンズ+ジェニファー・ゴンザレス／小岩井 僚・吉田新一郎 訳

「学校」をハックする

大変な教師の仕事を変える１０の方法

時間に追われるだけの場所から、学びにあふれた空間へ！
いまある資源を有効活用するための具体的アイディア満載。

四六並製　224 頁　2000 円　　ISBN978-4-7948-1166-0

N・メイナード+B・ワインスタイン／高見佐知・中井悠加・吉田新一郎 訳

生徒指導をハックする

育ちあうコミュニティーをつくる「関係修復のアプローチ」

子どもたちの「問題行動」にどう対処すべきか。米国で実証済み、
真の成長に資する指導をめざす「関係修復のアプローチ」を詳説。

四六並製　288 頁　2400 円　　ISBN978-4-7948-1169-1

＊表示価格はすべて税抜本体価格です